정지용 시의 형태와 의식

손병희

국학자료원

이 책 『정지용 시의 형태와 의식』은 2003년도 안동대학교 학술연구지원사업에 의하여 연구되었음.

책머리에

　이 책에서 분석한 것은 정지용 시의 형태와 의식이다. 시 형태 역시 형태화한 의식의 한 양상인 까닭에, 이 글의 집중적인 관심은 정지용 시에 내재한 의식의 분석에 있다.
　정지용 시의 내적 의식 분석을 통해 이 책에서 밝히고자 한 것은 정지용의 시가 분열의 텍스트라는 사실이다. 계기적인 전체로서 혹은 개별 텍스트로서 정지용의 시에는 엇갈린 지향과 욕망이 공존하면서, 그 사이를 왕래하는 의식의 분열과 다양한 움직임이 다채롭게 드러나기 때문이다.
　분열된 욕망과 미의식은 정지용의 시를 분열의 텍스트로 만들지만, 그것은 동시에 정지용의 시적 창조에 일정한 동력을 제공한다. 이러한 점을 구체적으로 해명하기 위해 텍스트에 좀더 밀착한 읽기와 분석을 시도하고, 시가 언어이자 발화이며, 발화의 한 양식인 담론인 동시에 텍스트라는 관점을 원용했다.
　이 책은 정지용의 시를 분열의 텍스트로 이해하는 지은이의 박사학위논문을 출간한 것이다. 제목 일부를 수정하고 눈에 띄는 오탈자를 바로 잡으며, 미흡한 점은 그것대로 새로운 모색을 위한 거울로 삼기로 한다.

　　　　　　　　　　　　　　　　　　　　　　　　　손병희
　　　　　　　　　　　　　　　　　　　　　　　　　2007년 겨울

차례

책머리에 / 5

제1장 정지용 시와 의식의 분열 / 9
  1. 정지용 시 연구사 개관 / 11
  2. 분열의 텍스트와 내적 의식 분석 / 22

제2장 시의 형태와 구성 방식 / 27
  1. 시 형태와 의식의 분열 / 29
     1) 시 형태의 답습과 모색 / 30
     2) 시 형태의 변형과 해체 / 41
  2. 말하기 방식과 양상 / 68
     1) 독백의 유형과 성격 / 70
     2) 혼합의 양상과 주체의 분열 / 88
  3. 시의 구성 방식 / 108
     1) 반복 구성의 양상 / 110
     2) 병치 구성의 양상 / 134
     3) <파라솔>과 병치 구성의 개성화 / 145

제3장 의식의 내용과 성격 / 163
   1. 상실 의식과 주체의 결핍 / 165
      1) 고향에서의 분리와 정체의 혼란 / 165
      2) 친밀한 타인의 상실과 의식의 감상화 / 180
   2. 타자 의식과 대타 관계의 양상 / 195
      1) 주체의 연장으로서의 타자 / 198
      2) 주체와 대립한 타자 / 210
      3) 절대적 외재성으로서의 타자 / 225
   3. 실존적 자의식과 존재의 역동성 / 236
      1) 익명의 실존과 실존의 비극성 / 236
      2) 신앙적 주체와 절대적 외부 / 244
      3) 욕망의 결빙과 자연과의 거리 / 252

제4장 의식의 분열과 시적 창조 / 269

■ 참고문헌 / 283

제1장

정지용 시와 의식의 분열

1. 정지용 시 연구사 개관
2. 분열의 텍스트와 내적 의식 분석

1. 정지용 시 연구사 개관

정지용 시에 대한 연구는 크게 두 시기로 나누어 개관할 수 있다. 제1기는 정지용이 문단에 진출한 당시부터 1960년대까지, 제2기는 1970년대 이후 현재까지로 잡을 수 있다. 제1기에는 정지용과 그의 시에 대한 단평短評이 중심이 되며, 제2기에는 학술 논문의 증가와 함께 연구의 질적 성장과 심화가 이루어진다. 정지용에 대한 해금이 계기가 되어 연구의 양이 한층 증가하고 누적되는 1987년을 전후로 제2기를 좀더 세분할 수도 있으나, 해금에 따른 관심이나 연구의 양적 증가 자체가 반드시 연구사적 의의를 가진다고 볼 수는 없다.

정지용이 공식적으로 문단에 진출한 것은 1926년이지만, 그에 대한 비평적 반응은 1930년대 초에 이루어진다. 정지용이 활동하던 당대의 비평적 담론은 본격적이고 체계적인 연구의 수준과는 거리가 있는 인상주의적인 단평이 위주가 된다. 대체로 일방적인 찬사에 가까운 것이지만[1], 정지용에 대한 당시의 비평은 정지용과 그의 시가 당시 문

---

[1] 박용철은 「신미시단의 회고와 비판」(중앙일보, 1931. 12. 7.)에서 랭보Arthur Rimbaud가 "『시인의 시인』이라는 稱을 드름같이 그(정지용: 따온이)는 우리의 『시인의 시인』"이라고 했다(시문학사(편), 『박용철전집』(제2권), 대동인쇄소, 1940. 79쪽.). 양주동은 정지용의 작품을 "Unique한 세계, Unique한 감각, Unique한 수법"으로 규정하고 정지용을 "현 시단의 경이로운 존재"로 평가했다(「1933년도 시단연평」, 『신동아』, 1933. 12. 31쪽.). 또한 김기림은 정지용을 "우리의 시 속에 현대의 호흡과

단에 준 자극을 짐작할 수 있는 통로가 될 수 있다. 특히 김기림에게 정지용과 그의 시의 등장은 획기적인 시사적 사건에 속하는 것이었다.[2] 그에 반하여 임화에게 정지용 등은 이른바 "기교파"로 간주되며 그의 시는 "뿌루주아 시의 현대적 후예"로 비판된다.[3]

평가의 객관성과 적절성 여부를 떠나, 정지용과 그의 시에 대한 당대의 이와 같이 극단적이고 상반된 평가는, 무엇보다 시에 대한 관점의 근본적인 대립에서 비롯한다. 그것은 시를 '언어에 의한 언어', 곧 언어를 시의 유일한 매체이자 실체로 간주하는 관점과 시를 '언어에 의한 사회적 실천'으로 보는 관점의 대립이라고 할 수 있다. 이러한 관점의 차이는 대상에 대한 다양한 이해를 촉진하기도 하지만, "자신의 확신을 <진리>로 변형시키려고 하는 노력"[4]을 더욱 경직시킬 경우 비평적 실천에서 작품 현실보다 관점의 근거를 이루는 이데올로기를 앞세우게 될 가능성이 커질 수밖에 없다.

그러나 김기림과 임화의 이러한 평가가 드러내는 가장 큰 문제점은 자신의 평가를 뒷받침할 수 있는 작품 내적 근거에 대한 분석을 충분히 제시하지 않고 있다는 점일 것이다. 그것은 정지용과 그에 시에

맥박을 불러 너흔 최초의 시인"으로서 "일시 시단을 풍비하던 상징주의의 몽매한 음악 속에서 시를 건져낸" 시인으로 평가했다(「1933년의 시단의 회고와 전망」, 조선일보, 1933. 12. 9.).

2) 김기림은 정지용을 당시 문단에 새로운 감수성을 보여 준 이색적이고 이단적인 시인으로 규정했다. 그는 정지용이 "상징주의의 시간적 단조에 불만을 품고 시속에 공간성을 이끄러 넣었섯다."고 하면서 정지용을 "자연스러운 내적『리듬』을 창조"한 시인이며, 언어에 대한 명확한 자각을 가진 "진정한 의미의 시인"이라고 평가했다. 김기림, 위의 글, 조선일보, 1933. 12. 10.

3) 임화에게, "시의 내용과 사상을 방기"하고 "언어의 표현의 기교"와 현실에 대한 "비관심주의"로 일관하는 "기교파"의 시는 "역사적인 조건" 아래서 "푸로레타리아 시의 통렬한 부자유"를 틈 타 "번영한" "교활한 조류"일 뿐이다. 따라서 "이러한 시의 「융성」은 금년대의 문화적 암흑을 말하는 가장 좋은 사실"로 규정되었다. 임화, 「담천하의 시단 일년—조선의 시문학은 어듸로!」, 『신동아』, 1935. 12. 167-172쪽. 임화와 같이 정지용 시에 대한 비판적 견해를 제시한 글로서, 이병각의 「예술과 창조」(조선일보, 1936. 6. 5.)와 이해문의 「중견시인론」(『시인춘추』 제2집, 1938. 1.) 등을 들 수 있다.

4) 사르트르는, 헤겔Hegel의 경우 "의식들 상호간의 투쟁의 원동력은 각개의 의식이 각기 자기의 확신을 <진리>로 변형시키려고 하는 노력에 있다."고 했다. Jean Paul Sartre, L'être et le néant, 1943. 손우성 옮김, 『존재와 무』(10판), 삼성출판사, 1978. 416쪽.

대한 평가가 한 해에 이루어진 문학 활동을 전반적으로 가늠하는 연평年評의 일부로 제시5)된다는 점과 무관하지 않다. 그러나 앞에서 살핀 김기림과 임화의 비평은 각각 이후 정지용과 그의 시를 이해하는 대립적인 관점의 시발점이 된다는 점에서 그 비평적 의의를 부여할 수 있다. 곧 김기림이 정지용을 "이단자"로서 전통과 대립시킨 것은 이후 정지용의 시를 모더니즘(이미지즘)의 측면에서 논의하는 한 계기를 이루며,6) 임화의 비판 역시 이후 다양한 형태로 변형되지만 정지용의 시를 근본적으로 사상성의 결여태로 이해하는 출발점이 되기 때문이다.

『정지용시집』(1935)의 출간을 계기로 정지용과 그의 시를 독립적인 주제로 다루는 비평이 등장한다.7) 그 중에서 소박한 서평이나 독후감의 수준을 뛰어넘는 평문은 김환태의 「정지용론」이다. 이 글은 정지용과 그의 시에 대한 독립적이고 집중적인 분석이라는 점에서 그 앞의 연평과 우선 구별된다. 또한 동요, 종교시를 포함해 정지용의 시 전반을 다루고, 간략하지만 구체적인 작품 분석을 제시한다는 점에서도 좀더 본격적인 비평이다. 여기에서 김환태는 정지용의 시가 "일대 감각의 향연"이지만 "그의 감각은 곧 정서가 되고, 정서는 곧 감각이 된다."고 했다. 아울러 정지용이 "느끼고 감각한 것을, 조화하고 통일하는 지성"을 가지고 있다고 함으로써, 감각적인 측면에 치우친 정지

---

5) 정지용에 관한 평가가 연평의 일부로 제시된 것으로 박용철의 「을해시단총평」(동아일보, 1935. 12. 27.)을 더 들 수 있다. 여기서 박용철은 "정지용시집이 우리 시에 한 개 새로 세운 이정표인 것은 거의 의심할 여지가 없"다고 단언하고, 정지용의 <유리창 1>을 제시하면서 "사물의 본질에까지 철하는 시인의 예민한 감각"을 지적했다.
6) 김기림은 정지용을 "최초의 모더니스트"로 규정했다. 김기림, 「모더니즘의 역사적 위치」, 『인문평론』 제1호, 1939. 10. 84쪽. 이 글에서 김기림은 정지용을 "거진 천재적 민감으로 말의 (주로) 음의 가치와 『이메지』, 청신하고 원시적인 시각적 『이메지』를 발견하였고 문명의 새 아들의 명랑한 감성을 처음으로 우리 시에 이끌어 드렸다."고 평가했다.
7) 이양하, 「바라든 지용 시집」, 조선일보, 1935. 12. 7.—12. 13.
  신석정, 「정지용론」, 『풍림』, 1937. 4.
  김환태, 「정지용론」, 『삼천리문학』, 1938. 4.

용에 대한 당시의 평가를 일정하게 보완했다. 따라서 김환태에게 정지용의 시는 "감정과 감각과 이지의 그 신비한 결합"으로 이해된다.

광복 후와 1950년대 정지용과 그의 시에 대한 비평으로 대표적인 것은 김동석, 조연현, 김춘수의 글을 들 수 있다.[8] 『백록담』에 대한 김동석의 비평은 정지용의 후기 시에 대한 언급이라는 점에서 나름의 의의가 있으나, 그의 평문은 "시를 해석하거나 분석하지 않고 시와 행동의 일치만을 강조"한 한계가 있다. 또한 "정지용 시의 전면적 부정에 이른" 조연현의 비평은 "객관성을 잃고 있는 글"로 평가된다.[9] 그에 비해 김춘수는 『한국현대시형태론』에서 시문학파의 일부로서 정지용의 시 형태를 분석했는데, 그 내용이 간략하지만 정지용 시의 행과 연의 기능을 시적 논리와의 관련 아래 구체적으로 살펴 일정한 진전을 이루었다. 특히 그는 <향수>의 병치 구조를 "아무런 이유도 없는 우연이 필연처럼"되었다고 지적하고, <백록담>의 산문시형을 "획기적"인 것으로 평가했다.

1960년대에 이르러 정지용과 그의 시에 대한 비평은 양적으로 다시 증가한다.[10] 유종호는 언어와 언어 예술에 대한 자각, 우리말의 시적 가능성에 대한 의식적 배려, 유니크한 내재율의 발명, 광범한 영향력 등을 들어 정지용의 시사적 위치를 적극적으로 평가했다. 그 반면에 송욱은 모더니즘의 측면에서 정지용의 시를 전면적으로 비판했는데, 그에 따르면 정지용은 주제와 표현 형식이 매우 제한된 시인이며, 한국의 모더니즘은 "시각적 인상을 위주로 하는 피상적인 사이비 모더

---

8) 김동석, 「시를 위한 시」, 『예술과 생활』, 박문출판사, 1947.
　　조연현, 「수공예술의 운명」, 『문학과사상』, 세계문화사, 1949.
　　김춘수, 『한국현대시형태론』, 해동문화사, 1958.
9) 양왕용, 『정지용시연구』, 삼지원, 1988. 19~22쪽.
10) 유종호, 「현대시 오십년」, 『사상계』, 1962. 5.
　　송　욱, 「한국 모다니즘 비판」, 『사상계』, 1962. 10.
　　김춘수, 「신시 60년의 문제들」, 『신동아』 6월호, 1968.
　　김우창, 「한국시와 형이상」, 『세대』 7월호, 1968.

니즘"이다. 송욱은 한국의 모더니즘이 실패한 까닭을 "내면성의 표현"에 성공하지 못한 탓이라고 규정했다.

이러한 상반된 평가는 거의 한 세대 앞서 이루어진 김기림과 임화의 그것에서 크게 벗어나는 것이라고 볼 수 없다. 관점과 분석의 세부 내용을 논외로 한다면, 유종호의 평가는 김기림이 펼친 논리의 연장이나 확장이라고 볼 수 있고, 정지용이 "<재롱>이나 단편적이며 시각적인 인상"에만 치중했다는 송욱의 평가 역시 정지용의 시를 기교주의로 비판했던 임화의 논리와 결과적으로는 큰 차이가 없다. 유종호가 정지용의 시사적 위치를 일방적이고 예외적으로 강조하고, 송욱이 서구 모더니즘을 보편적인 논거로 채용하여 정지용의 시에 대한 전면적인 부정에 이른 것은 비평의 객관성에 대한 의문을 초래할 수 있다.

그에 비하여 김우창은 정지용을 "이미지스트=모더니스트 계열의 시인"으로 이해하면서 정지용의 시가 감각적 사실에 충실함을 우선 지적했다. 나아가 정지용의 이미지즘이 단순한 기술에 그치지 않고 <백록담>에 이르러 "감각의 단련을 무욕의 철학"으로 발전시켰으며, 여기에 이르러 "현대 한국인의 혼란된 경험은 하나의 질서를 부여받았다."고 평가했다. 그러나 정지용의 종교시에 대해서는 제한된 양과 함께 "기독교적 수난과 초월의 형식이 너무 두드러지게 시의 표면에 나타"난다는 점에서 "진정한 설득력"을 지니지 않는다고 했다. 정지용의 시에 대한 그간의 비판이 내면성의 부재나 결핍을 주로 겨냥했다는 것을 고려한다면, 김우창의 글은 이러한 비판에 대응하는 논리를 제시한 것이라고 할 수 있다.

1970년대에 이르러 학술 논문과 비평이 양적으로 증가하고 연구 방법이나 연구의 질적 수준도 이전의 일면적이고 일방적인 논의에서 벗어나 일정한 진전과 심화를 보인다.[11] 김용직은 시문학파 연구의 일

---

11) 김윤식, 「장서언론(하)-카톨릭 시의 행방(정지용의 경우)」『현대시학』 3월호, 1970.
오탁번, 「지용 시 연구-그 환경과 특성을 중심으로」, 고려대 석사학위논문, 1970.

부로서 정지용과 그의 시를 분석했는데, 정지용과 일본 신감각파와의 관련 가능성을 제시했다. 한편 김윤식은 정지용이 "카톨릭을 자기 고뇌의 근본 문제로 파악한 것이 아니라 한갓 시적인 멋", 곧 "카톨릭을 하나의 스타일"로 받아들였으며(1970), "표현 기법의 근대화를 이룩하되 정신적 거점은 반근대주의를 지향"했다고 비판했다(1978). 확정적인 판단은 유보했지만, 정지용의 "카톨리시즘"이 한국 카톨릭의 순교사의 저항정신과 연결되어 민족의식과 결합할 수 있는 가능성을 제시한 점, 그리고 방법과 의식의 분열을 지적한 것은 새로운 관점의 제시라고 할 수 있다.

그런데 1970년대 이후를 정지용 연구사의 제 2기로 설정한 것은 무엇보다 오탁번이 이룬 성과가 근거가 된다. 오탁번의 논문은 정지용을 독립적인 주제로 한 최초의 학위 논문이자 정지용과 그의 시에 대한 전면적이고 체계적인 연구를 처음으로 수행한 글이다. 비록 총체적 연구로서는 미흡하지만[12], 오탁번의 글은 그 범위가 생애, 문학관, 연구사, 제재 등을 포괄하여 당시로서는 비교적 폭넓은 것이었다. 또한 이 글은 정지용의 후기 시 일부를 중국 한시와의 구체적인 관련 아래 파악함으로써 당시까지 주류를 형성한 서구 모더니즘의 관점에 기댄 비평을 일정하게 보완했다. 그런데 이 글이 남다른 연구사적 의의를 갖는 것은 무엇보다 정지용 시의 "양면성"을 통찰한 까닭이다. 비록 심화된 수준이라고 할 수는 없지만, 그것은 정지용 시의 가장

양왕용, 「1930년대 한국시의 연구―정지용의 경우」, 『어문학』 26, 한국어문학회, 1972.
김용직, 「시문학파연구」, 『한국현대시연구』, 일지사, 1974.
김종철, 「30년대의 시인들」, 『문학과지성』 봄호, 1975.
김윤식, 「풍경의 서정화―정지용론」, 『한국근대문학사상비판』, 일지사, 1978.
이진흥, 「정지용의 작품 <유리창>을 통한 시의 존재론적 해명」, 경북대 석사학위논문, 1979.
12) 양왕용, 앞의 책, 33쪽. 양왕용도 이 글의 연구사적 의의를 일단 적극적으로 평가했지만, 통시적 연구의 배제와 연구 내용의 일정한 한계 등을 이유로 총체적 접근으로서는 미흡하다고 했다.

본질적인 특성에 대한 이해라고 평가한다.

1980년대 이후 현재까지 정지용에 관한 연구는 양적 풍요와 함께 다양한 시각을 바탕으로 그 내용과 수준이 큰 진전을 이룬다. 이러한 성과는 이 시기에 이루어진 정지용에 대한 해금의 영향도 있겠지만, 무엇보다 정지용의 시가 여전히 당대적 유효성을 잃지 않았기 때문이다. 이 시기에 정지용과 그의 시를 단독 주제로 한 학위 논문[13]이 양산되는데, 연구의 범위와 주제가 더욱 전문화, 세분화되고 연구의 방법도 좀더 다각화된다. 또한 이 시기에 정지용과 그의 시를 연구 주제의 일부나 비교 연구의 대상으로 한 학위 논문도 대폭 늘어난다.

학위 논문에서는 실증적인 검토에서부터 기호학적 분석에 이르기까지 다양한 연구 방법이 동원되고, 연구의 주제와 범위 역시 전기, 언어, 율격, 수사(문체), 어법(화자), 이미지, 상징, 감각, 미의식, 시·공간의식 등의 작품 내적 의식, 상상력, 전통과 영향관계, 시사적 평가 등 정지용 시에 관한 문제 전반으로 확산될 뿐만 아니라 연구 대상도 산문과 시론을 포함한 정지용의 모든 언어적 표현물 전반으로 확장되었다. 연구 방법의 다각화와 연구 범위와 주제의 전면적인 확장과 더불어, 이 시기의 연구는 전반적으로 앞 시기보다 좀더 세분화된 주제에 대한 분석을 통해 기존 연구를 일정하게 보완하고 심화시킨 것으로 평가할 수 있다. 정지용에 대한 증폭된 관심은 학위 논문만이 아니라

---

13) 이숭원, 「정지용시연구」, 서울대학교 대학원 석사학위논문, 1980.
민병기, 「정지용론」, 고려대 석사학위논문, 1981.
양왕용, 「정지용 시의 연구」, 경북대 박사학위논문, 1988.
김 훈, 「정지용시의 분석적 연구」, 서울대 박사학위논문, 1990.
장도준, 「정지용 시의 연구」, 연세대 박사학위논문, 1990.
노병곤, 「정지용시연구」, 한양대 박사학위논문, 1992.
정의홍, 「정지용 시의 연구」, 동국대 박사학위논문, 1992.
김석환, 「정지용 시의 기호학적 연구」, 명지대 박사학위논문, 1993.
김용희, 「정지용 시의 어법과 이미지의 구조」, 이화여대 박사학위논문 1994.
이승복, 「정지용 시의 운율체계 연구」, 홍익대 박사학위논문, 1994.
김신정, 「정지용 시 연구: 감각의 의미를 중심으로」, 연세대 박사학위논문, 1999.

일반 학술 논문 및 비평문14)의 증가에서도 확인된다.

또한 이 시기에 정지용의 생애와 작품 연보가 실증적인 보완을 통해 정밀히 작성되고, 원전 확인과 작품 발굴 등 정지용 연구에 필요한 기본 자료들이 재정리된다.15) 아울러 정지용과 그의 시에 대한 성급한 시사적 평가나 전면적 규정에 앞서 개별 시 텍스트에 대한 집중적인 분석을 심화하려는 노력도 양적으로 증대되어 정밀하고 밀도 있는 작품론이 누적된다. 이러한 작품론의 누적은 정지용에 대한 이해가 유파나 집단의 일부로서 이루어질 때 빚어질 수 있는 일반화를 일정하게 보완할 뿐만 아니라, 정지용과 그의 시에 대한 한층 심화된 이해를 가능하게 하는 구체적인 계기와 근거가 될 수 있다.

지금까지 축적된 정지용 연구는 정지용과 그의 언어 표현물 전반을 포괄할 수 있을 뿐만 아니라 연구 방법과 내용에서도 다각화와 진전을 크게 이루었다고 할 수 있다. 그러나 여전히 한층 심화하고 밀도를 강화해야 할 주제와 영역들이 현존하는 것도 사실이다. 우선 정지

---

14) 鴻農映二,「정지용의 생애와 문학」,『현대문학』, 1982.
  최동호,「정지용의 <장수산>과 <백록담>」,『경희어문학』 6, 경희대, 1983.
  김명인,「정지용의 「곡마단」 고」,『경기어문학』 4, 1983.
  김윤식,「가톨리시즘과 미의식－정지용의 경우」,『한국근대문학사상상』, 한길사, 1984.
  김준오,「사물시의 화자와 신앙적 자아―지용론」,『가면의 해석학』, 이우출판사, 1985.
  최동호,「정지용의 산수시와 은일의 정신」,『민족문화연구』 19, 고려대, 1986.
  성민엽,「두개의 유리창」,『월간 조선』 7월호, 1986.
  김대행,「정지용 시의 율격」, 김학동 외,『정지용연구』, 새문사, 1988.
  최두석,「정지용의 시세계―유리창 이미지를 중심으로」,『창작과 비평』 여름호, 1988.
  김용직,「정지용론」,『현대문학』 1－2월호, 1989.
  이어령,「정지용의 <말>의 기호학적 분석」,『현대시사상』 여름호, 고려원, 1991.
  熊木勉,「정지용과 「근대풍경」」,『숭실어문』 9, 숭실어문학회, 1991.
  호테이 토시히로,「정지용과 동인지『街』에 대하여」,『관악어문연구』 21, 서울대, 1996.
  三枝壽勝,「정지용 시『향수』에 나타난 낱말에 대한 고찰」,『시와 시학』 여름, 1997.
  김태봉,「정지용 시문의 중국고전 수용양상고」,『호서문화논총』 13, 서원대, 1999.
15) 김학동,『정지용연구』, 민음사, 1987.
  김학동,『정지용전집 1 시』, 민음사, 1988.
  김학동,『정지용전집 2 산문』, 민음사, 1988.
  이와 함께 양왕용과 홍농영이의 앞의 논저도 이러한 노력을 보였다.

용의 작품들을 지속적으로 발굴할 수 있는 여지가 남아 있고, 심도 있는 작가론을 위해 전기적 사실에 대한 실증적인 보완과 사회 역사적인 맥락을 밀도 있게 재구성할 필요가 있다. 개인사에 관한 단순한 정보에 그치지 않고 나름의 비평적 의의를 갖기 위해서는, 전기적 사실들이 문학 작품과 구체적인 연관을 맺어야 할뿐만 아니라, 정지용이라는 구체적 개인의 실존적 '선택'이라는 측면에서 그 관계가 구체적으로 해명되어야 한다.

그러나 여전히 그 어떤 것보다 강조해야 할 것은 작품에 밀착한 연구의 심화이다. 작품이야말로 작품의 맥락을 구성하는 작가와 사회에 대한 연구자의 관심을 정당화시켜 주는 유일한 실체이기 때문이다. 더구나 정지용과 그의 시에 대한 전체적이고 시사적인 평가는 작품에 대한 밀도 있는 분석에 근거함으로써만 유효성을 획득할 수 있다. 따라서 개별적인 텍스트에 대한 정밀하고 다각적인 분석의 누적과 종합은 여전히 지속적으로 이룩해야 할 과제이다. 이를 위해 충청 방언을 비롯한 정지용의 시어에 대한 면밀한 연구를 통해 텍스트의 언어적 의미를 명료하게 하는 작업이 중요하고, 작품에 대한 미시적 분석과 거시적 검토가 함께 이루어지는 것이 필요하다. 이러한 연구의 지속과 축적이 정지용과 그의 시에 대한 한층 정당한 시사적 평가를 산출할 것이다.

아울러 시인이 의식의 주체로서 세계와 맺고 있는 관계에 대한 다양하고 심화된 연구 역시 지속될 가치가 있다. 그것은 작품 내적 의식에 대한 연구를 통해 간접적으로 이루어질 수 있는데, 그 해명은 정지용 시의 본질과 미학을 규명하는 일과 구체적으로 연관될 수 있기 때문이다. 아울러 개별 텍스트에 대한 정밀한 분석을 경유한다면, 내적 의식의 양태와 내용 분석에서도 가치 있는 연구 주제를 새롭게 제시하고 그에 대한 좀더 진전되고 심화된 해명이 가능할 것이다. 좀더 정밀한 분석의 대상이 될 가치가 있는 것으로서 정지용 시에 내재한 타자 의식과 자기 의식을 들 수 있다.

그리고 의식과 형태의 분석 결과를 서로 연결하고 종합하거나 상호 관련성을 새로운 논리로 통합할 필요가 있다. 이런 작업은 정지용의 시적 형태와 방법의 내적 근거를 해명하는 일과 시인의 의식이 자기표현을 위하여 선택한 방법적 전략이 서로 얽혀 있음을 구체적으로 드러내기 위함이다. 이를 위하여 시인의 의식을 탐색하고 이를 한층 진전되고 심화된 작품 해석으로 이끄는 일, 그리고 그 성과를 시적 형태와 방법의 해명과 시사적 문맥에서 평가하는 일에 연결시키는 일은 앞으로의 연구자들에게 부여된 몫이 될 것이다.

또한 시가 언어인 동시에 발화*utterance*[16]이자 발화의 한 양식인 담론 *discourse*[17]이며 또한 텍스트*text*[18]라는 사실을 고려하면, 발화와 담론의

---

[16] 발화는 말해지거나 씌어진 문장의 물리적인 실현이다. 발화는 능동적이며 수동적인 의미, 즉 발화 행위와 발화의 산물을 함께 뜻하는데, 방브니스트Benveniste는 언술 행위*L'énonciation*와 언술내용*L'énoncé*으로써 그 둘을 구별했다. Katie Wales, *A Dictionary of Stylistics*, N.Y.:Longman Inc., 1989. 147-148쪽과 471-472쪽 참조

[17] 방브니스트의 언어학에서 '담론*discours*'은 '이야기*histoire*'와 함께 발화의 두 양식이다. 그에 따르면, '이야기'는 과거사건들의 서술과 관련되는 발화의 객관적 양식이며, 언어학적 특성으로서 삼인칭 대명사, 과거시제와 관련된다. 말하자면 '이야기'는 순수한 서술양식인 셈인데, 방브니스트는 이를 발화의 맥락으로부터, 그리고 화자와 청자로부터 언술내용*énoncé*을 분리하여 추상화한 것으로 간주한다. 그에 비해 '담론'은 주관적 양식으로서 현재에 초점을 맞추며, 언술행위*énonciation*, 화자, 수신자, 상황을 드러낸다. 그러나 삼인칭 서술조차도 중립적이거나 익명일 수는 거의 없으며, 독특한 서술의 목소리, 숨은 작가와 숨은 독자라는 '담론'의 틀을 지니고 있다. 따라서 이러한 양식의 구별은 텍스트 분석에서 제한된 유효성을 가질 뿐이다. Katie Wales, 위의 책, 128-129쪽과 218-219쪽 참조 요약.
그런데 이스트홉은 '이야기'와 '담론'에 대한 방브니스트의 이러한 구별이 "주체성이 부재된 양식(즉, *histoire*)과 현존하고 있는 양식(즉, *discours*)이라는 잘못된 변별에 머무르고 있"으며, 기표는 "주체를 다른 기표로 재현하는 것이기 때문에 모든 담론은 주체를 미리 가정하고 있다."고 비판한다. 아울러 "이런 구별은 인칭을 나타내는 표지들이 담론에 현존하는지 부재하는지에 대한 구별일 뿐이어서, 주체성과 담론에 대해서는 적절한 설명이 되지 못한다."고 했다. Antony Easthope, *Poetry as Discours*(London:Methuen, 1983.) 박인기 옮김, 『시와 담론』, 지식산업사, 1994. 73쪽.
그러나 익명의 구조인 언어와 달리, 담론이 바흐친M. Bakhtin식으로 말해 "언어의 구체적이며 살아 있는 총체성"(Katie Wales, 위의 책, 129쪽에서 재인용.)을 강조하기 위해, 그리고 "화자가 청자에게 영향을 주려는 욕망을 지닌 채 화자와 청자를 자신의 구조 속에

특성에 따른 텍스트 이해와 함께 말하기의 방식, 텍스트 구성 방법 등에 대한 연구를 새로운 방법과 관점에서 개척하고 심화할 필요가 있다. 이러한 연구는 여전히 심상이나 감각의 분석에 치우친 정지용 연구를 일정하게 보완하고 연구 영역을 더욱 확장하는 계기가 될 것이다.

통합하는 모든 발화 행위"(Julia Kristeva, *Language: The Unknown*, Anne M. Menke, trans., N.Y.: Columbia Univ. Press, 1989. 11쪽.)를 지시하기 위해 사용된다는 점에서, 담론이란 개념은 근본적으로 방브니스트의 견해에 기반한다. 언어와 달리, 담론은 발화의 주체와 대상을 포함하는 사회, 역사적인 맥락을 전제하며, 그런 까닭에 담론의 갈래와 규칙들은 사회적 약정과 이데올로기의 소산이며 거기에 일정하게 구속될 수 있다는 것을 뜻한다.

18) 텍스트는 "커뮤니케이션의 모든 산물(글로 씌어진 것, 말로 된 것, 그림으로 그려진 것 등)을 통틀어 지칭하는 말이기도 하고, 이런 것들 하나 하나를 일컫는 일반적인 용어"이다. 텍스트는 동시에 "담론과 대비되는 개념으로 이해되어 기호들이 어떤 코드에 입각해서 통일성을 이룬 구체적인 기호학적 체계를 가리킨다. 텍스트가 구조적임에 비해 담론은 과정적이다. 담론은 텍스트를 배태한 채 수행되는 기호학적 과정이다." 그런데 롤랑 바르트Roland Barthes와 줄리아 크리스테바 이후 "텍스트는 다른 여러 수많은 텍스트로부터 유래한 내용의 파편들을 섬유조직으로 하여 성립된 복합체"로서 의미의 창출을 해석자(독자)에게 개방하고 있는 "문화의 기본 단위인 동시에 문화를 총괄하는 문화조직의 총체"이기도 하다. 김경용, 『기호학이란 무엇인가』, 민음사, 1994. 175, 325쪽 정리. 텍스트에 대한 좀더 자세한 내용은 롤랑 바르트, 「저자의 죽음」, 「작품에서 텍스트로」(김희영 옮김, 『텍스트의 즐거움』, 동문선, 1997.)과 김형효, 『데리다의 해체 철학』(민음사, 1993.) 등을 참고할 수 있다.

2. 분열의 텍스트와 내적 의식 분석

지금까지 이루어진 정지용의 시에 대한 다각적인 분석은 정지용과 그의 시에 대한 다양하고도 대립적인 평가를 낳았다. 언어에 대한 예민성과 대상에 대한 감각적 재현 능력을 주목하여 그 시사적 성격과 위치를 규정하는가 하면, 내면성과 사상성의 결핍을 치명적인 한계로 평가하기도 했다. 또한 전통과 대립시켜 정지용을 모더니즘의 선구로 이해하는가 하면, 전통의 계승과 현대화라는 측면에서 그의 시사적 위치를 새롭게 부각시키기도 했다. 앞에서 살핀 바와 같이, 지금까지 축적된 정지용 연구는 정지용과 그의 언어 표현물 전반을 포괄하면서 연구 방법의 다각화와 함께 주제의 세분화를 통해 연구의 수준과 내용을 크게 진전시킨 것이 사실이다.

그러나 정지용의 경우에도 여전히 시사적 평가에 앞서 개별 텍스트에 대한 면밀한 분석이 지속적으로 이루어지고, 작품 내적 의식에 대한 폭넓은 연구와 그에 바탕을 둔 작가 연구가 진전되어 시인과 그의 문학에 대한 이해를 더욱 심화할 필요가 있다. 아울러 시가 발화이자 담론이며 텍스트라는 사실을 고려하여 이에 따른 말하기의 방식과 텍스트 구성 방법 등에 대한 연구를 새로운 시각에서 개척할 필요가 있다. 더욱 중요한 것은 정지용의 시 텍스트가 내장한 의식의 분열 가

능성에 대한 분석이 면밀하게 이루어질 필요가 있다는 점이다.[19]

따라서 이 글은 무엇보다 정지용의 시 텍스트들이 드러내는 의식의 분열을 주목하며, 이러한 관점이 정지용 시에 대한 단선적이거나 대립적인 이해와 평가를 일정하게 보완할 수 있기를 기대한다. 이에 따라 시의 형태[20]와 내적 의식[21]에서 드러나는 분열의 잠재적인 양상과 성격을 초점화하되, 분석의 구체적인 내용은 시 형태의 전개와 변모 과정, 말하기의 방식, 시 구성 방법, 그리고 작품 내적 의식의 내용과 성격의 해명이 될 것이다. 시 형태 역시 시인의 형태 의식, 혹은 미의식의 산물이라는 점을 고려한다면, 형태 분석 역시 의식 분석의 일부가 될 수 있다.

그런 뜻에서 이 글의 중심적인 내용은 정지용의 시 텍스트에 내재한 의식의 내용과 성격의 분석이라고 할 수 있다. 인간 의식의 보편적 특질에 관한 앎을 추구한 후설Edmunt Husserl에게 "의식이란 그 안에서 주관이 지향하고(자신이 대상 쪽으로 향하고), 대상이 지향되는(대상이 이 행위를 초월하기는 하면서도, 주관의 지향행위의 표적으로서 기능을 하는) 행위"로서 "지향하는 주관과 지향되는 대상은 상호

---

[19] 일찍이 오탁번이 정지용 시의 "양면성"을, 그리고 김윤식이 방법과 의식의 어긋남을 간략하게 언급함으로써 정지용 시의 내적 분열 가능성을 시사한 바 있다. 이 글에서는 근본적으로 정지용의 시를 의식의 분열이라는 관점에서 이해하는데, 이러한 관점은 정지용의 시를 전체적으로 이해하는 데 유용하다고 판단한다. 이러한 판단은 무엇보다 필자의 「정지용의「밤」과「람프」분석」(『문학과 언어』 12집, 문학과 언어연구회, 1991.), 「정지용 시의 현상학적 연구」(『문학과언어』 14집, 문학과 언어연구회, 1993.), 「정지용 시 연구」(『문학과언어』 16집, 문학과 언어연구회, 1995.), 「정지용의 시 <파라솔> 분석」(『안동어문학』 1집, 안동어문학회, 1996.), 「정지용의 시 <카페·프란스> 분석」(『인문과학연구』 1집, 안동대학교 인문과학연구소, 1999.) 등의 연구에서 비롯한다.
[20] 형식이 내용이나 의식을 배제한 외부적 형상만을 뜻하기 쉬운 까닭에 이 글에서는 대체로 형태라는 용어를 쓴다. 형태심리학에서 형태는 완전한 구조와 전체성을 지닌 통합된 전체로서의 형상과 상태를 뜻한다. 시는 부분의 평면적 결합이라기보다 부분의 상호의존적인 관계에 의해 구축되는 전체성으로서의 구조인 까닭에 형태라는 용어가 더 적절하다고 판단한다.
[21] 내적 의식은 텍스트 내부에 존재하는 의식이며, 의식은 감각과 인식을 포괄하는 인간의 모든 정신 작용을 가리킨다.

관련되어 있다."[22] 그런 점에서 의식은 "거대한 자아—세계 관계이며, 하나의 생활세계Lebens—Welt 또는 개인적 경험의 조직망"[23]이다. 주체와 대상의 상호 포섭에 바탕을 둔 '주체—세계 관계'로서의 의식은, 마글리올라에 따르면, 그 양태가 "인식cognition, 의지 작용volition, 정서 emotion, 지각perception, 시간(여기에 기억이 포함된다), 공간, 그리고 상상"으로 나타나며, 그 내용은 "세계(비인간적 실재), 발생(사건), 타자(나 이외의 타인들), 그리고 자아(자신의 지향적 행위의 내용으로서의 자기)"[24] 등으로 나타난다.

그러나 문학 텍스트가 내포하고 있는 경험의 양태와 내용이 다채롭고 텍스트에 대한 분석자의 관심 역시 다양한 까닭에, 분석자에 따라 분석의 범주와 대상이 되는 의식의 양태와 내용은 달라질 수 있다. 이 글에서는 정지용의 시 텍스트가 내장하고 있는 중요한 의식의 양태와 내용을 상실 의식, 타자 의식, 자기 의식으로 규정하고 그 성격을 밝히고자 한다. 여기에는 고향으로 상징되는 공간에 대한 의식, 절대적 외재성으로 파악되는 신에 대한 의식, 그리고 절대적 외재성이면서 한편으로는 동일화 가능성으로서의 자연에 대한 의식 등이 포함되어 있다.

정지용 시 텍스트의 내적 의식은, 텍스트 내부에서 텍스트가 내포한 서정을 전달하고 텍스트를 하나의 발화로서 전개시키는 시적 주체[25]의 의식이다. 시적 주체의 의식은 '시적 주체—세계 관계'로서의

---

22) Robert R. Magliola, *Phenomenology and Literature: An Introduction*, Indianna: Perdue Univ. Press, 1977. 최상규 옮김, 『현상학과 문학』, 대방출판사, 1986. 13쪽.
23) 그런 뜻에서 문학에 대한 현상학적 비평(제네바학파의 비평)에서, 작가는 "상상력에 의해 자신의 '생활세계'로부터 어떤 요소들을 선택·변형하여 거기에서 가공적인 구성물, 허구의 우주를 창조하는 사람들"이며, 창조적 작가는 "이 '허구적 우주'를 언어 속에서 또 언어를 통해서 발전시키고 실체화"하는 존재이다. 위의 책, 13쪽과 47—48쪽.
24) 위의 책, 60쪽.
25) 텍스트를 하나의 발화로 간주할 때, 텍스트 내부에서 텍스트가 내포한 서정을 전달하고, 텍스트를 하나의 발화로서 전개시키는 주체를 이 글에서는 시적 주체라고 부른다. 서정

의식이자 언어에 의해 매개된 의식, 곧 "언어화된 의식"26)이다. 현상학적 비평가들에 따르면, 이 "언어화된 의식"은 "텍스트의 중심점이자 초점(foyer)"이며 "텍스트 속에 언어화되어 있는 작자의 경험세계"로서 궁극적으로 시의 텍스트가 나타내고 있는 모든 뜻깊고 일관적인 내용을 전해주는 것"27)이다. 제네바학파의 이론과 실천28)에서 구체화되고 설득력을 발휘한 현상학적 비평은 "문학작품의 심층 자아moi profond는 작자 자신의 심층 자아, 더 정확히 말해서 시적 언어 쪽으로 '건너 온' 부분의 작자의 심층 자아라고 간주한다. 따라서 독자가 할 일은 텍스트 속에 집어넣어진 대로 이 심층 자아의 체험을 '사는'live 것"이다.29)

시의 경우, 그것은 일인칭으로 표시되며 이 일인칭은 이인칭이나 삼인칭으로 표현될 수 없이 "절대적으로 사용된 일인칭" 곧 시적 자아lyrisches Ich이기도 하다. 따라서 서정시의 경우, 시적 주체는 흔히 시적 화자/자아, 서정적 주체/자아로 불린다. 한편 무카로프스키는 이를 "작품의 주체the subject of the work"라고 부른다. 여기에 관해서는 위르겐 링크(고규진 외 옮김), 『기호와 문학』, 민음사, 1994. 465쪽과 John Burbank & Peter Steiner(trans., & ed.), *The Word and Verbal Art: Selected Eassays by Jan Mukařovský*, New Haven & London: Yale Univ. Press, 1977. 149쪽을 참조할 수 있다.
또한 시적 주체는 말하는 주체로서, 텍스트 내부의 화자를 포함한다. 텍스트 내부의 화자 또한 세계(텍스트가 환기하는 대상 세계와 그 경험)에 대한 독자의 지각을 형성시키는 말하는 주체이지만, 그것은 텍스트 내부의 언술 행위의 주체를 지시할 뿐 언술 내용의 주체와의 관련을 반드시 전제할 필요가 없다. 그러나 시 텍스트의 내부에서, 말하는 주체로서의 시적 주체는 말하기의 양상에 따라 언술내용과 언술행위에 상관적으로 혹은 독립적으로 관여되는 주체이며, 그 둘의 관계는 텍스트에서 다양하게 드러날 수 있을 뿐만 아니라 그 자체가 미학적 요소가 될 수 있다. 화자와는 달리 말하는 주체라는 용어는 이러한 점도 함께 고려할 수 있다는 점에서 유용할 수 있다.

26) Robert R. Magliola, 앞의 책, 59쪽. 그런데 메르르-뽕띠Merlaeau-Ponty는 우리의 의식이 "언어 속에 들어와서 언어와 함께 됨으로써 언어로서 탄생"한다는 점을 강조하고 있다(같은 책, 27쪽.). 그런 점에서 의식은 "언어화된 의식"이자 언어 자체, 혹은 '언어가 된 의식'이라고 말할 수 있다.
27) 위의 책, 19쪽.
28) 주지하는 바와 같이, 제네바학파의 문학비평은 의식비평, 주제비평, 발생론적 비평 등 다양한 이름으로 불리어 왔고, 이는 그 근본적 비평적 전제의 일치에도 불구하고 다채로운 개별적 특이성을 실제비평에서 구사했던 제네바 문학비평들의 관심 방향을 나름대로 규정한 데서 연유할 것이다. 김현, 「제네바학파의 문학비평」, 박이문 외, 『현상학』, 고려원, 1992. 75쪽. 제네바학파의 이론과 실천에 대해서는 김현의 글과 함께, Robert R. Magliola의 앞의 책을 참조할 수 있다.
29) Robert R. Magliola, 앞의 책, 20-21쪽. 따라서 현상학적 비평은 "작자의 경험적 자아와 현

그러나 작가의 경험적 자아와 텍스트 내적 의식의 주체—"현상학적 자아"와는 일단 구별할 필요가 있다. 작가 의식을 구성하는 생활세계에 대한 작가의 경험은 그 내용과 성격이 어떠한 것이든 텍스트로 구성되면서 굴절과 변화를 거치지 않을 수 없기 때문이다. 또한 작가의 의식은 언어에 의해 언어, 혹은 담론, 혹은 텍스트의 구조로 변환된다. 곧 작가의 의식은 일차적으로 언어에 매개되며(이 점에서는 모든 의식이 그렇다), 그와 함께 담론과 텍스트로 축조되는 과정에서 그 자체의 규칙에 의해 구속되고 변형된다. 따라서 작가의 의식이 순수한 상태로 언어, 담론, 텍스트의 구조로 대치된다고 볼 수 없다.[30] 따라서 이 글에서는 텍스트 내적 주체의 의식을 텍스트 안에서 복사된 작가 의식으로 간주하거나 환원하지 않는다. 이러한 관점은 텍스트의 내적 의식은 작가 의식에서 비롯하지만 결코 그것으로 환원할 수 없는 특수한 형식, 곧 심미적 형식으로 존재하는 것으로 이해한다는 뜻이다. 그런 점에서 이 글에서 수행하는 분석은 현상학적 비평(제네바학파의 비평)의 방법을 원용하면서도 그와 일정한 거리를 유지하고 있다.

상학적 자아는 구별되지만, 현상학적 자아는 작품 속에 복사된 작가의 심리적인 국면으로 환원될 수 있다."고 믿는다. 같은 책, 30쪽.
30) 따라서 하이데거Martin Heidegger는, "가끔 문학작품 속에서 작가의 개성은 부재한다."고 말한다. 이러한 하이데거의 말은 "작가 개인의 생활세계는 비교적 중요하지 않다는 것"이다. 하이데거에게 "상상력에서 나온 문학이란 <존재>Being의 발현이고, <존재>란 모든 존재자Seinden의 신비한 바탕이 되어 주고 있는 '현존'presence이다." Robert R. Magliola, 앞의 책, 19쪽.

제2장

시의 형태와 구성방식

1. 시 형태와 의식의 분열
2. 말하기 방식과 양상
3. 시의 구성 방식

1. 시 형태와 의식의 분열

정지용은 휘문고보 시절 박팔양 등과 「요람」 동인을 구성하여 동인지 『搖籃』에 작품을 발표하고 『曙光』지에 소설 <三人>을 발표했다. 또한 1922년에서 1925년 사이 자신의 시적 재능을 드러낸 <風浪夢>, <鄕愁>, <柘榴>, <바다>, <幌馬車> 등을 이미 창작하기도 했다. 그러나 정지용이 시인으로서의 면모를 본격적으로 드러낸 것은 경도 유학생 잡지인 『學潮』 창간호(1926)에 작품을 대거 발표하면서부터라고 할 수 있다. 「학조」에 작품을 발표한 1926년에 정지용은 국내 잡지인 『新民』, 『文藝時代』에 <Dahlia>, <紅椿> 등을 발표함으로써 국내 문단과 관련을 맺고, 이후 『시문학』 동인에 가담(1930)하여 작품을 발표하는 등 활발한 창작 활동을 전개한다.[1]

정지용이 『학조』 창간호에 발표한 작품의 형식이 시조에서 동요와 자유시 형식에 이르기까지 비교적 다채롭다는 것은 주목할 만하다. 이러한 시 형태를 정지용이 같은 지면에 동시에 선보였다는 사실은 당시 시 형식에 대한 정지용의 의식이 분열되거나 불안정한 채 모색

---

[1] 김학동 엮음, 『정지용전집 2 산문』(증보판), 민음사, 1988. 473—475쪽 연보 참조. 또한 한 연구자에 따르면, 정지용은 이미 1925년에 일본 경도 동지사대학 내의 동인지 『街』에 일문시 세 편을 발표한 적이 있다. 이에 대해서는 호테이 토시히로의 「정지용과 동인지 『街』에 대하여(『관악어문연구』 21, 서울대, 1996.)를 참조할 수 있다.

과 실험 단계에 있었다는 것을 암시한다. 이러한 점을 출발점으로 하여 정지용의 시 형태 모색과 실험, 그리고 그 과정과 실상을 살필 수 있다.

1) 시 형태의 답습과 모색

정지용이 『학조』 창간호에 발표한 작품들을 형태적으로 살피면 시조, 동요, 그리고 자유시 형식으로 나눌 수 있다. 시조 형식은 <「마음의 日記」에서—시조 아홉 首>와 같이, 이미 그 제목에 형식을 명시하고 있다. 그와 함께 <동요>라는 제목 밑에 덧붙여진 짤막한 줄글 1편2)과 <서쪽한울>, <씌>, <감나무>, <한울혼자보고>, <쌀레(人形)와아주머니> 등이 5편3), 그리고 <카페—·프란스>, <슬픈 印像畵>, <爬蟲類動物>과 같은 자유시 형식의 작품이 3편이다.

정지용이 시조 형식과 동요 형식의 작품, 그리고 자유시 형식의 작품들을 동시에 발표한 사실은 당시 그의 시 형태 의식을 이해하기 위한 실마리가 될 수 있다. 시조와 동요, 그리고 자유시의 공존은 정형성定型性의 유지와 해체의 욕망이 정지용에게 혼거하고 있었음을 보여주는 것으로 일단 이해할 수 있다. 뒤에서 구체적으로 살피겠지만, <「마음의 日記」에서—시조 아홉 首>와 같은 평시조 형식이 정형성을 지닌 근대 자유시 이전의 보수적이고 관습적인 시 형태라면, <카페—·프란스>, <슬픈 印像畵>, <爬蟲類動物> 등은 새롭고 실험적인 형태주의formalism의 흔적까지 뚜렷이 보여주고 있는 자유시 형식이다. 당시 정지용이 이렇게 시 형태의 정형성과 함께 그 해체를 동시에 보여줌

---

2) 이것은 독립된 작품으로 보기 어렵지만, 이후 『정지용시집』에서 <별똥>으로 개작되었다는 점에서 그렇게 인정한다. 『학조』에 발표될 때는 "—별똥이 떨어진 고슬 나는 꼭 밝는날 차저가랴고 하엿섯다. 별으다 별으다 나는 다 커버럿다.—"와 같다. 『學潮』 창간호, 1926. 6. 京都學友會, 105쪽.
3) 이 역시 <동요>라는 제목 아래 실려 있어, 그 형식이 규정되어 있다. 『정지용시집』의 발문에서, 박용철은 이 시편들을 "自然童謠의 風調를 그대로 띤 童謠類와 民謠風詩篇들"로 분류했다. 정지용, 『정지용시집』, 시문학사, 1935. 157쪽.

으로써 한편으로는 시 형태에 대한 시인의 불안정한 의식과 모색의 욕망을 보여주고, 다른 한편으로는 분열된 욕망과 엇갈리는 지향으로 드러나는 시인의 유동적인 내면을 일정하게 드러냈다고 할 수 있을 것이다.

이후에도 시 형식의 정형성整形性에 대한 정지용의 지속적인 관심과 실천이 단절되는 것은 아니다. 그러나 정지용의 마지막 작품이라고 알려진 <四四調五首>(『文藝』, 1950. 6.)에서 정형적定型的인 형태 의식이 더욱 경직되고 변형되어 다시 나타나기는 하지만, 전형적인 시조 형식은 정지용에게 더 이상 시적 형태로서의 유효성을 갖지 않는다. 더구나 『학조』 창간호에 작품을 발표하기 전에 창작한 것으로 알려진 <풍랑몽>, <향수>, <자류>, <바다>, <황마차> 등이 정형을 해체한 자유시와 산문시라는 사실에서 알 수 있듯이, 정지용이 공식적으로 창작활동을 시작한 이 시기 그의 시 형태의식은 불안정하고 분열된 상태에 있으며, 따라서 그것은 자신의 시 형태에 대한 일정한 지향을 유보한 채 이루어지는 다양한 형식의 모색과 실험의 과정, 혹은 습작의 과정이라고 할 수 있다.

또한 이 점은 『학조』 창간호에 발표한 시조 형식의 작품과 이른바 동요 형식의 작품들이 뒷날 발간된 『정지용시집』에 실리지 않거나 개작되어 실린 사실에서도 확인된다. 『정지용시집』에는 <「마음의 日記」에서─시조 아홉 首> 중에서 단 한 편만이 개작되어 실렸으며, 동요들도 제목과 내용이 바뀌었다. 곧 <서쪽한울>은 <지는 해>로, <감나무>는 <홍시>로, <한울혼자보고>는 <병>으로 그 제목이 바뀌고, <쌀레(人形)와아주머니>는 <三月삼질날>과 <딸레>로 나뉘어 개작되었으며, <동요>라는 제목 밑에 덧붙여진 짤막한 줄글은 <별똥>으로 개작되었다. 이러한 개작이나 작품의 선택적 시집 수용은 그동안 정지용의 형태 의식이 좀더 안정되고 확고해졌음을 뜻하는 것으로 볼 수 있다. 이러한 점을 구체적으로 밝히기 위해 <「마음의 日記」

에서-시조 아홉 首>를 먼저 살필 필요가 있다.

큰바다 아페두고 힌날빗 그미테서
한백년 잠자다 겨우일어 나노니
지난세월 그마만치만 긴하품을 하야만.

아이들 총중에서 승나신 장님막대
함부루 내두루다 쌔스기고 말엇것다
얼굴붉은 이친구분네 말슴하는 법이다.

창자에 처져잇는 기름을 씨서내고
너절한 볼싸구니 살뎅이 쎼여내라
그리고 피스톨알처럼 덤벼들라 싸호자!

참새의 가슴처럼 깃버쮜여 보자니
승내인 사자처럼 부르지저 보자니
氷山이 푸러질만치 손을잡어 보자니.

시그날 기운뒤에 갑작이 조이는맘
그대를 시른차가 하마산을 돌아오리
온단다 온단단다나 온다온다 온단다.

「배암이 그다지도 무서우냐 내님아」
내님은 몸을썰며 「뱀ㅁ마는 실허요」
쫘리가치 새쌀간해가 넘어가는 풀밧우.

이지음 이실(露)이란 아름다운 그말을
글에도 써본저이 업는가 하노니
가슴에 이실이이실이 아니나림 이여라.

이밤이 기풀수락 이마음 가늘어서

32 정지용 시의 형태와 의식

가느단 차디찬 바눌은 잇스려니
　　실이업서 물디린실이 실이업서 하노라.

　　한백년 진흑속에 뭇쳣다 나온듯.
　　과(蟹)처럼 여프로 기여가 보노니
　　마ㅡㄴ푸른 하눌아래로 가이업는 모래밧.
　　　　　　　　<「마음의 日記」에서─시조 아홉 首>[4] 전문

　　부분적인 가감이 잇지만, 대체로 위 시조들은 삼장육구의 형식과 각 구의 구성이 3(4)·(3)4 음절이 기본인 평시조의 형식에 충실하다. 이러한 충실성은 평시조 종장의 두 번째 구의 음절수를 대부분 다섯 자로 맞춘 것에서도 찾아 볼 수 있겠다. 그런데 "창자에 처져잇는 기름을 씨서내고/ 너절한 볼따구니 살뎅이 쩨여내라/ 그리고 피스톨알처럼 덤벼들라 싸호자!"(여기서 /은 장을 표시함)에서 보이는 단호하고도 전투적인 의지의 직접적인 표명은 이후 정지용 시에서 찾아보기 힘든 것이어서 조금 뜻밖이라는 생각까지 든다. "가슴에 이실이이실이 아니나림 이여라"와 "온단다 온단단다나 온다온다 온단다." 등에서 보이는 언어감각과 재치, "쫘리가치 새빨간해가 넘어가는 풀밧우."에서 보이는 감각적 인상의 선명함, "이밤이 기풀수락 이마음 가늘어서/ 가느단 차디찬 바눌은 잇스려니/ 실이업서 물디린실이 실이업서 하노라." 에서 보이는 마음과 바눌을 연결하는 기상conceit 등은 정지용의 시적 감각을 시조 형식에서도 어느 정도 보여준다고 할 수 있다.
　　그러나 위에 인용한 정지용의 시조는 전통적인 평시조 형식의 기계적이고 단순한 답습에 그쳤을 뿐, 그것을 창조적으로 차용하고 변용하여 의미의 함축이나 상상의 공간을 새롭게 심화하거나 확충했다고

---

[4] 김학동 엮음, 『정지용전집 1 시』(수정증보5판), 민음사, 1991. 172—173쪽. 『정지용시집』과 『백록담』에 실리지 않은 작품은 특별한 문제가 없는 한 앞으로 이 책에서 따온다. 이 책에서 원형이 훼손된 텍스트의 경우에는 수록 잡지에 발표된 당시 작품과 함께 혹은 그것만을 따로 다룰 수 있을 것이다. 앞으로 여기에서 인용한 작품을 거듭 인용할 때에는 쪽수 표시는 생략한다.

평가하기 어렵다. 더구나 평시조의 종장형식의 음절수를 의식하여 "온 단단다나"와 같이 작위적이고 어색한 언어조합을 시도하고 있는 것은 종장이 지니고 있는 시조의 심미적 기능을 오히려 제한하거나 무력화시킨다고 할 것이다. 이후 『정지용시집』이 발간될 때 아홉 수의 시조 가운데 한 편만이 개작되어 실린 것은 당연한 일이라고 할 수 있다.

그런데 위 시조 중에서 유일하게 시집에 실린 것은 위 아홉 수 중에서 가장 끝에 있는 작품이다. 그것이 『정지용시집』에서는 <바다 2>로 제목이 바뀌면서 다음과 같이 시의 형태가 달라졌다.

　　　　한 백년 진흙 속에
　　　　숨었다 나온 듯이,

　　　　게처럼 옆으로
　　　　기여가 보노니,

　　　　머언 푸른 하늘 알로
　　　　가이 없는 모래 밭.

　　　　　　　　　　　　　　　<바다 2>[5] 전문

이 시는 정지용 시의 형태 및 방법과 관련된 특징을 일부 보여주고 있다. 즉 정지용이 애용한 2행 1연의 반복에 의해 이룩되는 정형적整形的인 시 형태와 간접적인 암시와 환기에 의해 대상과 정서를 드러내는 방법이 그것이다. 특히 3연은 대상을 직접적으로 묘사하지 않고 간접적으로 암시하거나 환기하는 방법을 잘 보여 준다. 여기에서 "바

---

[5] 『정지용시집』, 85쪽. 앞으로 이 글에서 연구 대상으로 삼는 시 텍스트는 원칙적으로 『정지용시집』과 『백록담』(문장사, 1941.)에 실린 것으로 한다. 그렇게 하는 까닭은 이 두 시집에 실린 시의 언어와 형태는 정지용에 의해 최종적으로 확정·정착된 것으로 보기 때문이다. 이 경우에 따온 시집과 쪽수만을 표시하고, 앞서 인용된 작품을 거듭 인용할 때에는 쪽수 표시는 생략한다. 그러나 텍스트의 변형 자체가 분석의 대상이 되거나 비평적 의의가 있는 경우에는 필요에 따라 수록 잡지에 발표된 당시 작품을 함께, 혹은 따로 다룰 수 있을 것이다.

다"는 직접적으로 언급되거나 그려지지 않고 하늘과 모래밭을 통해 효과적으로 환기되기 때문이다. 또한 "머언 푸른 하늘"과 "가이 없는 모래 밭"의 공간 감각이 환기하는 대상("바다")의 부피와 크기도 인상적으로 암시된다.

시적 주체와 주체의 외부세계와의 관계 또한 간접적으로 암시될 뿐이다. "게처럼 옆으로/ 기여가 보"는 시적 주체의 횡보는 새로운 세계(대상)에 대한 시적 주체의 조심스러운 탐색과 어눌한 행보의 시도처럼 보인다. 1연의 "한 백년 진흙 속에/ 숨었다 나온 듯이"가 그렇게 읽을 수 있도록 한다. 시적 주체의 이러한 대상 탐색은 지적인 작업이라기보다 감각적인 것으로 드러난다. 그렇게 읽을 때, 시적 주체가 파악한 세계는 무한한 공간이며("머언"과 "가이 없는"이라는 수식어가 그것을 암시한다.), 그것은 시각과 신체의 운동에 근거한 시적 주체의 감각에 의해서 파악된 세계이자 주체의 감각을 초월해 존재하는 세계의 모습이기도 하다. "가이 없는" 대상이란 시적 주체의 시각과 신체 운동에 의해 포착된 세계이지만, 그것은 동시에 시각과 신체 운동의 범위를 넘어선, 그래서 시야와 신체 운동의 한계를 확인시키는 대상이기 때문이다. 이 시가 보여주는 감각에 의한 대상 파악과 감각의 범위를 초월한 대상의 존재론적 특성이 시사하는 바가 정지용 시의 일반적인 특성 및 성격에 관계될 수 있는 가능성은 따로 검토할 필요가 있겠다.

이 시에서 시적 주체의 움직임은 "게"蟹의 그것에 비유되어 시적 주체의 시야를 초월해 존재하는 자연(외부세계) 사이에 극단적인 대비가 이루어진다. 이러한 대비는 주체와 자연 사이의 갈등을 드러내기 위한 것으로 보이지는 않는다. 광대한 세계에 대한 왜소한 주체의 두려움이나 소외감을 전경화*foregrounding*시키기보다 오히려 주체의 행위에 대비되어 광대무변한 자연(세계) 자체가 단순하고도 선명한 인상으로 드러날 뿐이기 때문이다. 그것은 주체의 감각에 의해 파악되지만, 그것을 넘어선 존재(자연, 세계)의 초월성과 그에 대한 감각적 인상을 전경화시킨다.

맞춤법이 달라진 것을 제외하면, <바다 2>에서 보이는 가장 두드러진 변화는 행과 연의 구분이다. 그 밖의 변화는 "뭇첫다 나온듯"을 "숨었다 나온 듯이"로 고친 정도이다. "머―ㄴ"이 "머언"으로, "하눌아래로"가 "하늘 알로"로 바뀐 것이 시적 효과를 얼마나 더 높이거나 변화시킬 수 있는지는 분명하지 않다고 하더라도, 이것이 언어에 대한 정지용의 섬세한 배려를 엿볼 수 있는 한 예는 될 수가 있을 것이다. 그에 비하여 "뭇첫다 나온듯"이 "숨었다 나온 듯이"로 바뀐 것은 좀더 큰 의미의 변화를 초래한다. "숨었다 나온 듯이"는 행위가 행위자의 주체적인 의지의 결과임을 보여주기 때문이다.

그러나 무엇보다 중요한 변화는 행과 연의 구분이다. 평시조의 각 장을 두 행으로 나누고 각 장을 연으로 독립시킨 것은 정지용이 행과 연의 미학적 기능과 의의를 좀더 뚜렷이 의식한 까닭이라고 볼 수 있다. 행은 리듬, 의미, 심상의 단락[6]으로서 모든 자유시는 구체적인 작품에서 특유한 행 가름을 통해 자신의 고유한 리듬[7]과 시적 공간을 개별적으로 실현한다.[8] 정형시는 형태의 고정성으로 인해 행 가름과 연 구분이 일정한 규칙성을 지니며, 산문시는 줄글의 형태로서 행의 미학적 기능이 존재하지 않고 단락이 연의 기능을 수행한다고 볼 수 있다. 산문시를 제외한 모든 시는 행이 전경화된 담론의 양식[9]이지만,

---

[6] 김춘수, 『시론―시의 이해』, 송원문화사, 1976. 9―13쪽 참조.
[7] 그것은 에즈라 파운드Ezra Pound가 신봉한 "절대 리듬", 즉 "표현해야 할 정서나 정서의 미묘한 음영에 정확히 대응하는 그런 리듬"일 것이다. Antony Easthope, *Poetry as Discourse*(London:Methuen, 1983), 박인기 옮김, 『시와 담론』, 지식산업사, 1994. 234쪽.
[8] 한편 엘리어트T. S. Eliot는 자유시를 형태, 각운, 운율의 결여로 정의했다. 위의 책, 235쪽.
[9] 위의 책, 85쪽. 여기서 "러시아 형식주의파와 프라하 언어학파는 시에서 보편적인 한 가지 조건, 즉, 시의 구성원리격인 지배소란 시를 행으로 조직하는 것이라고 간주했다."고 하고 "이처럼 시적 언어를 비슷하거나 가능한 대로 균등한 힘의 경계를 갖는 음성 단위인 시행으로 분할하는 것은 분명히 시적 언어의 변별 자질이라고 할 수 있다."고 한 보리스 토마셰프스키Boris Tomashevsky의 말을 인용했다.

행이 개별 작품별로 개성화되는 자유시에서 그 미적 기능과 효과가 무엇보다 두드러지다고 할 수 있다.

  그런 측면에서 살핀다면, 정지용의 이러한 개작 과정은 자유시 형태에 대한 그의 미학적 형태의식과 지향을 일정하게 반영한다고 할 수 있다. 그런데, 행 가름과 연 구분의 내적 필연성을 따진다면 반드시 그렇게 되어야 할 상상의 논리나 심미적인 근거에 대해서는 의문이 생길 수도 있다. 한 연을 두 행으로 고르게 가른 것이나 1연과 2연을 구분한 것은 시의 내적 필연성에 따르기보다 오히려 정형을 의식한 기계적 분할로 보이기 때문이다. 적절한 것으로 보이는 2·3연의 구분과 대비하면 그 점이 좀더 분명해질 것이다. 2·3연의 구분이 적절하게 느껴지는 것은, 그것을 통해 서술의 대상과 공간의 이동이 이루어지는 것과 함께 그에 따른 서술 대상의 행위와 공간의 극한적인 대립을 축조하기 위해 행말 휴지 이상의 큰 휴지가 필요하기 때문이다. 이렇게 본다면, 1, 2연의 구분은 2, 3 연의 구분에 비해 그 기능적 필요성이 약하다고 하지 않을 수 없다.

  또한 3연에서 이루어진 행 가름은 공간(하늘/모래밭, 위/아래), 색채(푸른색/흰색), 물질성(공기/모래) 등의 대조를 매우 뚜렷이 하고, 작은 행위("게"의 기어가는 행위)와 크고 무한한 공간(하늘과 모래밭)의 대립을 더욱 두드러지게 하는 효과가 있다. 그에 비하여 1, 2연의 행 가름은 그렇게 해야 할 내적 근거가 분명하지 않다. 이런 판단이 옳다면, 1, 2연의 행 가름과 연 구분은 자유시에서 요구되는 미학적 기능을 수행하기보다 형태의 외적 안정성과 동일성, 다시 말해 형태의 정형을 유지하는 데 그쳤다고 할 수 있다. 앞에서 살폈듯이, <바다 2>는 시조 형식을 행 가름과 연 구분을 통해 형태적 변용을 꾀한 것으로서 그 리듬은 시조의 리듬이 그대로 유지되고 있다. 곧 시조의 율격이 행과 연 단위에서 그대로 유지되고 있을 뿐만 아니라, 시의 형태도 정형을 유지하고 있음을 볼 수 있다. 그런 까닭에 행과 연의 기능을 부분적으로 강화했지만, 실제로 <바다 2>는 율격과 형태의 규칙성이 뚜렷한 정형시에서 벗어나지 않았다.[10]

전통적 율격과 형태의 정형화에 대한 정지용의 이러한 관심은 시조와 함께 발표한 이른 바 동요 형식들에서도 잘 드러난다. 다음은 그 일부 예들이다.

> 우리 옵바 가신 곳은
> 해님 지는 西海 건너
> 멀리 멀리 가섰다네.
> 웬일인가 저 하늘이
> 피ㅅ빛 보담 무섭구나!
> 날리 났나. 불이 났나.
>
> <지는 해>[11] 전문

> 하늘 우에 사는 사람
> 머리에다 띄를 띄고,
>
> 이땅우에 사는 사람
> 허리에다 띄를 띄고,
>
> 땅속나라 사는 사람
> 발목에다 띄를 띄네.
>
> <띄>[12] 전문

---

10) 다만 좀더 세밀하게 살피면, 개작한 형태가 좀더 탄력성 있는 율격의식을 보여준다고 할 수 있다. 개작된 시의 3연 1행이 개작되기 전 시조 형식의 종장 두 번째 구에 해당된다는 것을 염두에 둔다면, "머ーㄴ푸른 하눌아래로"가 "머언 푸른 하늘 알로"로 바뀐 것에서 그것을 엿볼 수 있다. 곧 이 부분은 시조 종장 두 구에 해당하는 데, "머ーㄴ푸른∨하눌아래로"가 "머언∨푸른 하늘∨알로"(여기서 ∨은 율격의 중간휴지를 뜻한다.)와 같이 바뀐 것은 율격의 단위를 이루는 음절의 수에 좀더 신축성을 부여한 까닭이라고 볼 수 있기 때문이다.
11) 『정지용시집』, 96쪽.
12) 위의 책, 97쪽.

어적게도 홍시 하나.
오늘에도 홍시 하나.

까마귀야. 까마귀야.
우리 남게 웨 앉엇나.

우리 옵바 오실걸랑.
맛뵐라구 남겨 뒀다.

후락 딱 딱
훠이 훠이!

<홍시>[13] 전문

부헝이 울든 밤
누나의 이야가ㅡ

파랑병을 깨치면
금시 파랑 바다.

빨강병을 깨치면
금시 빨강 바다.

쌔꾹이 울든 날
누나 시집 갔네ㅡ

파랑병을 깨트려
하늘 혼자 보고

빨강병을 깨트려
하늘 혼자 보고

<병>[14] 전문

---

13) 위의 책, 100쪽.
14) 위의 책, 106-107쪽.

시집에 수록되면서 맞춤법을 제외하고 발표 당시와 달라진 것을 살펴보면, 제목이 <서쪽한울>은 <지는 해>로, <감나무>는 <홍시>로, <한울혼자보고>는 <병>으로 바뀌었다. <띠>와 <홍시>에서 일어난 중요한 형태적인 변화는 연의 구분이 이루어졌다는 점이다. 이 두 작품은 발표 당시에는 <지는 해>처럼 연이 나누어지지 않았다. 연 구분을 통해 이 두 작품은 <병>과 같은 형태인 2행 1연의 형식이 되었다. 이러한 형태 변화에 율격의 변화는 수반되지 않았다. <홍시>에서는 3연 2행에서 "남겨 두엇다"에서 "남겨 됬다"와 같이 음절의 축약이 이루어지고, 한 줄이었던 것이 4연처럼 두 줄로 나뉘어져 전체적으로 행이 하나 늘어났다.

위에 인용된 네 편은 모두 단순하고도 규칙적인 율격을 가지고 있다. 이른바 '2음보 대응 연첩'15)이다. "우리 옵바∨가신 곳은/ 해님 지는∨西海 건너/"(<지는 해>), "하늘 우에∨사는 사람/ 머리에다∨띠를 띠고,//"(<띠>), "어적게도∨홍시 하나./ 오늘에도∨홍시 하나.//"(<홍시>), "부헝이∨울든 밤/ 누나의∨이야기—//"(<병>)와 같이, 한 행은 두 개의 최소 율격 단위로 분할되어 전체적으로 반복되는데, 이러한 율격 구조는 민요나 시조와 가사 형식 등 전통 시가 형식에서 두루 확인되는 매우 익숙하고 관습적인 것이다. 그런데 위에 인용된 것 중 <지는 해>, <띠>, <홍시> 세 편은 한 행의 음절수가 정확하게 4·4로서 음절수의 규칙성을 보이고 있는 반면에 <병>은 거기에서 벗어나 있다.

율격 단위의 구성이 음절의 양에 바탕을 둔다고 생각한다면, 음절수의 규칙성을 확립하는 것이 율격 형성에 가장 우선적인 요소가 될

---

15) 김대행, 「정지용 시의 율격」, 『정지용연구』(김학동 외, 새문사, 1988.), 203쪽. 여기서 김대행은 "2음보 대응의 정형 율격적 요소, 2행 1연 및 후렴구의 정형시적 요소, 그리고 시어에 있어 古語 사용과 병렬 형식의 채용 등을 그 구체적 증거"로 들어 정지용의 시가 "형식면에서 정형시적 요소를 다분히 갖추고 있으며, 그것은 전통 지향의 태도가 반영된 증거"라고 했다.

것이다. <감나무>에서 일어난 변화 중 "남겨 두엇다"가 "남겨 뒀다"와 같이 음절의 축약이 이루어지는 것은 정지용이 율격을 자수율로 이해했거나 자수율의 가능성을 주목했다고 일단 말할 수 있다. 정지용의 마지막 작품으로 알려진 <四四調五首>도 그 점을 확인시키는 증거가 될 수 있다. 그런데 이와는 달리, <병>에서는 각 행을 이루는 음절의 수가 2음절에서 4음절까지 신축적이다. 그러면서도 한 행이 두 개의 율격 단위로 나누어지고 이것이 연첩되는 율격 구조는 다른 세 편과 동일하다. 이 점을 함께 살피면, 정지용이 율격을 자수율로만 이해했다고 볼 수가 없게 된다.

위의 네 편에서 거듭 확인할 수 있는 것은 무엇보다 율격과 형태의 정형성이다. <홍시>에서 일어난 변화 중 끝 행을 두 행으로 갈라 4연으로 독립시킨 것도 2행 1연의 형태적 정형성을 고려한 것으로 볼 수 있다. 물론 이러한 정형성은 동요라는 갈래의 성격과 무관하지 않다. 동요는 그 성격 상 음악성이 전제되는 까닭에 단순한 형태와 소리의 규칙적인 반복이 요구되기 때문이다.

2) 시 형태의 변형과 해체

시조와 동요 형식이 시의 리듬과 형태의 정형성에 대한 정지용의 한 지향을 보여주는 것이라면, 그와 공존하고 있는 또 다른 지향, 혹은 분열된 형태 의식을 뚜렷이 드러내는 것은 자유시 형식이다. 특히 『학조』 창간호에 시조와 동요 형식과 함께 발표한 자유시 3편 <카페-프란스>, <슬픈 인상화>, <파충류동물>은 규칙적인 리듬과 정형적인 형태의 해체를 분명히 보여주거니와, 『정지용시집』에서는 거의 제거되기는 하지만, 그 실험적이고 전위적인 성격은 형태주의의 흔적[16]을 통해서 뚜렷이 드러난다고 할 수 있다.

---

16) 이 세 편 모두 발표 당시 형태주의의 흔적을 보여주지만, <파충류동물>이 『정지용시집』

식거먼 연기와 불을 배트며
소리지르며 달어나는
괴상하고 거—창 한 爬蟲類動物.

그 녀ㄴ 에게
내 童貞의結婚반지 를 차지려갓더니만
그 큰 궁둥이 로 쎼밀어

　　　　…털 크 덕…털 크 덕…

나는 나는 슬퍼서 슬퍼서
心臟이 되구요
여페 안진 小露西亞 눈알푸른 시약시
　「당신 은 지금 어드메로 가십나?」

　　　　…털 크 덕…털 크 덕…털 크 덕…

그는 슬퍼서 슬퍼서
膽囊이 되구요

저 기―드란 쌍골라 는 大腸.
디처 젓는 왜놈 은 小腸.
　「이이! 저다리 털 좀 보와」

　　털 크 덕…털 크 덕…털 크 덕…털 크 덕…

六月ㅅ달 白金太陽 내려쏘이는 미테

에 아예 실리지 않고, 시집에 실릴 때 <슬픈 인상화>에서는 형태주의의 요소가 삭제 되었으며, <카뻬·쯔란스>(시집에 실릴 때 이와 같이 제목의 표기가 바뀌었다.)에서는 그 것이 최소화되었다는 점에서 형태주의에 대한 정지용의 의식 변화를 확인할 수 있다.

부글부글 쓰러오르는 消化器官의妄想이여!

赭土 雜草 白骨 을 짓밟부며
둘둘둘둘둘 달어나는
굉장하게 가—다란 爬蟲類動物.

<爬虫類動物>17) 전문

<파충류동물>에서는 형태와 리듬의 규칙성이 보이지 않는다. 당시로서는 새로운 문명의 산물이라고 할 수 있는 기차를 "파충류동물"에 비유한 것이나, 기차 안의 승객을 "파충류동물"의 내장에 연결한 발상은 기발하다고 할 수 있다. 기차가 달리고 있는 것을 "털크덕"이라는 음향을 통해 간접적으로 제시하고, 그것을 활자의 크기와 양적 확대를 통해 시각화한 것은 형태주의의 흔적이다. 첫 연의 통사 구조는 마지막 연에 반복되어 시를 전후 대칭의 구조로 만들며, 이와 함께 4연과 7연 역시 통사 구조가 동일하여 동일한 통사 구조의 반복이 이 시의 구성 원리임을 일깨운다.

함께 발표된 시조나 동요 형식과는 달리, <카페—·프란스>, <슬픈 인상화> 역시 <파충류동물>과 마찬가지로 리듬과 형태의 정형성이 드러나지 않는다. 이 세 편은 정형시가 지닌 리듬과 형태의 규칙성을 벗어나 행 가름을 전경화하는 자유시의 형식적 특성을 잘 드러낸다. 이 세 편은 함께 발표된 시조와 동요 형식이 보여 준 음절의 양에 바탕을 둔 고정된 율격을 시도하지 않았다. 불규칙한 리듬이지만 굳이 리듬의 질서를 찾아본다면, <슬픈 인상화>의 리듬은 2음보가 중심이고 3음보가 보조적이며, <카페—·프란스>의 리듬은 그와 반대로 3음보가 중심이며 2음보가 보조적이라고 할 수 있다. 따라서 <슬픈 인상화>와 <카페—·프란스>의 리듬은 2음보와 3음보의 혼합으로 이해할

---

17) 『學潮』 창간호, 91쪽. 김학동/1991, 앞의 책, 18–19쪽에는 같은 지면에 발표된 公花의 작품인 <쌰나나>의 일부가 <파충류동물>에 덧붙여짐으로써 원전이 훼손됐다.

수도 있다. 그러나 <파충류동물>의 리듬은 2음보와 3음보의 빈도가 높지만, 그렇게만 규정할 수 없는 좀더 산문화된 리듬을 보여 준다. 이렇게 볼 때, 이 세 편은 각각의 고유한 리듬을 구현하고 있는 셈이지만, 그 리듬은 불규칙한 것이어서 정형시의 리듬과는 일정한 거리를 확보하고 있다고 할 것이다.

또한 행과 연의 구분에서도 규칙성에 근거한 정형성의 해체를 뚜렷이 보여 준다. <카페―·프란스>는 그 전반부에서는 3행 1연의 규칙성을 보여주고 있으나, 후반부에서는 그 질서가 허물어지고 2행 1연의 형태가 지배적인 가운데 1행으로 이루어진 연과 공존한다. <슬픈 인상화>에서는 2행 1연의 형태가 지배적이고 4행 1연의 형태가 공존한다. <파충류동물>은 1행 1연, 2행 1연, 3행 1연의 형태가 대등한 빈도로 공존하고 있다. 이 세 편 모두 한 연을 구성하는 행 수의 규칙성은 존재하지 않는다.

리듬의 불규칙성과 행과 연 구분을 중심으로 한 형태의 불규칙성을 문장의 측면에서 보면 산문화의 과정이라고 할 수 있는데, 그 정도는 <슬픈 인상화>, <카페―·프란스>, <파충류동물>의 순서가 될 수 있다. 이러한 산문화의 경향은 정형시의 구성 요건인 운(율)문의 해체를 통해 자유시를 지향하는 것을 보여 주는 하나의 구체적인 지표라고 볼 수 있다.

지금까지 살핀 것처럼, 문단 진출 시기 정지용의 시 형태 의식은 정형의 답습과 해체라는 분열된 욕망을 드러낸다고 할 수 있다. 그것은 시조 형식과 동요 형식, 그리고 자유시 형식의 공존에서 확인된다. 이러한 형태 의식의 착종현상은 대체로 정지용 시의 초기적 양상에서 두드러지고, 이후 자유시와 산문시 형식이 정지용 시의 중심적인 형태가 되었을 때에는 정형에 대한 욕망이 변형되거나 잠복되었다가 광복 이후에 다시 드러난다고 할 수 있다.

형태의 정형성에 대한 정지용의 지속된 관심을 전형적으로 드러내는 것으로서 2행 1연의 시 형식을 들 수 있겠다. 이 형태는 정지용의 자유시에서 두드러지게 나타나는 형식으로서, 시조와 산문시를 제외한 그의 자유시 중에서 차지하는 양적 비중은 1/3이 넘는다.[18] 또한 이 2행 1연의 형태는 정지용의 시작 전 기간에 두루 걸쳐 있는 까닭에 이 형태가 일시적인 관심의 결과가 아니라는 것을 알려 준다. 따라서 정지용의 시에 특징적이며 집중적인 이 2행 1연의 연 구성의 미학적 성격과 기능, 그리고 그 창작 의식과 바탕을 해명하는 것은 정지용 시의 특질과 성격을 이해하는 하나의 실마리가 될 수도 있을 것이다.

　　蘭草닢은
　　차라리 水墨色.

　　蘭草닢에
　　엷은 안개와 꿈이 오다.

　　蘭草닢은
　　한밤에 여는 담은 입술이 있다.

　　蘭草닢은
　　별빛에 눈떴다 돌아 눕다.

　　蘭草닢은
　　드러난 팔구비를 어찌지 못한다.

---

[18] 2행 1연으로만 되어 있는 작품의 양(43편)이 그렇다. 정지용의 시에서 2행 1연의 형식이 한 편의 시에서 양적으로 우세하거나 다른 연의 수와 대등한 것까지 합친다면(18편) 그 비중은 자유시형의 절반이 넘는다. 물론 이러한 양적 비중은 시 형태에 대한 시인의 의식을 살필 수 있는 한 지표에 지나지 않는다. 그리고 이러한 빈도는 조사자의 기준에 따라 일부 변동이 있을 수 있다. 또한 2행 1연의 압도적인 비중에도 불구하고, 정지용의 자유시의 형태는 연 구성과 길이 등에서 매우 다양하다. 연 구분을 하지 않은 형태(비련시)나 단 2행으로만 이루어진 단시형 등이 그런 것들 중 하나다.

蘭草닢에
　　적은 바람이 오다.

　　蘭草닢은
　　칩다.
<蘭草>19) 전문

　위에서 보듯이, 2행 1연의 연 구성은 무엇보다 연 구성에 필요한 최소한의 행으로써 연을 구성하는 방법이라고 할 수 있다. 한 행이 하나의 연을 구성할 수 있지만, 이 때의 행은 행 자체가 연의 구실을 하는 까닭에 행으로서의 기능은 이차적이거나 무화된다고 할 수 있다. 이렇게 최소한의 행으로써 연을 구성할 경우, 연 구성을 위한 언어의 절제와 집중이 한층 더 요구될 것이다. 또한 연 내부의 긴밀성이 더욱 강화됨으로써 그 자체가 좀더 독립적이고 완결된 심상과 의미의 단위가 될 수 있어, 연이 심상이나 의미의 단락으로서 더욱 뚜렷한 구실을 하게 될 것이다. 이럴 경우 연과 연 사이의 휴지가 주는 여백의 효과가 더욱 커질 수도 있어 연과 연 사이의 긴장과 비약을 강화하고 논리적이거나 산문적인 서술성과 서사의 개입을 최대한 차단[20] 할 수 있게 된다.

　또한 2행 1연의 연 구성은 대상에 대한 감각적 인상을 언어의 절제를 통해 간결하고도 선명하게 제시할 수 있어 사상이나 관념을 전달하기보다 감각적 인상을 표현하기에 적합하다고 할 수 있다. 동시에 2행 1연의 연속은 형태적 질서에 의해 시적 주체의 내면을 적절히 통어하는 장치가 될 수 있어 주관의 사적 노출을 방지할 수 있다. 위의

---

19) 『정지용시집』, 18−19쪽.
20) 이숭원은 "2행 1연의 형식은 처음부터 스토리의 개입, 산문적 서술성을 거부하기 마련이다. 그것은 순간적 지각의 세계・이미지의 순간적 포착 상태를 드러내는 데 알맞은 시행이다."라고 했다. 이숭원, 「정지용시연구」, 서울대학교 대학원 석사논문, 1980. 43쪽.

<蘭草>는 부사구와 관형어가 매우 제한적으로 쓰여 언어의 지극한 절제와 통사구조의 단순성을 보여 준다. 아울러 각 연은 대상에 대한 직관적이고 순간적인 파악이 이룩해 낸 단일하고도 선명한 인상을 효과적으로 제시하면서 그 자체 완결성을 지닌다. 따라서 이 시에는 그 어떤 산문적 설명이나 서사적 동향, 그리고 절제되지 않은 주관의 개입도 철저하게 봉쇄되어 있다. 오로지 대상에 대한 삽상한 감각적 인상의 연쇄가 있을 뿐이다. 또한 <蘭草>는 2행 1연으로 구성되는 연의 연속을 통해 동형의 반복이 주는 질서와 안정감을 제공하면서, 각 연에서 완결된 선명한 감각을 입체적으로 누적시켜 '난초'에 대한 전체적이고 통합적인 심상과 의미의 공간을 생성하고 환기한다.

돌에
그늘이 차고,

따로 몰리는
소소리 바람.

앞 서거니 하야
꼬리 치날리여 세우고,

종종 다리 깟칠한
山새 걸음거리.

여울 지여
수척한 흰 물살,

갈갈히
손가락 펴고

멎은 듯

새삼 돋는 비ㅅ낯

붉은 닢 닢
소란히 밟고 간다.

<비>21) 전문

　만약 2행 1연의 형태의 연속에서 각 연이 제한적이고 감각적인 인상을 독립적이고 자족적으로 제시하는 데 그친다면, 한 편의 시는 대상에 대한 통일된 인상이나 전망을 구축하는 데 실패할 것이다. 각 연이 완결된 장면처럼 단순히 병치되는 것에 그칠 가능성도 충분히 있기 때문이다. 그럴 경우 한 편의 시는 고립된 경험의 파편적 제시에 지나지 않을 것이나, 그러한 현상이 반드시 2행 1연의 형태에 필연적으로 수반되는 제약이나 형태적 한계라고 볼 수는 없다.
　<비>에서 각 연은 각각 비교적 독립적인 하나의 장면을 구성한다. 그러나 각 장면은 묘사의 대상이 바뀌면서 시각의 공간적인 이동에 의해 매우 자연스럽게 연결된다. 이는 각 연이 매우 단일하고 선명한 인상을 완결된 형태로 제시하면서, 시간의 흐름을 최대한 배제하고 공간적 확산도 제한하는 <난초>의 경우와는 다르다. 시각의 이동과 함께 각 연을 연결해 주는 효과적인 수단은 연결 어미의 적절한 활용이다. <비>에서는 연결 어미의 활용을 통해 시간의 흐름과 함께 대상 및 공간의 이동을 효과적으로 보여 주고 있다. 이러한 시간의 흐름과 공간의 이동은 단편적인 인상의 평면적 누적으로 인한 대상의 파편화를 효과적으로 방지한다. <압천>이나 <고향> 등 많은 작품들도 그러한 예가 될 수 있다.
　<난초>와 <비>는 연 구성에서 2행 1연의 연속이라는 규칙성을 보인다. 이러한 규칙성은 일종의 정형시의 흔적이라고 볼 수도 있다.

---

21) 『백록담』, 28-29쪽.

그러나 리듬은 불규칙하여 정형시에서 발견할 수 있는 어떤 규칙적인 반복성을 드러내지 않는다. <비>의 경우 <난초>보다는 2음보와 3음보의 혼합이 좀더 뚜렷하고 율독의 가능성이 좀더 높긴 하지만, 그렇다고 규칙성을 보이는 정형시의 율격이라고 말할 수는 없다. <난초>와 <비>를 근거로 해서 말한다면, 정지용의 2행 1연의 형식은 연 구성에서는 형태의 규칙성을 보이면서도 리듬에서는 정형의 해체를 지향하는 자유시의 불규칙하고 자연스러운 리듬을 보인다고 할 수 있다. 물론 리듬에서도 정형시에 가까운 좀더 규칙적인 성향을 보이는 <고향>과 같은 작품도 없지는 않다.

> 고향에 고향에 돌아와도
> 그리던 고향은 아니러뇨.
>
> 산꽁이 알을 품고
> 뻐꾹이 제철에 울건만,
>
> 마음은 제고향 진히지 않고
> 머언 港口로 떠도는 구름.
>
> 오늘도 메끝에 홀로 오르니
> 힌점 꽃이 인정스레 웃고,
>
> 어린 시절에 불던 풀피리 소리 아니나고
> 메마른 입술에 쓰디 쓰다.
>
> 고향에 고향에 돌아와도
> 그리던 하늘만이 높푸르구나.
>
> <故鄉>22) 전문

---
22) 『정지용시집』, 115-116쪽.

통사구조나 의미론적 연결관계를 고려한다고 하더라도, 음보율은 율격 단위의 구체적인 분할에서 자의성이 개입할 가능성이 큰 것이 사실이다. <고향>의 경우에도 행에 따라서 율격 단위의 분할이 어느 정도 유동적일 수 있다. 그런 점을 논외로 하면, <고향>은 대체로 한 행을 세 개의 율격 단위로 분할할 수 있는 가능성이 있어 3음보의 율격을 구현한다고 할 수도 있다. 그러나 5연 1행을 3음보의 연첩으로 보기에는 아무래도 무리가 따르고, 2연 1행도 두 개의 율격 단위로 나누는 것이 자연스럽다고 한다면, <고향>도 정형시의 규칙적인 리듬과는 어느 정도 거리를 두고 있다고 할 것이다.

따라서 정지용이 선호한 2행 1연의 연 구성에 따른 작품들은 그 연 구성에서는 일정한 규칙성을 보이지만 리듬에서는 정형시의 그것을 해체하고 있다고 말할 수 있다. 작품에 따라서 정형시적 리듬의 해체 정도는 다르게 나타나지만, 근본적으로 불규칙한 리듬이라는 점에서는 자유시의 리듬임에 틀림이 없다. 또한 2행 1연의 연 구성의 규칙성도 그러한 연 구성에 의거한 작품들 전체에 양적 통일성을 부여하거나 행 구성에 일정한 규율을 강요하는 것이 아니라는 점에서, 정형시의 규칙성과는 분명히 다르다. 다시 말해 2행 1연의 형태에 기대고 있는 개별 작품들은 2행 1연이라는 일정한 연 구성의 규칙을 양적이고 질적인 측면에서 독자적으로 구현하고 있다는 뜻이다. 그것을 가능하게 하는 것은 행의 구성과 연의 양적 차이이다. 그것이 2행 1연의 연 구성을 한 시편들을 일정한 모형으로 환원할 수 없도록 만드는 동시에 그것들에게 자유시로서의 지위를 분명하게 부여한다.

2행 1연의 구성을 한 시 형태가 정지용에게 개성적이고 집중적인 자유시 형식이라면, 그것은 정지용의 분열된 지향과 욕망에 뿌리를 두고 있을 것이다. 오탁번은 이 형식이 한시와 관련 있는 것으로 암시[23]하고 있지만, 앞에서 살핀 <바다 2>의 예에서 볼 수 있듯이, 시조 형식의 변용 과정, 곧 시조의 장을 두 행으로 갈라 한 연으로 구성하는 방법도 그 한 통로가 될 수 있을 것이다. 또한 좀더 규칙적인 리듬에 지배되면서 매우 단순하고 단형의 구조를 가진 작품들이 그 선행하는 형태적 기원이 될 수도 있다. 다음과 같은 것들이 그 예가 될 수 있을 것이다.

> 비ㅅ방울 나리다 누뤼알로 구을러
> 한 밤중 잉크빛 바다를 건늬다.
>
> <겨울>[24] 전문
>
> 오리 목아지는
> 湖水를 감는다.
>
> 오리 목아지는
> 자꼬 간지러워.
>
> <湖水 2>[25] 전문

<겨을>은 단 2행으로 구성된 단형이며 한 행이 네 개의 율격 단위(4음보, 혹은 2음보의 연첩)로 구성되어 규칙성을 보여준다. <호수 2>는 2행 1연의 연이 연속되는 구조로서 한 행이 두 개의 율격 단위(2음보)로 구성되어 역시 형태와 리듬의 규칙성을 보여 준다. 행 가름과 연 구분을 변형하면 <겨을>과 <호수 2>는 서로 형태 상 넘나들 수 있다. 이와 같은 형태는 정지용의 동요와 민요 형식에서도 많이 볼 수 있어, 2행 1연의 구조가 이런 유형에서 행과 연의 축소와 확장, 그리고 산문화(리듬의 불규칙화)를 통해 이루어진 형태적 변용의 결과일 수 있다는 가정이 가능하다.

---

23) 오탁번, 「한국현대시사의 대위적 구조—소월시와 지용시의 시사적 의의」, 고려대학교 박사학위 논문, 1982. 100쪽. 여기서 오탁번은 정지용의 시 형태를 "자유시형은 물론, 한시적 2행 1연, 산문시 등"으로 제시하고 있어, 그런 판단을 할 수 있다. 그리고 "한시적 체취를 강하게 풍긴다"(101쪽)고도 했다.
24) 『정지용시집』, 71쪽.
25) 위의 책, 69쪽.

따라서 2행 1연의 연 구성은 정지용의 다양한 형태 모색의 과정 중에 획득되었을 가능성이 크다고 보지만, 그것을 촉진한 내적 동기는 이중적인 것일 수 있다는 가정을 하게 된다. 그것을 일단 심리적인 동기와 미학적 전략이라고 할 수 있는데, 심리적인 동기는 일종의 불안의식에 뿌리가 닿는 안정에 대한 욕망이라고 부를 수 있다. 2행 1연의 반복 구조는 문학과 사회문화 전반에서 일어난 낡은 질서와 새로운 질서 사이에서 일정한 균형을 유지하려는 욕망이 정지용이라는 개인 안에서 빚은 일종의 타협의 소산으로 볼 수도 있기 때문이다. 좀더 구체적으로 말하면, 형태의 정형성이 부여하는 안정성(이것은 과거의 질서를 유지하려는 보수적인 성향이라고 볼 수 있다.)에 대한 지속적인 욕망과 리듬의 해체를 지향하는 의식(이것은 관습을 해체하려는 좀더 진보적인 성향이라고 볼 수 있을 것이다.)이 갈등하고 길항하면서도 변형된 방식으로 공존하기 위해 타협한 결과라는 뜻이다.[26] 미학적 요구는 <난초>와 <비>를 예로 들면서 간략히 언급한 바와 같이, 산문적인 서술성을 차단하고 감각적 인상의 선명한 제시와 시적 긴장을 강화하기 위한 전략이라는 뜻이다. 여기에는 시조를 "시형의 제약적 부자유를 통하여 시의 절조적 자유를 추구할 수 있는 유구한 악기적 성능을 갖춘 것"[27]으로 이해하는 정지용의 고전주의적[28]인 미학적 절제의식이 관여한다고 할 수 있다.

정지용이 정형의 구속에서의 해방과 그 해체를 겨냥하는 자유시를 쓰면서 동시에 그 지향을 내부에서 부분적으로 전복시키는 정형성整形性에 일정한 관심을 그의 시작 기간 내내 보인 것은 주목할 만한

---

26) 물론 이것은 좀더 섬세한 관찰과 폭 넓고 깊이 있는 분석이 요구되는 주제이다. 일단 여기서는 그 가능성만 지적하고, 좀더 집중적인 분석은 다음으로 미룬다.
27) 정지용, 『산문』, 동지사, 1949. 268쪽. 아울러 "강경하게도 전통적이고 열렬히도 혁신해야 할 것이 시조예술의 당위성"(같은 책, 264쪽.)이라고 말할 때, 이와 같은 발언이 정지용 자신이 시도해 온 다양한 시 형태 모색의 과정과 동떨어진 것이라고 생각할 수 없다.
28) "2행련(二行聯)의 형태"는 영시에서 "낭만주의적 이완기에 잇따르는" "신고전주의 '절정기'에 실천"된 형식이기도 하다. Antony Easthope, 앞의 책, 88쪽과 183쪽 참조.

가치가 있다. 좀더 유연한 형태로 이루어지기는 하지만, 정형성에 대한 정지용의 관심과 지향이 그의 시작 과정의 초기에 국한되는 일시적인 것이 아니었다는 사실은 그의 시 전체 성격과 관련될 수 있기 때문이다. 정형성에 대한 이러한 정지용의 지향은 개성적인 2행 1연 구성에 기대는 자유시 형식을 창조하는 것으로 나아가기도 하고 한편으로는 마침내 귀환하는 무의식처럼 어느 정도 억압되어 한동안 잠복 상태에 있기도 한다. 이처럼 정지용의 시 형태 의식과 심미적 욕망이 여전히 그 내부에서 서로 다른 지향을 갖는 분열된 형식으로 존재한다는 것을 거듭 지적할 필요가 있다.

이런 과정을 거치면서 정지용은 새로운 시 형태를 모색한다. 그것은 좀더 과감하고도 본격적인 정형성의 해체라고 할 수 있는 산문시 형식의 모색과 실험이다. 그러나 산문시 형식은 정지용이 『학조』 창간호에 공식적으로 작품을 발표하기 이전에 이미 창작한 바가 있다. <황마차>가 그것인데, 1927년 6월 『조선지광』에 발표되지만, 이 작품은 1925년에 씌어진 것이다.[29] 아래에서 보듯이, <황마차>는 그 형태가 줄글로 된 산문시이다.

> 이제 마악 돌아 나가는 곳은 時計집 모롱이, 낮에는 처마 끝에 달어맨 종달새란 놈이 都會바람에 나이를 먹어 조금 연기 끼인듯한 소리로 사람 흘러 나려가는 쪽으로 그저 지줄 지줄거립데다.
> 그 고달픈 듯이 깜박 깜박 졸고 있는 모양이—가여운 잠의 한점이랄지요—부칠 데 없는 내맘에 떠오릅니다. 쓰다듬어 주고 싶은, 쓰다듬을 받고 싶은 마음이올시다. 가엾은 내그림자는 검은 喪服처럼 지향없이 흘러나려 갑니다. 촉촉이 젖은 리본 떨어진 浪漫風의 帽子밑에는 金붕어의 奔流와 같은 밤경치가 흘러 나려갑니다. 길옆에 늘어슨 어린 銀杏나무들은 異國斥候兵의 걸음제로 조용 조용히 흘러 나려갑니다.
>
> <幌馬車>[30] 일부

---

29) 김학동/1988, 앞의 책, 474쪽. 정지용연보 참조.

<長壽山> 시편(1939.3.) 이전에 발표된 것으로서 산문시 형식을 취하고 있는 것은 이 <황마차>가 유일하다. <황마차>는 감상적 의식과 장식적인 수사가 표면에 두드러져 산문시의 정신과 잘 어울린다고 할 수 없을지 모르나, 1930년대 후반 정지용의 산문시 모색을 앞질러 보여준다는 점에서 의의를 찾을 수 있다. 그와 함께 정지용의 자유시 중에서 이후의 산문시를 예고하는 하나의 징후들로서 문장이 좀더 산문화되는 예들을 다음에서 볼 수 있다.

　　　돌아다 보아야 언덕 하나 없다, 솔나무 하나 떠는 풀잎 하나 없다.
　　　해는 하늘 한 복판에 白金도가니처럼 끓고, 똥그란 바다는 이제 팽이처럼 돌아간다.
　　　갈메기야, 갈메기야, 늬는 고양이 소리를 하는구나.
　　　고양이가 이런데 살리야 있나, 늬는 어데서 났니? 목이야 히기도 히다, 나래도 히다, 발톱이 깨끗하다, 뛰는 고기를 문다.
　　　　　　　　　　　　　　　　　　　　　　　　<갈메기>[31] 일부

　　　「悲劇」의 힌얼골을 뵈인적이 있느냐?
　　　그손님의 얼골은 실로 美하니라.
　　　검은 옷에 가리워 오는 이 高貴한 尋訪에 사람들은 부질없이 唐慌한다.
　　　실상 그가 남기고 간 자최가 얼마나 香그럽기에
　　　오랜 後日에야 平和와 슬픔과 사랑의 선물을 두고 간줄을 알었다.
　　　　　　　　　　　　　　　　　　　　　　　　<悲劇>[32] 일부

　　　심수한 바다 속속에 온갓 神秘로운 珊瑚를 간직하듯이 그대의 안에 가지가지 귀하고 보배로운것이 가초아 계십니다.
　　　먼저 놀라올 일은 어찌면 그렇게 속속드리 좋은것을 진히고 계신것이옵니까.

---

30) 『정지용시집』, 63-65쪽.
31) 위의 책, 90쪽.
32) 위의 책, 9쪽.

心臟, 얼마나 珍奇한것이옵니까.

名匠 希臘의 손으로 誕生한 不世出의 傑作인 뮤―즈로도 이 心臟을 차지 못하고 나온 탓으로 마침내 美術館에서 슬픈 歲月을 보내고 마는것이겠는데 어쩌면 이러한것을 가지신것이옵니까.

生命의 聖火를 끊임없이 나르는 白金보다도 값진 도가니인가 하오면 하늘과 따의 悠久한 傳統인 사랑을 모시는 聖殿인가 하옵니다.

<슬픈 偶像>33) 일부

<갈메기>는 『朝鮮之光』(1928. 9.)에, <悲劇>은 『카톨닉靑年』(1935. 3.)에, <슬픈 우상>은 『朝光』(1938. 3.)에 각각 발표되었다. <슬픈 偶像>은 원래 『조선일보』(1937. 6. 11.)에 「愁誰語」 ④란 제목으로 발표했던 산문인데, 행을 가르고 연을 구분하여 『백록담』에 실었다.34) 위의 예들이 곧바로 산문시 형식의 모색 과정을 보여준다고 할 수는 없지만, 시적 서술이 좀더 길어지고 리듬도 좀더 산문적인 것에 기울어지고 있음을 보여 준다.

이와 관련하여 정지용이 자신의 시집에 산문을 함께 싣고 있는 것을 상기할 필요가 있다. 『정지용시집』에는 <밤>, <람프>를, 『백록담』에는 <耳目口鼻>, <禮讓>, <비>, <아스팔트>, <老人과 꽃>, <꾀꼬리와 菊花>, <비둘기>, <肉體>와 같은 (시적) 산문들이 실려 있다. 이것은 정지용의 장르 의식의 일단을 보여 주는 것으로 이해할 수도 있겠는데, 그것은 산문에 시의 성격과 지위를 부여하려는 시도로 볼 수도 있다. 정지용이 이해한 산문시의 성격과 정신도 그런 각도에서 살필 수 있는 가능성이 있을 수 있다. 그런 점에서 산문을 일부 변형하고 수정하여 시로 제시한 <슬픈 우상>은 비록 자유시 형식이지만, 시와 산문에 대한 정지용의 의식을 엿볼 수 있는 실마리가

---

33) 『백록담』, 78-79쪽.
34) 김학동/1988, 앞의 책, 484쪽 산문연표 참조. 양왕용, 『정지용시연구』 삼지원. 1988. 106쪽 참조.

될 수도 있을 것이다.

정지용의 산문시는 1938년 이후 1941년 사이에 집중적으로 발표된다. <황마차>(1927년)가 발표된 지 십 년이 지난 후이다. 이 기간에 발표된 산문시는 <삽사리>, <溫井>(『삼천리문학』,1938. 4.), <장수산 1>, <장수산 2>(『문장』, 1939. 3.), 「백록담」(『문장』, 1939. 4.), <盜掘>, <禮裝>, <호랑나븨>, <진달래>(『문장』, 1941. 1.) 등이다.

  그날밤 그대의 밤을 지키든 삽사리 괴임즉도 하이 짙은 울 가시사립 굳이 닫히었거니 덧문이오 미닫이오 안의 또 촉불 고요히 돌아 환히 새우었거니 눈이 치로 싸힌 고샷길 인기척도 아니하였거니 무엇에 후젓허든 맘 못뇌히길래 그리 짖었드라니 어름알로 잔돌사이 뚫로라 죄죄대든 개울 물소리 긔여 들세라 큰봉을 돌아 둥그레 둥긋이 넘쳐오든 이윽달도 선뜻 나려 설세라 이저리 서대든것이려나 삽사리 그리 굴음직도 하이 내사 그대ㄹ 새레 그대것엔들 다흘법도 하리 삽사리 짖다 이내 허울한 나룻 도사리고 그대 벗으신 공은 신이마 위하며 자드니라.
<삽사리>35) 전문

  伐木丁丁 이랬거니 아람도리 큰솔이 베혀짐즉도 하이 골이 울어 멩아리 소리 쩌르렁 돌아옴즉도 하이 다람쥐도 좃지 않고 뫼ㅅ새도 울지 않어 깊은산 고요가 차라리 뼈를 저리우는데 눈과 밤이 조히보담 희고녀! 달도 보름을 기달려 흰 뜻은 한밤 이골을 걸음이란다? 웃절 중이 여섯판에 여섯번 지고 웃고 올라 간뒤 조찰히 늙은 사나히의 남긴 내음새를 줏는다? 시름은 바람도 일지 않는 고요에 심히 흔들리우노니 오오 견듸란다 차고 兀然히 슬픔도 꿈도 없이 長壽山속 겨울 한밤내 ─
<長壽山 1>36) 전문

 그런데 위에서 보듯이, <삽사리>와 <장수산 1>은 산문시의 형태

---

35) 『백록담』, 43쪽.
36) 위의 책, 12쪽.

를 하고 있지만, 조판에서 독특한 모습을 보인다. 곧 작품 내의 일반적인 띄어쓰기와는 구별되는 공간적 여백을 필요에 따라 배치한 점이 그것이다. 「백록담」을 제외한 위의 모든 시편들에서 이러한 배치가 나타나는데, 이러한 공간 배치는 "시각을 통해 시의 운율을 조장"하는 수법이라는 주장[37]을 가능하게 한다. 또한 이러한 빈 공간이 "리듬의 휴지"로서 이에 바탕을 둔 리듬 의식이 산문시로서의 성격을 약화시킨다는 주장[38]도 있다.

사실 이러한 빈 공간은 행 가름이나 연 구분에 의해 생길 수 있는 휴지를 시각화한 것으로 간주할 수 있다. 또한 <삽사리>나 <장수산 1>은 호흡이 긴 문장이 시적 주체의 내면을 영탄조로 드러내면서 율문화의 가능성마저 엿보여 산문의 리듬을 두드러지게 구현한다고 보기도 어렵다. 다음과 같은 의도적인 변형을 거치면 그 점이 더욱 뚜렷해진다.

> 그날밤 그대의 밤을 지키든 삽사리 괴임즉도 하이
> 짙은 울 가시사립 굳이 닫히었거니
> 덧문이오 미닫이오 안의 또 촛불 고요히 돌아 환히 새우었거니
> 눈이 치로 싸힌 고삿길 인기척도 아니하였거니
> 무엇에 후젓허든 맘 못뇌히길래 그리 짖었드라니
> 어름알로 잔돌사이 뚫로라 죄죄대든 개울 물소리 긔여 들세라
>
> 伐木丁丁 이랬거니
> 아람도리 큰솔이 베혀짐즉도 하이
> 골이 울어 멩아리 소리

---

[37] 오탁번, 앞의 책, 100쪽.
[38] 양왕용, 앞의 책, 128-129쪽. 이러한 리듬의식을 이유로 「백록담」만이 "철저한 산문시"이며 다른 작품들은 그렇지 않다고 했다. 아울러 이러한 리듬의 휴지가 <장수산 1>의 경우 "화자의 정신적 고뇌"를 표출하는 데에 기여한다고 했다. 그러나 같은 "리듬의 휴지"를 둔 모든 다른 시편에까지 이 논리를 두루 적용하기는 어려울 듯하다.

　　　　쩌르렁
　　　　돌아옴즉도 하이

　위는 원래의 시에 나타난 빈 공간을 기준으로 편의상 앞 뒤 문장을 행 단위로 갈라 재배치한 결과이다. 이렇게 형태를 변형하면, 행 끝에 동일하거나 유사한 소리의 반복이 이루어져 일종의 각운이 형성되는 효과가 있다는 것이 좀더 분명해진다. 감탄 종결형 어미와 연결형 어미가 교체되거나 연속됨으로써 생기는, 같거나 비슷한 소리의 반복이 음악적인 효과를 만들어내는 것이다. 그래서 리듬 의식이 시의 형태를 통해 시각적으로 더욱 분명히 드러난다고 할 수 있다.
　이렇게 변형시켜 보면, <장수산 1>의 경우에는 제시된 행이 비교적 리듬과 심상, 그리고 의미의 단락으로서 제 기능을 한다고 할 수 있다. 특히 "쩌르렁"이 한 행으로 독립되어 깊은 산 속의 정적과 대비되는 효과가 더욱 커진다고 볼 수 있다. 이렇게 변형을 하면 <삽사리>의 경우에도 행이 리듬의 단락이 되는 것이 뚜렷이 시각화된다. 이 경우에는 행 경계가 문장과 경계와 겹치거나 일치하게 되는데, 이 점은 <장수산 1>도 마찬가지이다. 행 경계와 문장의 경계가 일치하면서 형성되는 이 리듬을 문장 단위에서 이루어지는 일종의 억양률 *intonational metre*[39]로 이해할 수도 있다. 위의 시행들이 대체로 문장과 일치해 말의 억양 체계에 대체로 순응하는 경향[40]이 있기 때문이다.
　이와 같이 산문시에서 일정한 공간적 여백을 통해 리듬을 시각화한 것은, 자유시에서 2행 1연의 연 구성 방법을 텍스트 조직 방식으로 개성화한 것과 더불어 정지용의 특유한 형태 의식과 창작 방법의 소산이라고 할 수 있다. 한편으로 이것은 정지용의 분열된 형태 의식과

---

39) 억양의 기능과 억양률에 대해서는 Antony Easthope의 앞의 책, 235-243쪽을 참조할 수 있다.
40) 위의 책, 239쪽.

지향을 드러내는 것이기도 하다. 정지용은 형태의 정형성을 해체하려는 자유시에서 일정한 연 구성을 통해 가지런하고 균질적인 형태를 유지하고자 하며, 리듬을 억제하고 토의적인 성격[41]을 강화하는 산문시에서조차 리듬을 상당히 드러내면서 시각화하려고 하기 때문이다.

그런데 정지용이 언어의 집중성과 밀도를 획득함으로써 산문시에서 산문을 통한 시적 창조를 이룩했다고 할 수 있음에도 불구하고, 이와 같은 공백을 통해 의도적으로 휴지를 확보하고자 한 것을 다른 각도에서 살필 수도 있다. 그것은 빈 공간의 의도적인 배치를 통해 산문의 직선적이고 연속적인 리듬을 제어하기 위한 것으로 볼 수도 있다. 다시 말해 줄글의 형태를 지닌 산문이 자유시에 비해 속도감을 지닌다고 할 때, 의도적으로 배치한 빈 공간은 필요한 때에 산문의 속도를 적절히 이완시킴으로써 단절의 효과를 생성할 수 있다는 점이다. 더구나 <삽사리>와 <장수산 1>에서는 "—하이", "—거니", "—노니", "—어" 등의 종결과 연결 어미가 많이 쓰여, 이러한 종결과 연결 어미의 활용에 걸맞은 좀더 큰 휴지와 단절을 확보하는 데 이러한 빈 공간이 일정한 기능을 발휘한다고 할 수 있다. 이러한 공간의 배치를 통한 단절은 적절한 호흡을 유도하면서 산문의 서술성을 어느 정도 완화하고 각 문장 단위의 시적 서술을 단속적이며 좀더 자체 완결적이고 집중적인 것으로 만든다.

또한 이러한 빈 공간이, 빈 공간에 의해 시각적으로 분리된 시적 서술의 단위를 좀더 자체 완결적이고 집중적으로 만든다면, 그것은 독자에게 좀더 시적 주체의 내면 표현에 밀착된 읽기를 유도하는 계기가 될 수도 있다. 공간의 시각적 여백은 독자의 상상력이 활동할 수 있는 공간과 그것을 가능케 하는 시간적 휴지가 될 수 있기 때문이다. 특히 <삽사리>와 <장수산 1>, 그리고 이와 같은 유형의 <장

---

41) 김춘수, 앞의 책, 22쪽. 권기호, 『시론』(재판), 학문사, 1984. 318쪽. 산문시를 산문정신과 시적 창조, 그리고 토의적 성격의 측면에서 설명하고 있다.

수산 2>, <온정> 등의 경우는 대상 세계에 대한 시적 주체의 내면을 표현하는 데 초점을 두고 있다는 점에서 그러하다. 그와 달리 <도굴>, <예장>, <호랑나븨>, <진달래> 등의 유형과 같이 시적 주체가 경험하는 대상 세계의 재현에 무게가 실리는 경우에는 이러한 빈 공간의 기능이 달라진다고 할 수 있다. 이 때에는 빈 공간에 의해 시각적으로 분리된 시적 서술의 단위는 더욱 자체 완결적이고 집중적인 상태가 되어 어떤 상황과 현실에 대한 묘사를 연속적으로 혹은 대립적으로 병치시킴으로써 시적 주체의 내면을 배제한 채 시적 대상을 재현하면서 병치의 효과를 극대화할 수 있게 한다. 아래에 그 보기로서 <도굴>을 일단 제시하고, 이에 관해서는 뒤에서 좀더 구체적으로 서술하겠다.

> 百日致誠끝에 山蔘은 이내 나서지 않았다 자작나무 화투ㅅ불에 확근 비추우자 도라지 더덕 취싻 틈에서 山蔘순은 몸짓을 흔들었다 심캐기늙은이는 葉草 순쓰래기 피여 물은채 돌을 벼고 그날밤에사 山蔘이 담속 불거진 가슴팍이에 앙징스럽게 后娶감어리 처럼 唐紅치마를 두르고 안기는 꿈을 꾸고 났다. 모태ㅅ불 이운듯 다시 살어난다 警官의 한쪽 찌그린 눈과 빠안한 먼 불 사이에 銃견양이 조옥 섰다 별도 없이 검은 밤에 火藥불이 唐紅 물감처럼 곻았다 다람쥐가 도로로 말려 달어났다.
>
> <盜掘>[42] 전문

그 밖의 산문시로서 <백록담>이 있다. <백록담>은 정지용의 대표적인 산문시일 뿐만 아니라, 정지용이 이룩한 중요한 정신적, 미학적, 시적 성취로 평가된다. 그에 관해서는 뒤에 따로 분석하고 서술할 필요가 있지만, <백록담>은 정지용의 산문시 전체에서 본다면 형태면에서는 예외적인 것이라고 할 수 있다. 1에서 9까지의 일련번호를 표시해 일종의 연작 형태로 시를 구성한 것도 그렇지만, 무엇보다 <백

---

[42] 『文章』 22호, 문장사, 1941.1. 126쪽.

록담>을 그의 다른 산문시편들과 구별시키는 것은 좀더 강화된 산문적 리듬이다.43) 다른 산문시편들에서 보이는 리듬상의 휴지를 시각화하는 조판 상의 빈 공간이 없을 뿐만 아니라, 율문의 성향 역시 최대한 억제된다. 그런 점에서 <백록담>은 산문의 정신이나 리듬이 가장 뚜렷이 구현된 시편으로서 다른 산문시편들과는 구별되는 새로운 모습을 보이고 있다고 할 수 있다.

그와 함께 <백록담>에서는 그의 다른 산문시나 자유시에서 보였던 분열된 형태 의식이 드러나지 않는다는 점을 지적할 필요가 있다. 앞에서 <백록담>이 정지용의 산문시편 전체에서 보면 오히려 예외적이라고 한 것은 그런 점에서도 정당하다. 정지용은 <백록담>에 와서 정형시의 리듬과 형태를 가장 철저하게 해체했다고 할 수 있다. 이것은 정지용의 분열된 형태 의식이 마침내 도달한 한 지점인 동시에 "감각의 단련을 무욕의 철학으로 발전시킨"44) 시적(미학적) 성취의 수준이 드러나는 자리이기도 하다. 정지용의 산문시가 <백록담>에 이르러 이러한 시적(미학적) 성취를 수반한 까닭에, 그가 이상과 함께 처음으로 산문시를 개척했다는 주장45)이 가능해진다. 다음은 <백록

---

43) 김춘수는 「백록담」의 일부를 예로 들면서 "음률에 완전히 무관심한 도저한 산문이다. 산문시의 형태를 갖추었다. 그리고 이것은 단순한 서경이나 사생이 아니다. 함축 있는 image가 도처에서 언어의 몇 배나 되는 양의 세계를 전개시키고 있다. 산문시의 조건이 모아졌다 할 것이다."라고 해 「백록담」의 산문체와 시적 창조의 측면을 함께 지적했다. 김춘수, 『한국현대시형태론』, 해동문화사, 1958. 116쪽.
또한 김대행은 산문시로서의 「백록담」의 특성을 "짧은 문장으로 호흡을 단절시키고 있어서 매우 단단한 산문의 인상을 주고 있으며", "自己表出에 치우친 시어가 없이 객관적 사실을 지시하는 시어들로 되어 있는 점", "전체가 비유와 상징으로 되어 있어 직접적 서술이 아니라는 점에서 시의 인상이 강렬해지는 것" 등으로 제시했다. 김대행, 앞의 논문, 205쪽 참조.
44) 김우창은 "「백록담」에 이르러 그(정지용:따온이)는 감각의 단련을 무욕의 철학으로 발전시킨 것이다. 분명 정지용에 이르러 현대 한국인의 혼란된 경험은 하나의 질서를 부여받았다."고 평가해 정지용이 「백록담」에서 이룩한 미학적 성취를 지적했다. 김우창, 「한국시와 형이상―하나의 관점」, 『궁핍한 시대의 시인』, 민음사, 1977. 53쪽.
45) 김춘수/1958, 앞의 책, 116쪽. 정지용의 「백록담」이 이상의 것과 함께 한국에서는 처음으로 산문시라는 genre를 개척한 것"이라고 평가한 것도 『백록담』의 시적(미학적) 성취와

담>의 일부이다.

> 絶頂에 가까울수록 뻑국채 꽃키가 점점 消耗된다. 한마루 오르면 허리가 슬어지고 다시 한마루 우에서 목아지가 없고 나종에는 얼골만 갸옷 내다본다. 花紋처럼 版박힌다. 바람이 차기가 咸鏡道끝과 맞서는 데서 뻑국채 키는 아조 없어지고도 八月한철엔 흩어진 星辰처럼 爛漫하다. 산그림자 어둑어둑하면 그러지 않어도 뻑국채 꽃밭에서 별들이 커든다. 제자리에서 별이 옮긴다. 나는 여긔서 기진했다.
>
> <白鹿潭>46) 일부

그러나 <백록담>에서 그 정점을 보여 준 산문시의 형태를, 광복 후 정지용은 더 이상 보여 주지 않는다. 산문시를 통한 리듬과 형태의 해체는 여기에서 마감되고, 광복 후에는 그 동안 억압되거나 잠복되어 있던 욕망이 전면으로 나서게 된다. 그것은 일정한 리듬과 형태를 유지하려는 정형성에 대한 집착이다. 그리고 그것은 더욱 단순하고 기계적인 형태로 귀환한다. 그 예로 들 수 있는 것이 광복 직후 발표된 <愛國의 노래>(『大潮』 1호, 1946. 1.)와 정지용의 마지막 작품으로 알려진 <四四調五首>(『문예』 8호, 1950. 6.) 등이다.

<愛國의 노래>와 <四四調五首>는 모두 4·4조의 반복으로 구성되어 있는데, 구성 방법에 약간의 차이가 있다. <愛國의 노래>는 한 행에서 4음절의 반복에 의한 4·4조가 형성되고, 이러한 행 네 개가 모여 하나의 연을 구성하는데, 전체가 7연이다. <愛國의 노래>는 개화기의 애국가·우국가의 형태를 답습한 것이라고 할 수 있는데, 아래에서는 그 일부만 제시한다. 그에 비해 <四四調五首>는 4·4조로 된 5편을 한데 묶어 발표했는데, 5편 모두 한 행이 4음절로 구성되어 있지만, 행의 수는 작품에 따라 8행에서 11행까지로 차이가 있다. 동질적인 형

관련해서 이해해야 할 것이다.
46) 『백록담』, 14-15쪽.

태[47)]이므로 그 중의 하나만 든다.

챗직 아레 옳은 道理
三十六年 피와 눈물
나종까지 견덧거니
自由 이제 바로 왔네

東奔西馳 革命同志
密林속의 白戰義兵
獨立軍의 銃부리로
世界彈丸 쏯았노라

<愛國의 노래>[48)] 일부

山달 같은
네로구나
널로 내가
胎지 못해
토끼 같은
내로구나
얼었다가
잠이 든다

<山달>[49)] 전문

<愛國의 노래>나 <山달>은 4·4조 음수율을 시도한 것으로서 단

---

47) 양왕용은 다섯 편의 리듬이 음보격에서 차이가 있음을 지적했다. 곧 "<꽃분>과 <山달> 2편은 철저한 2음보격이며, <네몸매>는 2음보가 4회 계속되다가 마지막이 3음보격"이며, "<늙은범>은 2음보격, 3음보격 순서로 교차되고, <나븨>는 3음보격, 2음보격 순서로 교차된다."고 했다. 양왕용, 앞의 책, 115쪽. 그러나 여기서 주목하는 것은, 제목에서 알 수 있듯이, 정지용이 4·4조 음수율을 시도했다는 사실이다. 그리고 이러한 사실은 초기 시 이후 잠복된 정형성에 대한 욕망이 되돌아 온 결과라는 점에서 5편이 보이고 있는 부분적인 차이에도 불구하고 동질적인 형태로 파악한다.
48) 김학동/1991, 앞의 책, 162쪽.
49) 위의 책, 170쪽.

순한 형태와 리듬이 반복되어 단조롭다. <山달>의 경우, 시상도 너/나의 대립을 바탕으로 대상과 주체의 거리, 그리고 주체의 결핍 상태를 단순하게 드러낸다. 한 행이 4음절로서 율격 단위를 구성하고 연의 구분이 없다는 점이 앞에서 살핀 초기의 형식들과 다르지만, 4음절 1행을 균등하고도 기계적으로 반복한 것은 행의 기능을 단순한 리듬의 단락을 드러내는 것으로 제한할 뿐이다. 이 4·4조를 최소 율격 단위와 행의 일치를 보여 준 새로운 형태 실험으로 파악할 경우, 시적 성취와 무관하게 이를 정지용이 시험한 새로운 시 형태로 이해할 수도 있다. 그러나 『정지용시집』과 『백록담』을 거치면서 정지용이 그동안 자유시와 산문시의 형태를 나름대로 개척하면서 개성적인 시 세계를 구축해 온 것을 상기한다면, 이러한 형태는 새로운 실험이라기보다 오히려 퇴행적인 것[50]이라고 볼 수 있을 것이다.

지금까지의 분석을 통해 이 글에서 중심적으로 살피고자 한 것은 시 형태에 대한 정지용의 분열된 욕망과 지향이다. 정지용의 분열된 욕망과 지향은 한편으로는 리듬과 형태의 정형성을 유지하고자 하며 다른 한편으로는 그것을 변형하거나 해체하려는 것으로 나타난다. 그것은 정지용의 초기 시에서부터 마지막 작품에 이르기까지 다양한 형태로 지속, 변형된다는 점에서 주목할 만한 현상이다. 정지용의 분열된 형태 의식은 정지용이 그의 시작 활동 초기에 시조와 자유시, 그리고 산문시를 동시적으로 창작하거나 발표하는 데서 일단 구체적으로 확인할 수 있다. 또한 이후 정형의 구속에서의 해방과 그 해체를 일정하게 겨냥하는 자유시와 그 극단의 형태인 산문시를 발표하면서,

---

50) 정지용은 박용철과의 대담(조선일보, 1938. 1.)에서 "우리 운문에서 삼사조가 기본조인지 사사조가 기본조인지 몰라도 근원이 성향聲響이 조흐니까 그러한 글자 제한을 밧지 안코도 훌륭한 시가 될 수 잇"다고 했으며, 장래 우리 시가 원칙적으로 정형시의 길을 걸을 것인가 비정형시의 길을 걸을 것인가라는 질문에 "원칙적으로 비정형이 본래 원형"(김학동/1988, 앞의 책, 291-292쪽.)이라고 대답했다. 고정된 음절의 기계적 반복은 이러한 자신의 견해에서도 멀어진 것이다.

자유시에 정형성을 일정하게 도입하고 산문시에 독특한 리듬의식을 시각화함으로써 자유시와 산문시가 추구하는 형태와 리듬의 해체를 부분적으로 제약하는 데서 거듭 확인할 수 있다.

이러한 분열은 미적 형식으로서의 시 형태에 대한 정지용의 모호하고 유동적인 의식에 연유하는 것으로 일단 이해할 수 있다. 동시에 거기에서 연유하는 형태 실험에 대한 정지용의 관심과 의욕을 보여주는 것일 수도 있다. 그러나 한편으로 그것은 자유시가 지배적인 서정시의 양식으로 확립되어 가는 과정 중[51]에 위치한 그의 불안정한 문학사적 자리를 확인시키며, 아울러 역사적 전환기이자 식민지 근대화의 과정에서 겪을 수 있는 개인의 불안의식을 환기시킨다. 아울러 그것은 관습적이거나 전통적인 문학 형식의 잔존하는 구속력[52]과 창조력[53]이 결코 약하지 않았다는 점을 일러주는 것이기도 할 것이다. 낡았지만 익숙하고 안정된 시 형식인 시조와 민요 형식에 기대면서 그 자양을 흡수하는 한편 그러한 정형성이 부과하는 구속에서 벗어나 자유로운 리듬과 형태를 시도하려는 움직임은 문학사적 전환기에 시도할 수 있는 미학적 창작 방법의 모색 과정이며 그 흔적이라고 할 수도 있기 때문이다.

그러나 더욱 중요한 것은 정지용의 이러한 분열된 형태 의식과 지향의 뿌리가 미학적인 것이든 역사적인 것이든, 혹은 그 결합에 의한

---

[51] 정지용이 시작 활동을 공식적으로 시작한 1920년대 후반에 자유시는 서정시의 주류를 형성하고 그 형세는 문학사의 진행 방향과 일치하는 것이었지만, 당시 문단에서 한편으로는 자유시에 대한 반성으로 시조부흥 운동이나 민요시 운동이 전개되었던 것을 상기할 수 있다.
[52] "(앞줄임) (역사주의) 비평가들은 문학적 관습을, 문학의 형식을 결정하는 데 일조할 수 있는 활력 있고 현존하는 힘으로 본다. 커닝햄J.V.Cunningham은 이 점에 관해 다음과 같이 역설했다. 곧 문학의 형태는 단순히 문학 작품들을 분류하는 외적인 원칙이나 어떤 관념에 지나지 않는 것이 아니라 오히려 작품 생산에 작용하는 원칙이다." S.N.Grebstein(1968) 엮음, *Perspectives in Contemporary Criticism*(영인본, 탑출판사, 1980.), 8쪽.
[53] 김대행은 "지용에게 있어서 전통 지향적 요소는 현대 지향적 요소와 부딪치면서 율격 쪽에서는 자유로워지고 연의 구성에서는 더욱 정제된 형태의 발굴로 나타났다"고 했다. 김대행, 앞의 논문, 203-205쪽.

것이든 그것이 그의 시적 창조에 일정한 동력을 제공한다는 사실이다. 그러한 분열은 그의 의식을 부동의 상태로 결빙시키지 않고 불안하고 불안정한 상태에서 다양한 경험의 가능성에 스스로를 개방할 수 있게 하기 때문이다.54) 따라서 2행 1연의 특유한 연 구성에 기댄 그의 자유시나, 가능한 한 율문의 리듬을 배제하는 산문시에서 독특한 방식으로 리듬을 구현하고 있는 그의 산문시는 불안정하고 분열된 의식이 나름의 안정성과 심미적 형식을 확보하고 발견하기 위한 모색과 실험의 결과로 이해할 수 있다. 그의 모색과 실험은 물론 4·4조의 실험과 같이 음수율의 기계적인 반복과 같은 퇴행적인 면을 보이는 경우도 없지 않으나, 그가 자유시와 산문시에서 보인 형태 실험은 분열된 욕망에 의해서 개성화된 일정한 시적 창조로 평가할 수 있다.

또한 이러한 분열된 의식의 결과로 개척된 그의 특유한 자유시와 산문시 형식은 일종의 이중 음성적 텍스트double-voiced text55)로 볼 수도 있다. 여기에 기대면, 정지용의 경우는 시 형태에서 일종의 이중 의식을 드러낸다고 할 수 있는데, 그 이중 의식을 이 글에서는 의식의 분열이라고 지칭했다. 정지용의 자유시와 산문시 형식을 이중 음성적 텍스트로 볼 수 있는 것은 그의 시 형태가 이중의 문학적 선조를 갖거나 이중 스타일을 함유하는 것으로 볼 수 있기 때문이다. 그것은

---

54) 그런 점에서 박용철이 정지용을 "한군대 自安하는 詩人이기 보다 새로운 詩境의 開拓者이려 한다."고 평가한 것은 정확한 지적이라고 할 수 있다. 『정지용시집』, 157쪽(박용철의 跋文).
55) "이중 음성적 텍스트는 헨리 루이스 게이츠가 그의 저서 『시그니파잉 몽키』에서 사용하고, 다른 아프리카계 미국인 비평가와 백인 페미니즘 비평가들도 사용한 용어"로서 "문학작품이 어떻게 소수민족 작가나 여성 작가의 이중의식double consciousness을 반영하는가를 나타낸다. 미하일 바흐친 역시 서로 대립되는 의미들을 함유하고 있는 말, 특히 패러디에 있는 말을 가리키기 위해 이중 음성적이라는 용어를 쓴다. 텍스트는 다음과 같은 경우 이중 음성적이 된다. (1)텍스트가 이중 청중을 상대로 하는 경우. (2)텍스트가 이중의 문학적 선조를 갖거나 이중 스타일을 함유하는 경우. (3)텍스트가 자체의 전통 내부에 존재하는 모티프를 반복하는 동시에 수정하는 경우. (4)텍스트가 이중적 메시지를 함유하는 경우." 위 내용은 Joseph Childers and Gary Hentzi, *The Columbia Dictionary of Modern Literary and Cultural Criticism*(N.Y.:Columbia Univ. Press, 1995.), 황종연 옮김, 『현대 문학·문화 비평 용어사전』, 문학동네, 2000. 160-161쪽의 내용을 그대로 옮겼다.

정지용의 자유시와 산문시를 시조, 민요와 같은 전통적인 시(가)형식과 근대 서구의 자유시—산문시 형식이 서로 침투하고 교섭하면서 각각의 흔적을 각인한 형식으로 간주한다는 것을 뜻한다.

아울러 전통적 형식과 관련된 정지용의 형태 실험은 좀더 적극적으로 평가할 수도 있다. 타율적인 힘에 의해 전통이 파괴되고 식민지의 강압적인 체제와 식민지의 근대화가 진행되는 혹독한 역사적 시련기에 한 개인이 자신의 전통을 미학적인 차원에서 유지함으로써 자신의 정체성을 보존하기 위한 방법으로 파악할 수도 있기 때문이다. 정지용이 보여 준 시조에 대한 관심과 방언과 고어를 자신의 시작에서 활성화한 것, 전통적 율격의 변형과 계승[56], 자유시에서 보인 독특한 연 구성 방법 등을 그런 각도에서 조명할 수 있다. 그의 시작, 혹은 그와 직접적으로 연관된 시 형태 실험이 미학적 차원에서 이루어진 무력한 개인의 자기방어 전략이 될 수 있는 것은 무엇보다 자신의 시작을 일제시대에 자신이 "최소한도의 조선인을 유지하기 위하였던 것 이외의 아무 것도 아니었다."[57]고 한 정지용의 언명에서 엿볼 수 있을 것이다.

---

56) 이에 대해서는 양왕용의 앞의 책, 김대행의 앞의 논문, 김훈, 「정지용 시의 분석적 연구」(서울대학교 박사학위논문, 1990.) 등에서 살피고 있다.
57) 정지용/1949, 앞의 책, 30쪽.

2. 말하기 방식과 양상

　　텍스트를 하나의 발화로 간주할 때, 텍스트 내부에서 텍스트가 내포한 서정을 전달하고, 텍스트를 하나의 발화로서 전개시키는 주체를 상정할 수 있는데, 이 글에서는 이를 시적 주체라고 했다. 이 글에서 시적/서정적 자아와 같이 일반화된 용어를 사용하기보다 시적 주체라는 개념을 새로이 규정하여 쓰는 것은, 자아 개념이 내, 외부 세계의 통합자로서 자기동일성과 안정성을 지니는 데 비하여 주체 개념은 그 해체와 분열 및 불안정성을 지시하는 데 더 적절하기 때문이다. 또한 시적 주체는 텍스트 안팎58)에서 발화하는 주체로서 언술 행위*enunciating*와 언술 내용*enunciation/enounced*의 관계를 드러낼 수 있다는 점, 주체라는 용어가 사회과학, 정신분석학 등 더 폭넓은 맥락을 상정하면서 그

---

58) 텍스트를 하나의 발화로 활성화하는 주체는 텍스트 바깥에도 있을 수 있다. 텍스트 내부의 시적 주체와 구별되는 이 주체를 텍스트 바깥의 주체라고 부를 수 있다. 텍스트 바깥의 주체로서 우선 상정될 수 있는 시인은 최초의 발화 주체로서 텍스트의 출발점에 있다. 그러나 하나의 텍스트는 시인의 발화로서 고정불변의 지위를 갖는 것이 아니라 독자와의 관계에서 끊임없이 유동하고 활성화된다. 독자는 시인에 의해 '이미' 발화된 텍스트를, '읽기'를 통해 사실상 새롭게 활성화하고 생산하는 주체이며, 독자의 독서행위는 시인이 부재하는 경우에도 텍스트를 발화로서 재생산하고 활성화시킨다는 점에서 발화의 진정한 계기이다. 그러나 이 글에서는 텍스트 내부에서 발화하는 주체를 다루므로, 텍스트 바깥의 발화 주체인 시인과 독자의 발화 행위는 반드시 필요한 경우 이외에는 검토하지 않는다.

함의를 좀더 풍부할 수 있다는 점, 그리고 근본적으로 정지용의 시가 분열된 욕망과 의식의 산물이라는 이 글의 입각점을 환기할 수 있다는 점에서 좀더 유용하다.

시적 주체는 시 텍스트 내부에서 텍스트를 하나의 발화로 전개시키는, 말하는 주체인 까닭에 텍스트 내부의 화자 개념을 포함한다. 텍스트 내부의 화자 또한 텍스트가 구축하고 환기하는 세계와 그 경험에 대한 독자의 지각을 형성시키는 말하는 주체이지만, 그것은 텍스트 내부의 언술 행위의 주체*subject of enunciating*를 지시할 뿐 언술 내용의 주체*subject of enunciation/enounced*[59]와의 관련을 반드시 전제할 필요는 없다.

시적 텍스트의 내부에서, 말하는 주체로서의 시적 주체는 말하기의 양상에 따라 언술 내용과 언술 행위의 주체 사이에서 분열되며,[60] 다

---

[59] 언술 내용의 주체에 대해서 테리 이글턴과 이스트 홉이 각각 "subject of enunciation"과 "subject of enounced"로, 이에 대한 번역도 각각 "언술상의 주체"와 "언술 내용의 주체"로 하고 있으나 의미 상으로 근본적인 차이가 없다. 여기서는 "언술 행위의 주체"와 "언술 내용의 주체"라는 번역어를 쓴다. Terry Eagleton, *Literary Theory: An introduction*(Oxford: Basil Blackwell, 1983), 김명환 외 옮김, 『문학이론입문』, 창작사, 1986. 208쪽과 Antony Easthope, 앞의 책, 74쪽 참조. 그러나 이 글에서는 텍스트 내적 언술 행위의 주체는 말하는 주체로, 그리고 말하는 주체에 의해서 발화된 내용의 주체(곧 문장의 주어)는 말해진 주체로 바꾸어 부를 것이다.

[60] "언술 내용의 주체와 언술 행위의 주체란, 담론에서 이 두 주체 사이에서 분열되어 있는 말하는 주체에 대한 두 가지 다른 위치"이다(Antony Easthope, 앞의 책, 76쪽.). 또한 줄리아 크리스테바에 따르면, "말하는 주체*speaking subject*는 무의식적 동기와 의식적 동기, 즉 심리적 과정과 사회적 강제 사이에서 분열된 주체이다. 그것은 후설Husserl의 선험적 자아*ego* 등과 결코 동일시될 수 없다."(Julia Kristeva, *Desire in Language*, Leon S. Roudiez ed., Thomas Gora et al., trans., N.Y.: Columbia Univ. Press, 1980. 6쪽.). 이와 같이 말하는 주체의 분열은 피할 수 없는데, 그것은 말하는 주체의 "전존재를 집약할 기호가 없"기 때문이기도 하다(Terry Eagleton, 앞의 책, 208쪽.). 따라서 언어에 의해 표상된 주체는 필연적으로 그 일부나 일시적인 현실만을 재현할 수밖에 없기 때문에, 언어 속에서 말해진 주체는 실재하는 주체의 부재와 소외의 구조일 수밖에 없다.
자끄 라캉Jacques Lacan에 따르면, 이러한 분열은 필연적이며 이러한 "주체의 분열은 곧 담론 속에 나타나는 주체의 소외를 의미"하는 것으로서, "주체가 언어체계 속에 들어가는 순간 겪게 되는 최초의 분열에 의해서 생겨난 결과"(Anika Lemaire, *Jacques Lacan*, 이미선 옮김, 『자크 라캉』, 문예출판사, 1994. 119쪽)이다. 주체의 형성이 언어에 기반하며 그 효과임을 주장하는 라캉은 이러한 주체의 분열을 <I said, *I am lying*">의 예를 통해 말한 바 있다. 곧 위 문장에서 두 'I'는 일치하지 않는데, 그것은 거짓말을 하는 'I'와 그것

양하게 드러나는 그 분열의 관계나 양상 자체가 미학적 의의를 지닐 수 있다는 점에서 화자와 구별되는 또 다른 유용성이 있다. 이와 같은 말하는 주체의 분열과 아울러 개별 텍스트에서 구현되는 다양한 말하기의 방식은 텍스트를 개성화하고 텍스트의 미적 효과에 관여할 수 있다는 것을 시사한다. 따라서 이에 대한 분석이 비평적 의의를 갖는 것이라 보고, 이런 점을 중심으로 정지용 시 텍스트에 나타난 말하기 방식의 양상과 성격을 살필 수 있다.

1) 독백의 유형과 성격

서정시를 "엿들어지는 독백(soliloquy overheard)"[61]으로 정의한 것은, 독백이 서정시의 가장 보편적이고 본질적인 말하기 방식이라는 점을 지적한 것이라고 할 수 있다. 독백은 청자의 유무와 관계없이 어떤 사람이 혼자 말하는 방식으로, 기도나 한탄과 같은 것이 그 전형적인 예가 될 것이다. 이와 같이 독백은 주관적이고 개인적인 요소가 특히

을 밝히는 진실한 'I'로 분열되어 있기 때문이다(Anika Lemaire, 앞의 책, 117쪽). 그에 따라 주체의 동일성과 통일성이라는 환상에 근거한 근대적 자아는 해체된다. 이런 뜻에서, 말하는 주체와 그에 의해 말해진 주체(언술 행위의 주체와 언술 내용의 주체) 사이의 관계는 두 가지 차원에서 분석될 수 있겠다. 곧 언술의 형식적인(표면구조) 차원과 정신분석학적(심층구조) 차원이 그것이다.

61) 김준오, 『시론』(제4판), 삼지원, 2000. 53-54쪽. "엿들어지는 독백"은 말하는 이(시인)와 말 듣는 이(독자)를 분리할 가능성이 있다. 이러한 분리는 암묵적으로 시인을 발화와 의미 생산의 유일한 주체로 상정함으로써 독자를 텍스트의 발화와는 무관한, 단순히 듣는 자의 수동적인 위치에 고정시킬 수 있다. 따라서 서정시가 독백의 형식이라면, 그것은 좀더 엄밀히 말해 발화의 주체(시인, 독자, 그리고 시 텍스트 내부의 시적 주체)가 스스로 말하며 스스로 자신의 말을 (엿)듣는 것이라고 할 수 있다.
한편 줄리아 크리스테바가, 모든 말하기가 말을 듣는 사람을 지향한다고 다음과 같이 말할 때, 그것은 동시에 모든 말하기가 본질적으로 독백의 형태를 지니고 있음을 시사하는 것으로 이해할 수도 있다. "하나의 메시지를 말하고 해독하는 행위는 동시에 가능하고, 원칙적으로 해독할 수 없는 것은 말할 수 없기 때문에, 말하는 주체(speaking subject)는 각자 자신의 메시지의 발신자이자 수신자이다. 이런 식으로 타자를 지향하는 메시지는 어떤 의미에서는 무엇보다 말하고 있는 사람을 지향한다. 따라서 말하는 것은 자신에게 말하는 것이다." Julia Kristeva/1989, 앞의 책, 8쪽.

강조된 말하기 방식으로서, 단일한 관점을 재현하는 단일한 목소리를 강조한다. 따라서 독백은 대체로 타자의 발화를 배제하거나 대화적인 말하기를 방지하는 말하기라고 할 수 있다. 그런 뜻에서, 독백의 방식은 대화를 거부하거나 발화에 대한 가능한 반응들을 지배하려는 모든 시들의 특징이기도 하다.

그런데 서정시에서 말하는 사람은 어떤 경우에도 결코 완전한 고립 상태에서 말하지는 않는 까닭에, 독백은 분명 극적 요소를 지니고 있다고 할 수 있다. 사실 모든 발화는 내적이든 외적이든 청자를 함축하고 있기 때문이다. 따라서 독백은 서정시와 같은 특정 장르에 제한되는 말하기 방식이라기보다 한 사람에 의해 지속되는 발화를 폭넓게 뜻한다고 할 수 있다.[62]

그러나 독백은 그 어떤 문학 양식에서보다 서정시에서 말하기 방식으로서 전경화되어 있는데, 그것은 무엇보다 서정시가 객관적인 세계 재현의 양식이 아니라 주관적인 자기 표현의 양식인 까닭이다. 독백의 방식으로 말하는 주체의 인칭은 1인칭으로 제시되며, 1인칭으로 제시된 말하는 주체는 자신과 타자의 경험과 정서를 자신의 목소리로 말한다. 개별 텍스트에 따라 그 정도의 차이는 있겠지만, 독백에 의해 제시되는 대상들은 말하는 단일한 주체의 목소리를 경유하면서 시적 주체의 정서에 착색되거나 그것을 암시하는 계기들이 된다. 따라서 시적 주체와 제시되는 대상 사이의 거리는 일반적으로 객관적인 묘사에 비해서 단축되며, 주체의 태도가 감상화할 경우 그 거리는 더욱 좁아지거나 형식적으로는 마침내 소멸될 수도 있다. 그런 뜻에서 주체와 대상 사이의 거리는 비평적 의의를 갖는 미학적 장치가 될 수 있다.

---

[62] 여기까지의 내용은, Alex Preminger and T.V.F Brogan, *The New Princeton Encyclopedia of Poetry and Poetics*, Princeton, New Jersey: Princeton Univ. Press, 1993. 798-800쪽에서 필요한 부분을 따서 정리한 것임. 여기서 "바흐찐은 모든 언어가 순수한 독백의 가능성을 부정하는 대화적 양상을 내포하고 있다고 주장하는 반면에, 시인들은 지속적으로, 혼자 말하는 단일한 목소리의 함축성을 탐구하고 단일성과 결정적인 지위들을 변호하고 있다."고 했다.

(가) 말하는 주체와 말해진 주체의 일치

독백의 말하기 방식에서, 말하는 주체와 말해진 주체(말하는 주체에 의해 발화된 내용의 주체, 곧 문장의 주어)의 일치와 불일치는 텍스트의 제재(발화의 화제) 문제와 일차적으로 관련된다. 곧 두 주체가 일치하는 경우에는 화제가 말하는 주체(의 경험) 자체가 되며, 두 주체가 일치하지 않는 경우에는 화제가 말하는 주체가 아닌 타자(의 경험)가 된다. 다시 말해서 두 주체가 일치하는 경우에는 말하는 주체는 자신에 대한 자신의 정서를 표현하고, 두 주체가 일치하지 않는 경우에는 타자에 대한 자신의 경험과 정서를 표현한다.

텍스트 안에서 말하는 주체와 말해진 주체가 일치하는 경우에는, 그것이 명시적으로 드러나든 그렇지 않든 말하는 주체와 말해진 주체는 다 같이 '나'이다. 아래에서 보듯이, <카예·쁘란스>에는 말해진 주체가 명시되어 있고 <다시 海峽>에서는 생략되어 있지만, 두 작품 모두 말하는 주체와 말해진 주체는 "나"이다. 그러나 이러한 언어적 형식의 일치가 곧 근본적인 뜻에서 말하는 주체와 말해진 주체의 동일성을 보장하는 것은 아니다. 앞서 밝혔듯이, 이 경우에도 결국 말해진 주체는 자신의 일부나 일시적인 현실만이 재현되므로 두 주체 사이의 분열이 필연적이기 때문이다.[63] 그것은 또한 말해진 주체가 말하는 주체에 의해 발화 속의 주체로서 이미 대상화되었기 때문이기도 하다. 이렇게 대상화된 주체는 말하는 주체와 비록 기호의 형식적 동일성('나')을 유지한다고 해도 이미 동일할 수 없다. "자신에 관해서 말한다는 것은, 더 이상 그 <자신>이 아니라는 것을 뜻하는 것"[64]이

---

63) 그러나 이러한 언어 기호에 의해 발생하는 필연적인 주체의 분열이 이 글에서 특별히 비평적, 방법적 기능이나 의의를 지니는 것은 아니다. 그것은 이 글에서 분석할 텍스트 내에서 나타나는 말하기의 '의미 있는 차이'를 무화시킬 수도 있기 때문이다. 따라서 주체와 주체 형성이 언어에 기반하며 그 효과라고 한 라캉의 정신분석학은 필요한 경우에만 원용될 것이다.

64) Tzvetan Todorov, *Qu'est-ce que le structuralisme? 2 Poétique*, Paris: Seuil, 1973(곽광수 옮김, 『구조

기 때문이다. 따라서 시적 주체의 분열은 필연적인 사실이 된다.

> 나는 子爵의 아들도 아모것도 아니란다
> 남달리 손이 히여서 슬프구나!
>
> <카뻬 쯔란스>65) 일부

> 수물 한 살 적 첫 航路에
> 연애보담 담배를 먼저 배웠다.
>
> <다시 海峽>66) 일부

이 경우, 말해진 주체의 목소리는 말하는 주체의 목소리 속으로 통일되고 통합된다. 따라서 텍스트 내에는 하나의 목소리만 존재하며, 이 목소리는 대상 세계를 관찰하거나 객관적으로 재현하기보다 시적 주체의 내면을 표현하게 된다. 그러나 같은 독백의 방식으로 말하기가 이루어지지만, <카뻬・쯔란스>와 <다시 해협>의 경우는 어조가 서로 사뭇 다르다. <카뻬・쯔란스>가 비탄과 자조적인 어조에 감정의 직접적인 노출을 보이지만, <다시 해협>에는 담담한 어조에 체험의 객관적 서술을 통한 정서의 간접적인 제시가 이루어진다. 그것은 문법적으로 감탄 종지형과 평서 종지형 어미를 통해서 구체화된다. 또한 <카뻬・쯔란스>에서는 "―란다"와 같은 종결형 어미가 텍스트 내적 청자를 환기시킬 수도 있지만, <다시 해협>에서는 그렇지 않다는 점에서 서로 다른 효과를 보일 수 있다.

말하는 주체와 말해진 주체가 일치하는 방식에서, 말하는 주체가 말해진 주체와 일정한 거리를 확보하지 못 하는 경우에는 말하는 주체의 주관이 지나치게 노출되거나 감상화될 가능성이 높아진다. 정지

시학』, 1977.), 80쪽. 주 60)에서도 이 점을 이미 밝혔다.
65) 『정지용시집』, 47쪽.
66) 위의 책, 25쪽.

용의 시가 동시대의 감상적 낭만주의 시와 구별되는 것은, 말하는 주체와 말해진 주체가 일치하는 이와 같은 형식의 경우에도 말하는 주체가 말하는 주체와 일정한 거리를 대체로 확보함으로써 주관의 직접적이고 과다한 노출을 적절히 절제하고 있기 때문이다. 따라서 이러한 거리의 부족으로 빚어지는 다음과 같은 예들을 정지용의 시에 편재하는 현상으로 볼 수는 없다.

   불 피여으듯하는 술
   한숨에 키여도 아아 배곺아라.
                   <저녁해ㅅ살>67) 일부

   悔恨에 나의 骸骨을 잠그고져.
   아아 아프고져!
                    <恩惠>68) 일부

   알는 피에로의 설음과
   첫길에 고달픈
   靑제비의 푸념 겨운 지줄댐과,
   꾀집어 아즉 붉어 오르는
   피에 맺혀,
   비날리는 異國거리를
   嘆息하며 헤메노나.
                    <조약돌>69) 일부

위의 시편들에서는 <다시 해협>에서처럼 정서의 간접적인 환기나 암시가 아닌 직접적인 토로가 나타난다. 말하는 주체는 말해진 주체와 완전히 밀착되어 자신의 정서와 경험을 시적으로 대상화하는 데

---

67) 위의 책, 55쪽.
68) 위의 책, 133쪽.
69) 위의 책, 50쪽.

실패하고 있다. 그만큼 말하는 주체가 자신의 강렬한 정서에 압도되어 있다고 볼 수도 있다. 이러한 결핍감, 뉘우침, 서러움 등의 강렬한 정서는 말하는 주체의 고통스러운 삶의 경험에 수반된 정서일 것이다. 그것은 "불"로 표상되는 열정이나 생명력의 충전으로도 채워질 수 없는 결핍이거나 "해골"까지 잠길 정도의 깊은 뉘우침, 그리고 남의 나라에서 고통스럽게 떠도는 자의 고달픔과 서러움이다. 그러나 정서의 이러한 강도에도 불구하고, 그것은 그 직접성과 감상화 탓에 독자의 시적 참여를 일정하게 제한하면서 시적 주체의 정서를 일방적으로 강요하게 될 뿐이다.

(나) 말하는 주체와 말해진 주체의 불일치

말하는 주체와 말해진 주체가 서로 일치하지 않는 경우는, 명시적으로 드러나든 그렇지 않든 말하는 주체의 인칭이 1인칭인 반면에 말해진 주체는 2인칭70)이나 3인칭이 될 것이다. 곧 그것은 '나'로 표시된 말하는 주체가 타자(타인이나 사물 등)에 대한 체험이나 정서를 자신의 목소리를 통해 제시하는 경우가 된다. 이럴 경우에도 말해진 주체의 목소리나 그의 체험은 말하는 주체의 목소리에 통합되어 대상에 대한 말하는 주체의 태도와 정서를 표현하게 된다.

　　산ㅅ골에서 자란 물도
　　돌베람빡 낭떨어지에서 겁이 났다

　　눈ㅅ뎅이 옆에서 졸다가
　　꽃나무 알로 우정 돌아

---

70) <풍랑몽 1>이나 <내 맘에 맞는 이> 등과 같이, 말해진 주체가 2인칭인 경우는 '독백'의 양상 중 내적 청자가 현전하는 경우나 '대화'의 양상에서 따로 검토할 수 있다.

가재가 긔는 골작
죄그만 하늘이 갑갑했다.

<瀑布>71) 일부

세멘트 깐 人道側으로 사폿 옴기는
하이얀 洋裝의 點景!

그는 흘러가는 失心한 풍경이여니……
부즐없이 오랑쥬 껍질 씹는 시름……

아아, 愛施利·黃!
그대는 上海로 가는구료………

<슬픈 印像畵>72) 일부

절터ㅅ드랬는데
바람도 모히지 않고

山그림자 설핏하면
사슴이 일어나 등을 넘어간다.

<九城洞>73) 일부

위 <瀑布>에서 말해진 주체는 '물'이며, 말하는 주체는 생략되어 있지만 시적 주체인 '나'이다. 말해진 주체는 말하는 주체의 목소리를 통해 드러나며 당연히 말하는 주체의 정서가 말해진 주체에 스며 있다. 말하는 주체의 시선이 말해진 주체인 외부 사물의 표면에 머무르며 그것을 재현하는 것이 아니라 그 내부에까지 깊이 침투하고 있다. 말하는 주체의 내면이 외부 대상에 투입되는 감정이입이 이루어진 것으로서, 이런 경우에는 말하는 주체와 말해진 주체 사이의 심리적 거

---

71) 『백록담』, 38쪽.
72) 『정지용시집』, 49쪽.
73) 『백록담』, 21쪽.

리는 소멸된다. 말하는 주체와 말해진 주체 사이의 동일화가 이루어지는 것이다.

<슬픈 인상화>의 경우도 말하는 주체의 정서가 말해진 주체에게 옮겨지는 것은 동일하다. 인용된 부분 중 첫 연에서 말해진 주체는 하나의 풍경으로 묘사된다. 감탄 부호가 말하는 주체의 내면을 영탄의 형식을 통해 드러내기도 하지만, 시적 서술이 외부 대상의 시각적인 재현에 그치는 탓에 시적 주체의 내면이 직접적으로 토로되지는 않는다. 그런 점에서 이 부분은 독백의 방식이 주관의 직접적인 노출을 적절히 통제하면서 시적 주체의 내면을 간접적으로 환기할 수 있는 가능성을 보여준다. 그러나 그 다음 연에서 그 풍경이 "흘러가는 失心한 風景"으로 부연될 때, 말하는 주체의 심정이 말해진 주체에 옮겨 들어가게 된다. 말해진 주체에 대한 말하는 주체의 이러한 투사는 말해진 주체의 정서와 무관한 것일 수 있다. 그 다음 연을 볼 때, "실심"한 것은 말해진 주체가 아니라 말하는 주체일 가능성이 크기 때문이다. 이런 점에서 독백의 말하기는 타자(말해진 주체)의 목소리를 억압하거나 배제하고, 오로지 말하는 주체의 일방적이고 단일한 목소리와 감정의 표현이 되기 쉽다. 이럴 경우, 시는 대상을 통한, 그러나 대상을 실제적으로는 배제한 채 주체의 감정을 대상에 덮어씌울 개연성이 커진다. 그것은 또한 독자에게도 시적 주체의 감정을 일방적으로 강요할 수 있는 까닭에, 시적 대상과 독자의 좀더 직접적인 만남을 가로막아 시가 대상에 대한 인식으로 나아갈 수 있는 가능성을 차단할 수 있다.

말하기 방식은 동일하지만, <九城洞>에서는 그와는 달리 말하는 주체가 말해진 주체를 드러내는 방식에 차이가 있다. 이 경우에는 말하는 주체는 말해진 주체와 일정한 거리를 확보함으로써 <폭포>와는 달리 말해진 주체를 객관적으로 묘사한다. 곧 <구성동>에서는 말하는 주체가 자신의 정서를 말해진 주체에 투여하지 않고, 시각적으로 재현하는 데 그치고 있다. <구성동>에서 시적 주체의 목소리를 통해 말해진 주체는 "바람"과 "사슴"이다. 시적 주체는 "바람"과 "사슴"을 통해 정적의 공간을 형상화하고 있다. "바람도 모히지 않"는 공간은 인적이 끊겼다는 상투적인 진술을 넘어서서 시간의 정체와 운동의 부재를 내포한 고적과 정적을 환기한다. "사슴"의 움직임은 이러한 시공간의 정체현상에 대비되면서 오히려 고적함을 반어적으로 고양시킨다는 점에서 효과적인 장치라고 할 수 있다.

> 바다는 뿔뿔이
> 달어 날랴고 했다.
>
> 푸른 도마뱀떼 같이
> 재재발렀다.
>
> 꼬리가 이루
> 잡히지 않었다.
>
> 힌 발톱에 찢긴
> 珊瑚보다 붉고 슬픈 생채기!
>
> <바다 2>[74] 일부

위의 <바다 2>에서 말하는 주체는 생략되어 있지만 '나'이고, 말해진 주체는 "바다"이다. 말하는 주체와 말해진 주체가 일치하지 않을 때, 말하는 주체는 말해진 주체에 대한 자신의 정서와 경험을 말하거나 타자(말해진 주체)의 정서와 경험을 자신의 목소리로 말하게 된다. <바다 2>의 경우, 말하는 주체는 말해진 주체인 "바다"에 대한 자신의 정서와 경험을 말하고 있는데, 그 경험이 매우 개성적일 뿐만 아니라 그것을 매우 생동감 있게 묘사한다. 여기서 "바다"는 어떤 관념이나 사상의 비유나 상징이 아니라, 말하는 주체의 감각에 의해 새롭

---

[74] 『정지용시집』, 5쪽.

게 포착되고 구성된 구체적 사물로서의 "바다"이다. 여기서 제시된 "바다"는 "뿔뿔이" "달어 날랴고" 하는 구체적인 움직임이며 끝내 포획할 수 없는 활물화된 사물이다. 이렇게 살아서 활동하는 사물로서의 바다는, 바다에 대한 일반적이고 통념적인 진술이나 인상과는 완전히 결별한 새로운 바다이다. 여기에서 말하는 주체는 바다에 대한 지각을 새롭고도 낯설게 보여 줌으로써 말해진 주체 "바다"에 대한 독자들의 지각을 연장하면서 갱신한다. 그것은 러시아 형식주의자들의 말과 같이 대상에 대한 지각 과정 자체를 예술의 기능과 목적으로 간주하게 만든다.[75]

<바다 2>에서는 말하는 주체의 주관이 엄격히 통제된다. 말하는 주체는 문면에 드러나지도 않고 대상에 대한 감각적 인상을 새롭게 구성해 제시할 따름이다. "珊瑚보다 붉고 슬픈 생채기!"와 같은 부분에서 말하는 주체는 자신의 정서를 내비치고는 있지만, <바다 2>는 전체적으로 사물에 대한 감각적 묘사로 일관한다. 위에서 보인 <구성동>을 비롯한 많은 시편들은 사물시로서의 이러한 특성을 잘 보여주고 있다. 말하는 주체가 자신의 주관을 엄격히 통제하고 몸을 숨긴 채 말해진 주체에 대한 감각적 번역을 시도하는 것은 정지용 시의 가장 뚜렷한 한 특징임은 주지의 사실이다. 정지용의 시가 그 이전의 감상적 낭만주의 시들과 구별되는 것도 이러한 대상 묘사와 절제된 언어를 기반으로 한 말하는 주체의 관찰자적인 태도이다. 그리고 그것은 말하는 주체와 말해진 주체의 형식적 분리와 내면적 거리 확보를 통해 가능해진다.

(다) 타자의 발화를 내포한 독백

타자의 발화의 내포 유무는 텍스트가 내부에 말하는 주체 외의 또

---

[75] Alex Preminger and T.V.F Brogan, 앞의 책, 698쪽.

다른 발화 주체를 포함하는지 여부와 관련된다. 정지용의 시만을 대상으로 한다면, 시 텍스트 안에 말하는 주체와 구별되는 발화 주체가 나타나는 경우는 많다고 할 수 없다. 그러나 양적 과다와 관계없이 이러한 형식은 독백의 양상을 좀더 다채롭고도 풍부하게 한다는 점에서 함께 다룰 필요가 있다. 말하는 주체의 발화 속에 말하는 주체와는 구별되는 타자의 발화를 내포하는 것은 그 자체가 주체와 타자의 대화와 교류라는 점에서도 관심을 가질 수 있다.

 우선 타자의 목소리를 일종의 인용에 의해 말하는 주체의 발화 속에 공존시키는 방식을 검토할 수 있다. 이 경우에도 타자의 목소리는 말하는 주체에 의해 다시 발화되는 까닭에 말하는 주체의 목소리 속에 포함되지만, 내포된 발화의 주체는 자신의 존재를 결코 잃지 않기 때문에 말하는 주체와 자신을 구별시킬 수 있다. 그러나 정지용 시 텍스트의 경우, 이와 같은 타자의 목소리를 내포한 독백의 형태가 두드러진 현상이라고 할 수는 없다. 그리고 그 양상도 다채롭다고 하기 어렵다.

 또한 정지용의 시에서 타자의 발화가 텍스트의 표면에 드러난 형태로 제시되기는 하지만, 이러한 타자의 목소리가 말하는 주체의 목소리와 공존하면서 생성할 수 있는 대화적 국면이나 그로부터 빚어지는 시적 의미 공간의 확장에 적극적으로 기여하는 데로 나아가지는 않는다. 타자의 목소리가 의미의 층을 더욱 두텁게 하여 텍스트를 좀더 복잡하고도 미묘하게 만들 수 있는 미학적 가능성이 약하고 제한적이기는 하지만, 정지용 시에 나타난 독백의 다양한 양상을 보이기 위해서 언급할 필요가 있다. (나)에서 제시한 <구성동>과 함께 다음의 예들이 타자의 목소리의 공존을 보여 준다.

   伐木丁丁 이랬거니 아람도리 큰솔이 베혀짐즉도 하이 골이 울어 멩아
  리 소리 쩌르렁 돌아옴즉도 하이

<長壽山 1>76) 일부

壯年이 생각하기를 「숨도아이에 쉬지 않어야 춥지 않으리라」고 주검다운 儀式을 가추어 三冬내—附伏하였다 눈도 희기가 겹겹이 禮裝 같이 봄이 짙어서 사라지다.

<禮裝>77) 일부

내ㅅ 검은 밤ㅅ비가 섬돌우에 울때 호롱ㅅ불앞에 났다더라.
내ㅅ 어머니도 있다, 아버지도 있다, 그이들은 머리가 히시다.

<갈메기> 일부

(나)에서 작품의 일부를 제시한 <구성동>과 함께 <장수산 1>, <예장>, <갈메기>에는 말하는 주체와는 구별되는 또 다른 주체(타자)의 발화가 내포되어 있다. "절터ㅅ드랬는데"(<구성동>), "伐木丁丁 이랬거니"(<장수산 1>), "「숨도아이에 쉬지 않어야 춥지 않으리라」고"(<예장>), "내ㅅ 검은 밤ㅅ비가 섬돌우에 울때 호롱ㅅ불앞에 났다더라."(<갈메기>)가 그것이다. 이 부분들이 각각 말하는 주체와는 구별되는 타자의 발화라는 점을 "—드랬는데", "—이랬거니", "—고", "—더라" 등의 연결어(미)와 종결 어미를 통해 분명히 하고 있다.

이미 발화된 타자의 발화를, 말하는 주체의 발화 속에 내포함으로써, <구성동>에서는 시에서 제시하고 있는 공간에 대한 정보를 제공하고, <장수산 1>에서는 동양의 고전적인 텍스트인 시경78)과 이 텍스트를 상호텍스트*intertextual*적인 관계79)로 만들 수 있다. 또한 <예장>에서는 말해

---

76) 『백록담』, 12쪽.
77) 위의 책, 50쪽.
78) 오탁번, 「지용시 연구—그 환경과 특성을 중심으로」, 고려대 대학원 석사학위 논문, 1970. 62-63쪽. 여기서 정지용의 시와 한시와의 관계를 구체적인 전거를 통해 밝혔다.
79) 상호텍스트성*intertextuality/intertextualité*은, 한 줄리아 크리스테바 연구자에 따르면, 오남용으로 인해 줄리아 크리스테바가 처음에 도입했던 것과는 달리 개념이 곡해되었다고 했다. 그에 따르면, 상호텍스트성은 한 작가의 다른 작가에 대한, 혹은 문학 작품의 원천들

진 주체의 발화를 말하는 주체의 목소리 속에 내포함으로써, 말하는 주체의 시선이 말해진 주체의 내부로 효과적으로 침투할 수 있게 만들며, <갈메기>에서는 시적 주체의 출생에 관한 정보를 제공한다.

이와 함께 극적 방식인 대화의 양상도 함께 살필 필요가 있다. 대화는 타자의 발화를 객관적으로 재현하는 극적 방식으로서, 극시를 제외한다면 시에서는 매우 제한적으로 사용된다고 할 수 있다. 타자의 발화를 매개하는 말하는 주체가 배제된 대화의 순수한 제시는 오로지 극 양식에서만 가능할 뿐이기 때문이다. 위의 <예장>에서 말해진 주체의 발화를 「숨도아이에 쉬지 않으아야 춥지 않으리라」고 직접 인용한 것도 일종의 극적 제시에 속하는 것이다. 그러나 극적으로 제시된 타자의 이 발화 또한 말하는 주체에 의해 재현된다는 점에서, 독백의 독특한 양상으로서 간주할 수 있다.

그러나 주체와 타자의 발화가 텍스트 내부에서 교환의 가능성이 전제된다는 점에서 대화는 독백과는 구별된다. 곧 말하는 방식으로서의 대화는 말하는 자와 듣는 자의 위치를 서로 교환할 수 있다는 점에서 독백과 구별되는 말하기 방식이다. 또한 서정시에서 대화의 방식으로 제시되는 타자의 발화는, 말하는 주체의 매개에 의한다고 하더라도 그것이 객관적으로 재현될 수 있다는 점에서 말하는 주체의 내면과는 독립적으로 존재한다고 말할 수 있다.

에 대한 영향 문제와는 전혀 무관하다. 그와는 달리, 상호텍스트성은 이를테면 소설과 같은 텍스트 체계의 구성요소들을 포함하는 개념이다. 『시적 언어의 혁명』에서 상호텍스트성은, 언술 및 외연적인 위치의 새로운 분절을 동반하면서 하나 혹은 그 이상의 기호체계들이 다른 기호체계들로 자리바꿈을 하는 것으로 정의됐다. Julia Kristeva/1980, 앞의 책, 15쪽. 요약, 정리.

이렇게 본다면, 이 글에서 상호텍스트적이라고 한 것도 줄리아 크리스테바가 뜻했던 원래의 의미에서 이탈한 것이라고 할 수 있다. 한편 한시에서는 이러한 전고의 구사를 "用事"와 "點化"의 이론으로 설명한다. 이에 대해서는 이종묵, 「용사와 점화의 미학」, 『한국 한시의 전통과 문예미』, 태학사, 2002. 205-228쪽을 참조할 수 있다.

(1) 『오오 패롤(鸚鵡) 서방! 꾿 이브닝!』
『꾿 이브닝!』(이 친구 어떠하시오?)
                                    (<카페·프란스>80) 일부)

(2) 「배암이 그다지도 무서우냐 내님아」/ 내님은 몸을떨며「뱀□마는 실허요」
                          <「마음의 日記」에서—시조 아홉首> 일부)

(3) 오· 오· 오· 오· 오·소리치며 달려 가니/ 오· 오· 오· 오· 오·연달어서 몰아 온다.
                                    (<바다 1>81) 일부)

(4) 잠 들어라./ 가여운 내 아들아./ 잠 들어라.   (<슬픈 汽車>82) 일부)

(5) 「형제여, 오오, 이 꼬리 긴 英雄이야」   (<말 1>83) 일부)

(6) 「앞으로—가. 요」/ 「뒤로—가. 요」   (<내 맘에 맞는 이>84) 일부)

(7) 그 녀ㄴ 에게
    내 童貞의結婚반지 를 차지려갓더니만
    그 큰 궁둥이 로 쎄밀어

        …털 크 덕…털 크 덕…

                                    (<爬虫類動物> 일부)

(8) 소리를 꽥! 지르고 간놈이—   (<해바라기 씨>85) 일부)

---

80) 『정지용시집』, 47쪽.
81) 위의 책, 84쪽.
82) 위의 책, 61쪽.
83) 위의 책, 81쪽.
84) 위의 책, 121쪽.
85) 위의 책, 95쪽.

(1), (2), (3)에는 말하는 주체와 타자의 발화가 동시에 재현되어 있다. (1)과 (3)에서는 말하는 주체와 사물(앵무새와 바다) 사이의 대화가 재현되어 있으며, (2)에서는 인간 주체들 사이의 대화가 제시되어 있다. (1), (3)은 다같이 사물의 음성적/음향적 반응이 주체를 모방하는 차원에서 이루어지는 것으로 나타나지만, (1)은 상호 소통이나 동일화의 불가능성을 보여 주는 반면에 (3)은 그 가능성을 보여 준다는 점에서 그 성격이 다르다. (4)는 타자의 발화만이 제시되어 있는 경우이고, (5)와 (6)은 말하는 주체의 발화만이 제시되어 있는 경우이다. 또한 (3), (6), (7)은 인간의 음성과 사물의 음향을 의성어로서 제시하고 있는 경우이다.

위의 예들은 그 양상과 성격, 그리고 문맥이 서로 다르지만, 발화(음향)를 객관적으로 재현한다는 점에서 동일하다. 이러한 방식은 이른바 서술의 시간과 서술된 시간의 일치를 보여 줌과 아울러 재현 대상을 극적으로 제시한다는 공통점이 있다. 대상의 객관적이고 극적인 제시는 재현된 대상을 『 』, 「 」 등의 부호로 구별하고 있는 데서도 드러난다. 이렇게 극적으로 제시된 대상은 그것을 매개하는 말하는 주체의 목소리와 관계없이 자신의 정체성과 독립성을 그대로 유지할 수 있다. 그 점에서 독백의 다른 양상들과는 구별되지만, 그 또한 말하는 주체의 목소리의 매개를 통해서만 존재할 수 있다는 점에서 독백의 특수한 양상으로 간주할 수 있다.

(라) 내적 청자의 현전과 부재

지금까지 분석의 대상으로 삼은 시들은 대체로 텍스트 내적 청자가 텍스트의 문면에 직접적으로 현전하지 않는 경우[86]라고 할 수 있다.

---

[86] 물론 이 경우에도 청자가 전제되어 있다고 볼 수 있다. 앞서 말했듯이, 작품 바깥의 발화 주체를 시인이나 독자로 상정할 경우, 그에 따른 청자를 상정할 수 있다. 이 글 주 58) 참조.

인용되지 않은 부분까지 함께 살핀다면, 앞에서 다룬 시 중에서는 "異國種 강아지" 등의 사물들이 <카떼·쁘란스>의 내적 청자라고 할 수 있고, <슬픈 인상화>의 경우에는 "愛施利·黃!"도 내적 청자로 상정할 수 있다. 그러나 다음의 예들은 내적 청자가 구체적으로 현전하고 있거나 전제되어 있는 경우이다.

(1) 늦인 봄날/ 복사꽃 연분홍 이슬비가 나리시거든/ 뒤ㅅ동산 새이ㅅ길로 오십쇼/ 바람 피해 오시는이 처럼 들레시면/ 누가 무어래요?

(<무어래요>87) 일부)

(2) 당신 께서 오신다니/ 당신은 어찌나 오시랴십니가.// 끝없는 우름 바다를 안으올 때/ 葡萄빛 밤이 밀려 오듯이,// 그모양으로 오시랴십니가.

(<風浪夢 1>88) 일부)

(3) 당신은 내맘에 꼭 맞는이/ 잘난 남보다 조그만치만/ 어리둥절 어리석은 척/ 옛사람 처럼 사람좋게 웃어좀 보시오

(<내 맘에 맞는 이> 일부)

(4) 자네는 人魚를 잡아/ 아씨를 삼을수 있나?

(<피리>89) 일부)

(5) 웃 입술에 그 뻣나무 열매가 다 나섰니?/ 그래 그 뻣나무 열매가 지운듯 스러졌니?

(<뻣나무 열매>90) 일부)

(6) 「앞으로─가. 요」/「뒤로─가. 요」

---

87) 『정지용시집』, 122쪽.
88) 위의 책, 76쪽.
89) 위의 책, 51쪽.
90) 위의 책, 56쪽.

(<내 맘에 맞는 이> 일부)

　(1)에서는 내적 청자가 명시되어 있지는 않지만, 말하는 주체의 발화가 지향하는 것은 주체가 기다리는 대상이다. 여기에서는 발화가 특정한 대상을 지향하고 있다는 점에서 청자가 전제되어 있다고 할 수 있다. (5)의 경우도 그 점에서는 마찬가지이다. (1)에서 "오십쇼"와 같은 존칭의 청유형은 말하는 주체와 전제된 청자의 사회적 관계를 드러내고, "누가 무어래요?"와 같이 토라진 말씨는 청자에 대한 주체의 정서를 효과적으로 환기한다. (2), (3), (4), (5)의 어법 또한 청자에 대한 말하는 주체의 태도와 사회적 관계를 드러낸다.
　(2), (3), (4)에서는 청자가 구체적으로 "당신"과 "자네"로 명시되어 있다. 이렇게 청자가 (2), (3), (4)의 경우처럼 명시적으로 현전하거나 (1)과 (5)의 예처럼 문맥에 의해 전제되는 경우에는, 말하는 주체와 그의 발화가 지향하는 대상이 분명해지는 까닭에 텍스트의 의미망이 좀 더 단순해지거나 구체적으로 드러날 가능성도 있다. 물론 시적 텍스트의 다층적인 구성이나 언어의 함축 정도에 따라 내적 청자의 내포는 얼마든지 복잡해질 수도 있지만, 위에서 제시한 예들은 그 내포가 그렇게 복잡하다고 할 수 없다.
　이렇게 내적 청자가 현전하거나 명백히 전제되는 경우에는 시적 발화가 일종의 대화적 국면을 드러낼 수 있다. (1)의 경우, "누가 무어래요?"와 같은 구어 자체가 그런 효과를 빚는 데 일조를 하지만, (4), (5), (6)의 경우는 그 자체가 대화체의 직접적인 제시라고 할 수 있다. (1)과 (4)의 경우는 내적 청자가 텍스트 내에 현전할 때, 독백의 말하기가 좀더 구어체에 근접한다는 것을 시사한다. 정지용의 시에 이러한 대화적인 국면을 드러내는 작품이 상당한 양에 이른다는 사실도 눈여겨 볼만하다.
　그러나 구어체에 근접한 독백이 대화와 분명히 구별되는 것은, 그것이 말하는 주체의 단일한 목소리로 청자에게 일방적으로 제시된다는 점이다. 말하는 주체와 내적 청자의 고유한 목소리가 공존하면서 말하는 자와 듣는 자의 위치를 서로 교환할 수 있는 것이 대화의 존재 방식이다. 또한 말하는 주체에 의해 타자의 발화가 객관적으로 재현된다는 점에서도 대화는 독백과 다르고, 타자의 발화를 내포한 독백과도 다르다.

내적 청자가 텍스트 문면에 현전하거나 전제됨으로써 텍스트의 말하기 방식이 대화체가 되거나 대화의 국면에 근접한 독백의 예는 정지용의 시에서 그 수가 적지 않다.[91] 그에 비해 대화 자체가 분명히 제시되어 있는 경우는 상대적으로 많지 않다. 그 까닭은 무엇보다 서정시 갈래 자체의 특성 탓일 것이다. 주지하는 바와 같이, 대화는 극적 양식에서 특성화된 말하기의 방식이고, 독백은 서정시에서 전경화된 말하기의 방식이다.

지금까지 살핀 내적 청자의 양상은 매우 일반론적인 것이다. 그런데 정지용 시에서 내적 청자의 양상이 좀더 독특하게 나타난 예를 <녯니약이 구절>에서 볼 수 있다. 이 시는 말하는 주체가 전형적인 독백의 방식으로 시 텍스트를 발화하지만, 청자를 드러내는 방식의 간접성과 전체 발화 속에 또 하나의 발화(상황)를 내포하면서 의미상 텍스트의 분열 가능성을 보인다는 점에서 특이하다. 그리고 내포된 발화 상황에 대한 묘사가 정지용 시의 한 측면이라고 할 수 있는 낭만적 성격을 암시한다는 점에서도 좀더 자세히 분석할 가치가 있다.

---

[91] 양왕용의 '화자' 분석에 따르면, "경도유학시절에는 화자와 청자가 모두 등장하고 있는 말건넴의 시와 독백의 시가 공존하다가 『시문학』 및 『카톨릭 청년』지 시절에는 독백의 시가 많아지면서 사물시도 증가한다. 『문장』지 추천위원 시절에는 독백의 시와 사물시가 공존하다가 해방 이후에는 다시 화자와 청자가 모두 등장하는 시가 압도적으로 많다." 이와 같이 양왕용은 화자와 청자가 등장하지 않는 것을 사물시의 한 특징으로 보고, 이러한 유형이 정지용 시의 일부에 제한되는 특성이라는 것을 '화자' 유형의 분석과 통계를 통해 지적했다. 양왕용, 앞의 책, 201-203쪽.

2) 혼합의 양상과 주체의 분열

　지금까지 살핀 것에서 알 수 있듯이, 시에서 말하는 방식으로서의 독백의 형식은 다양한 형태로 나타날 수가 있다. 간략히 살핀 바와 같이, 발화로서의 시 텍스트에는 여러 주체들의 출현이나 겹침이 나타날 뿐만 아니라, 이러한 주체들 사이의 심리적 거리와 일치 여부, 그리고 텍스트 내적 청자의 현전과 부재 등과 같은 상호관계에 따라 말하기의 미적 기능과 효과는 다르게 작동하고 생성된다. 이러한 말하기의 구체적 양상에 따라 생성되는 미적 기능과 효과의 양상은 개별 텍스트에 따라 다르게 나타날 수 있어, 이를 체계화하기 위해서는 개별 텍스트에 대한 좀더 폭넓은 분석과 함께 그 전체적인 종합이 필요할 것이다.

　그리고 지금까지 개략적으로 살핀, 서정시의 말하기 방식으로서의 독백과 그 양상은 비교적 순수한 형태의 것이라고 할 수 있다. 그것은 텍스트의 일부에서 실현된 것을 중심으로 살핀 탓이기도 하고, 독백의 양상을 일반적인 수준에서 제시하기 위한 방법적 선택의 결과 탓이기도 하다. 따라서 정지용의 실제 작품에서는 말하기의 양상이 훨씬 더 복잡하고 다층적으로 드러날 수 있다. 곧 한 작품 안에서 말하는 방식의 전환에 따라 주체의 일치와 불일치가 혼재하기도 하고 독백의 여러 방식이 함께 사용됨으로써 좀더 다양한 효과를 겨냥하기도 하기 때문이다. 아래에서는 그 예로 <넷니약이 구절>과 <카쎄·쯔란스>를 분석의 대상으로 삼는다. <넷니약이 구절>은 말하기의 전환을, 그리고 <카쎄·쯔란스>는 다양한 말하기 방식의 공존과 주체의 분열을 구체적으로 살피기 위한 대상으로 선택한다.

(가) <녯니약이 구절> : 말하기 방식의 전환과 발화의 이중성

집 써나가 배운 노래를
집 차저 오는 밤
논ㅅ둑길에서 불럿노라.

나가서도 고달피고
돌아와 서도 고달펏노라.
열네살부터 나가서 고달펏노라.

나가서 어더온 이야기를
닭이 울도락,
아버지쎄 닐으노니—

기름ㅅ불은 쌈박이며 듯고,
어머니는 눈에 눈물을 고이신대로 듯고
니치대든 어린 누이 안긴데로 잠들며 듯고,
우ㅅ방 문설쭈에는 그사람이 서서 듯고,

큰 독 안에 실닌 슬픈 물 가치
속살대는 이 시고을 밤은
차저 온 동네ㅅ사람들 처럼 도라서서 듯고,

—— 그러나 이것이 모도 다
그 녜전부터 엇던 시연찬은 사람들이
싯닛지 못하고 그대로 간 니야기어니

이 집 문ㅅ고리나, 집웅이나,
늙으신 아버지의 착하듸 착한 수염이나,
활처럼 휘여다 부친 밤한울이나,

이것이 모도다
그 녜전 부터 전하는 니야기 구절 일러라.

<넷니약이 구절>[92] 전문

 <넷니약이 구절>의 구성은, 3행으로 된 여섯 연과 각각 2행과 4행으로 된 한 연이 결합하여, 정지용 시의 특성이라고 할 수 있는 형태의 정제성을 상당히 지닌다. 제시된 체험과 말하는 주체의 발화의 시간적 질서는 선후관계로 나타난다. 앞선 체험에 말하는 행위가 후행하고 있어, 시의 시제는 과거시제로 제시된다. 이 텍스트에서 말하는 주체와 말해진 주체는 명시적으로 드러나지 않고 생략되어 있지만 1-3연까지는 모두 '나'이다. 곧 말하는 주체와 말해진 주체의 일치를 보인다. 그러나 4-7연에서는 말해진 주체가 '나'이지만, 말해진 주체는 타인과 타자들로서, 말하는 주체와 말해진 주체의 불일치를 보인다. 그런 점에서 <넷니약이 구절>은 독백의 방식이 텍스트 내부에서 전환되거나 혼합되는 양상을 구체적으로 보여 준다.

 또한 청자는 텍스트 안에 따로 제시되지 않은 채, 주체의 이야기를 듣는 청자들이 4-5연에서처럼 구체적으로 나열되면서 주체의 발화 내용 속에 효과적으로 포함된다. 전반부인 1-3연에서는 말하는 주체와 말해진 주체의 일치를 통해, 그리고 후반부인 4-7연에서는 말하는 주체의 목소리에 의해 말해진 주체가 통합되는 형식을 통해, 말하는 주체는 자신의 목소리로 자신과 타자의 경험과 정서를 말하고 있다. 말하는 주체의 경험과 정서는 고달픔과 슬픔이라고 할 수 있는데, 그것은 "고달피고", "고달펏노라", "고달펏노라"처럼 2연의 모든 행에서 되풀이되는 데서 볼 수 있듯이, 시적 주체를 압도하는 경험과 감정이다. 거듭되는 '고달프다'가 암시하듯이, 그것은 삶의 하중과 존재의 피로를 두드러지게 부각시킨다.

---

92) 김학동/1991, 앞의 책, 31-32쪽.

또한 말하는 주체의 목소리에 매개되는 타자의 경험과 정서는 4-5연에서 구체적으로 제시되는데, 그것은 말하는 주체에 대한 동일화이다. 그것은 말하는 주체의 말에 타자들이 귀를 기울이며 공감하는 데서 잘 드러나며, 구체적으로 "눈에 눈물을 고이시"는 어머니를 통해 명시된다. 이러한 타자들의 공감과 정서의 동일화는 사물들에게까지 미치면서 말하는 주체와 세계와의 동일성을 형성하는 데로 나아간다.

고달픔의 경험을 거듭 토로하는 2연의 이러한 반복은, 고달픔이라는 정서를 적층시키는 효과와 함께 고달픔이 누적되는 시간과 공간을 사적이고 국지적인 데서 넘어서게 하는 계기를 예비한다. 곧 고달픔의 시간은 개인의 자전적인 시간을 지시하는 "열네살"이란 개인사적 시간에서 그것을 넘어서는 "끗닛지 못하고 그대로 간 니야기"나 "그녜전 부터 전하는 니야기"가 되어 역사적 시간으로 확장된다. 고달픔의 공간 역시 "나가서도", "돌아와서도"가 환기하듯이, 시적 주체의 전체적인 환경으로 확대된다. 또한 이러한 반복은 4연과 5연에서 듣는 행위를 지시하는 "듯고"의 반복과 대응하면서, 말하고 듣는 사람을 연결하는 한편 거기서 이루어지는 이야기의 내용을 효과적으로 암시한다.

반복에 의한 시간과 공간의 확장은 6연의 "그러나" 이후에서 구체적으로 제시된다. 그것은 시적 주체의 개인적인 슬픔과 고달픔이 개인적인 것을 넘어서서 집단적이고 역사적인 체험으로 전환되기 때문이다. 이 때 시적 주체 개인의 내면에 밀착한 내부적 시선/비전은 그 바깥으로 확장되어 슬픔과 고달픔의 체험을 역사적으로 지속되어 온 것으로 만들고, 나아가 역사적으로 지속될 가능성마저 보인다. 그렇게 될 때, 고달픔과 슬픔은 개체적인 특성을 벗어나 집단 주체성의 성격을 띄게 된다. 또한 이렇게 집단 주체에게 일반화되고 편재화된 슬픔은 그것 자체를 숙명적인 것으로 만들어, 주체의 체념적 태도를 드러낼 수도 있다.

그런데 이 텍스트가 주제화하는 고달픔과 슬픔이 텍스트 내부의 말하기와 듣기를 통해 형상화된다는 점은 흥미롭다. 텍스트 자체가 하나의 발화[93]라면, 이 시에서 그것을 축조하는 내부의 방식 또한 발화라는 방식에 기대고 있기 때문이다. 즉 <넷니약이 구절>은 이중의 발화 형식으로 짜여진 텍스트라고 할 수 있다. 시 제목에서도 드러나듯이, 내부의 발화는 '이야기'의 형식으로 제시되는데, 거기에도 화자와 청자가 있다. 텍스트의 말하는 주체가 내부 '이야기'의 화자인 까닭에 내부 '이야기'의 화자는 말하는 주체에 통합되어 나타나고, 청자인 그의 가족들과 시간적 배경("밤") 역시 말하는 주체의 말에 포함된 형태로 제시된다. <넷니약이 구절>은 이중의 발화 형식을 지니고 있다는 점에서, 말하기 방식으로서의 독백을 독특하게 보여 주는 예가 될 수 있다.

텍스트 내부의 발화 상황과 양상은 시적 주체의 성격을 특성화하는데, 그것을 일단 낭만적 동일성이라고 규정할 수 있다. 그 까닭은 무엇보다 텍스트 내부 발화 상황에 관여하는 시적 주체와 그의 말을 듣는 청자들이 동일성과 동일화의 정서와 경험 속에 놓여 있기 때문이다. 이러한 동일성의 정서는 시적 주체의 말에 귀 기울이며 공감하는 것에서 잘 나타나는데, "눈에 눈물을 고이신대로 듯"는 어머니와, "우ㅅ방 문설쭈에" "서서 듯"는 아내, "잠들며 듯"는 어린 누이 등이 그러한 공감과 동일화의 정서를 잘 드러낸다. 이러한 정서는 가족에 제한되는 것이 아니라, "쌈박이며 듯"는 "기름ㅅ불"이나 "속살대는 이 시고을 밤"까지로 확장되고 있다. 시적 주체의 말에 공감하며 귀를 기울이는 외부 세계(혹은 그를 구성하는 가족/타인, 사물, 사태)는 주체의 연장이거나 타자성이 약화된 채 주체에 침투하는 주체화한 타자가

---

[93] 시인에 의해 최초로 이루어진 발화라는 점에서 뿐만이 아니라, 시인에 의해 '이미' 발화된 텍스트를 독자가 읽기를 통해 다시 발화한다는 점에서도 그렇다. 독자에 의해 텍스트가 하나의 발화로서 다시 활성화될 때, 말하는 주체와 그에 의해 발화된 텍스트를 듣는 청자 역시 독자이다. 이와 같이 말하고 듣는 이가 동일하다는 것은 독백이라는 말하기의 특성이다.

될 가능성이 있다. 그것은 곧 시적 주체의 외부 사물들이 시적 주체의 주체성을 되비쳐 주는 거울이 되고 있음을 뜻한다. 낭만주의의 핵심이 "주체와 객체가 하나의 통일체로 나타나는 상태가 다가오는 경험을 재현하는 일"[94]이라면, 텍스트 내부의 주체와 외부세계 사이의 관계가 그러한 상태를 보여 준다고 할 수 있다.

그러나 이러한 낭만적 동일성이 주로 가족과 가족공동체의 생활공간 안에서 이루어진다는 점에서 그것은 소극적이거나 제한된 성격을 지닌다. 그것은 텍스트 내부의 발화 상황에서 낭만적 동일성을 보이지만, 그것을 자체의 내부로 감싸고 있는 텍스트 전체의 발화 양상에서 볼 때 시적 주체와 외부 세계가 오히려 갈등관계에 있다는 것에서 알 수 있다. 그러한 갈등의 산물이 시적 주체의 고달픔과 슬픔이며, 그것은 역사적으로 지속되어 온, 그리고 지속될 가능성이 있는 것으로 드러난다. 따라서 <녯니약이 구절>에서 드러나는 주체와 외부의 동일성은 가족사회나 마을 공동체의 테두리를 벗어난 사회(국가, 인류 등)나 역사와 같은 좀더 큰 문맥에서 이루어지는 것이 아닐 뿐만 아니라 오히려 그것을 감당하지 못한 결과일 수 있다.

시적 주체가 가족 공동체에서 비로소 낭만적 동일성을 유지할 수 있다는 것은 시적 주체가 가족 단위를 넘어선 외부 세계와의 동일화에 실패했음을 암시하는 것이다. 그것이 내부 발화인 슬픔과 고달픔의 "이야기"이며, 이 "이야기"가 개인 차원이 아니라 "그 녜전부터 엇던 시연찬은 사람들이/ 솢닛지 못하고 그대로 간 니야기"이자, "녜전부터 전하는 니야기"라는 점에서 집단적인 고통과 좌절의 역사임을 암시하지만, 그 극복이나 초월의 가능성은 드러나지도 잠재되어 있지도 않다.

이러한 점은 내부 발화 상황에서 환기된 소극적 낭만적 동일성에 대한 서로 다른 이해를 가능케 한다. 그 하나는 가족/마을 공동체와의

---

94) Antony Easthope, 앞의 책, 193쪽.

동일화를 통한 원초적인 공동체에 대한 정서적 가치의 재확인 및 그를 통해 주체와 대립해 있는 비우호적인 세계의 현실성에 대한 진실한 이해라는 측면이다. 이것은 시적 주체의 세계 개조의 가능성이나 세계와의 동일화를 일정하게 제한하고 비애의 정서를 배태하지만, 그것 자체가 강인한 세계의 견고함을 반어적으로 드러내는 일이기도 하기 때문이다. 다른 하나는 가족/마을 공동체와의 동일성을 통해 축소된 동일화의 세계 속에 주체를 위치시켜 비우호적인 세계와의 갈등이나 대립을 경유한 생산적 공존의 가능성을 차단할 수 있다는 것인데, 이럴 경우 주체는 세계로부터 분리되어 자족적이고 상상적인 세계에 폐쇄된 병적인 낭만적 주체로 남겨질 수 있다. 그럴 때 주체의 세계 개조의 가능성이나 세계와의 공존 가능성은 아예 배제되는 것이다.

그 어떤 경우가 되든, <넷니약이 구절>이 보여주는 불화와 비동일성의 발화가 그 내부에 화해와 동일성의 발화 상황을 구축하고 있는 구조는 일종의 의미의 분열을 내장한다고 할 수도 있다. 그 까닭은 이 텍스트가 구현하고 있는 말하기의 방식이 형식적으로는 말하는 주체와 말해진 주체의 일치와 통합에 따라 하나의 목소리에 지배되지만, 그것이 생성하는 의미의 방향이 서로 어긋나기 때문이다. 곧 <넷니약이 구절>에서는 텍스트 전체의 틀을 이루는 발화가 주제화하는 의미와 텍스트 내부에 축조되고 있는 발화 상황이 제시하는 의미가 분열되어 텍스트의 의미론적 국면을 좀더 복합적이고 중층적으로 만들 가능성이 있다.

(나) <카쪠·쯔란스> : 말하기 방식의 섞임과 주체의 분열

다음은 <카쪠·쯔란스>의 전문[95])인데, 앞의 숫자는 분석의 편의를

---

95) 『정지용시집』, 46—47쪽. 아래 내용은 손병희, 「정지용의 시 <카쪠·쯔란스> 분석」(『인문과학연구』 1집, 안동대학교 인문과학연구소, 1999.)을 부분적으로 보완한 것이다.

위해 필자가 붙인 것이다.

(1) 옴겨다 심은 棕櫚나무 밑에
(2) 빗두루 슨 장명등,
(3) 카쪠·뜨란스에 가쟈.

(4) 이놈은 루바쉬카
(5) 또 한놈은 보헤미안 넥타이
(6) 뺏적 마른 놈이 압장을 섰다.

(7) 밤비는 뱀눈 처럼 가는데
(8) 페이브멘트에 흐늙이는 불빛
(9) 카쪠·뜨란스에 가쟈.

(10) 이 놈의 머리는 빗두른 능금
(11) 또 한놈의 心臟은 벌레 먹은 薔薇
(12) 제비 처럼 젖은 놈이 뛰여 간다.

　　　※

(13) 『오오 패롵(鸚鵡) 서방! 꾿 이브닝!』

(14) 『꾿 이브닝!』(이 친구 어떠하시오?)

(15) 鬱金香 아가씨는 이밤에도
(16) 更紗 커―틴 밑에서 조시는구료!

(17) 나는 子爵의 아들도 아모것도 아니란다.
(18) 남달리 손이 히여서 슬프구나!

(19) 나는 나라도 집도 없단다

(20) 大理石 테이블에 닷는 내뺌이 슬프구나!

(21) 오오, 異國種강아지야
(22) 내발을 빨어다오
(23) 내발을 빨어다오

<카떼·쯔란스>는 크게 두 부분으로 나눌 수 있다. 그렇게 나눌 수 있는 근거는, 그 두 부분이 '길거리'와 텍스트의 표제인 "카떼·쯔란스"라는 공간에 각각 대응하기 때문이다. 즉 1-12행까지는 길거리를, 그리고 13-23행까지는 카페의 안을 서술하고 있어, 의미상 대칭적인 서술체계를 이룬다. 그것을 각각 텍스트의 전반부와 후반부라고 한다면, 전반부와 후반부는 각각 12행과 11행으로 이루어져 행의 수에서도 대체로 균형을 이루고 있다.
　전반부는 4개의 연으로 구성되고, 후반부는 6개의 연으로 구성된다. 전반부의 4개 연은 일정하게 각 3개의 행으로 구성되는 반면에 후반부의 6개 연은 연을 이루는 행의 수가 일정하지 않다. 곧 후반부는 2행으로 구성된 연이 3개, 3행으로 구성된 연이 1개, 1행으로 구성된 연이 2개여서 어떤 규칙성을 띠고 있지 않다. 다만 13행과 14행은 '대화'라는 점을 고려하여 의미상 하나의 연으로 볼 수도 있다면, 후반부 연 구성의 기본적인 형식은 2행 1연의 방식이라고 할 수 있다. 2행이 1연을 이루는 것은 정지용의 시 텍스트가 보이는 대표적인 구성방식이기도 하다. 거기서 예외적인 것은 3행 1연의 구성을 보이는 마지막 부분(21-23행)이다.
　텍스트를 전반부와 후반부로 가르고 이들의 대칭성을 구체화하는 것은 텍스트가 서술하는 공간의 차별화, 텍스트를 이루는 행수의 균형, 연을 구성하는 방식 등이다. 그러나 이를 시각적으로 좀더 뚜렷하게 만드는 것은 12행과 13행 사이에 놓여 있는 ※표지이다. ※표지는 텍스트에서 구축된 상상의 공간인 '카쪠·쯔란스'의 안팎을 분할하면서 연결하는 지점을 표시한다. 그것은 마치 두 개의 공간을 이어주면서 나누는 여닫이문과도 같은 구실을 한다. ※표지를 삽입한 것은 이 텍스트가 지니고 있는 전반부와 후반부의 대칭성과 차이를 부각시키는 의식적이고도 의도적인 행위로 이해할 수 있다.

그러나 무엇보다 텍스트를 전반부와 후반부로 나눌 수 있는 가장 중요한 요소는 말하는 주체의 양상과 말하는 방식의 차이이다. 그것은 그 어떤 요소보다 분명할 뿐만 아니라, 일정한 미학적 의의를 갖는다. 전반부에서는 말하는 주체가 직접적으로 드러나지 않는 반면에 후반부에서는 '나'로 분명히 제시된다. 물론 전반부의 3행과 9행을 주목하면, 전반부에서도 말하는 주체는 후반부와 같이 '나'이다. 다시 말해 텍스트에서 말하는 주체는 전반부와 후반부에서 모두 '나'로 지칭된 일인칭이지만, 그 드러남의 형태에서 차이를 보인다. 말하는 주체의 이러한 명시와 생략은 말해지는 것을 말하는 방식, 그리고 그에 따르는 독자의 지각과 관련된다.

3, 9행을 제외하면, 전반부는 외부 대상에 대한 객관적인 묘사[96]로 일관한다. 그것은 외부의 풍경과 상황묘사이지만, 말하는 주체의 내면을 일정하게 환기한다. 이 점은 정지용의 시 텍스트가 집중적으로 보여 준 한 특성이며, 말하는 주체가 자신의 내면을 직접적으로 토로하는 그 이전 시들과 그의 시를 구별시켜 주는 것이기도 하다. 이러한 외부 묘사를 통해서 암시되는 것은 주체와 세계의 음울함, 표랑성, 퇴폐성, 이국정취, 위기의 징후 등이다.

대상 묘사가 중심이 된 전반부는 그 내부에서 일정한 규칙성을 또한 보여주는데, 그것은 서술구조의 동일성과 연을 단위로 한 그 교체

---

[96] 이러한 말하기의 방식은 방브니스트의 용어를 빌리면 '이야기histoire'에 해당한다고 할 수 있다. 앞에서 인용한 바와 같이, '이야기'는 과거사건들의 서술과 관련되는 발화의 객관적 양식이며, 언어학적 특성으로서 삼인칭 대명사, 과거시제와 관련된다.

현상이다. 서술구조는 1연(a)과 3연(a'), 그리고 2연(b)과 4연(b')이 각각 동일한 한 쌍을 이루며, 한 쌍은 다른 한 쌍과 교차배열의 형태(a ― b ― a' ― b')를 이루어 텍스트의 계기적 질서를 구축한다. 이것을 다음과 같이 좀더 구체적으로 보일 수 있다.

1연) 옴겨다 심은 棕櫚나무 밑에
빗두루 슨 장명등,
카페·쯔란스에 가쟈.

3연) 밤비는 뱀눈 처럼 가는데
페이브멘트에 흐늙이는 불빛
카페·쯔란스에 가쟈.

2연) 이놈은 루바쉬카
또 한놈은 보헤미안 넥타이
뻣적 마른 놈이 압장을 섰다.

4연) 이 놈의 머리는 빗두른 능금
또 한놈의 心臟은 벌레 먹은 薔薇
제비 처럼 젖은 놈이 뛰여 간다.

1연과 3연은 각각 첫째 행과 둘째 행이 외부상황이나 풍경을 묘사하고, 셋째 행이 말하는 주체의 의도와 지향을 직접적으로 드러낸다. 또한 2연과 4연은 각각의 세 행 모두가 외부 대상을 묘사하는 형식이다. 교체현상은 1연에서 4연에 이르는 계기적 질서에서 서로 다른 서술구조가 연을 단위로 교체되면서 반복되는 데서 확인할 수 있다. 행수의 규칙성과 더불어 서술형식의 교체와 반복은 연을 단위로 하여 일정한 차이와 변화를 이끌어내면서 전반부 언술의 특성을 한층 뚜렷이 한다.

전반부에서 보이는 말하기의 객관적인 방식과 형식적 규칙성은 질서와 이성을 존중하는 태도의 산물이라고 할 수 있다. 그것은 말하는 주체를, 자신의 말을 통해 세계를 재현할 수 있다고 믿는 이성적 주체로 상정케 한다. 그러나 여기에는 그것을 분열시키고 전복하는 움직임이 내재해 있다. 1연과 3연의 셋째 행에서 보이듯이, 숨어서 대상을 묘사하고 있는 말하는 주체가 직접 출현하기 때문이다. 거기에서 말하는 주체는, "카페·쯔란스에 가쟈"와 같이 자신의 주관성을 적극적으로 돌출시킨다.

　이러한 주관성을 기반으로, 말하는 주체는 세계를 재현하기보다 갑자기 주체의 내면을 표현한다. 따라서 전반부 내에서도 말하는 주체는 재현하는 주체와 표현하는 주체로 분열된다. 전반부의 객관적인 묘사 또한 말하는 주체의 주관성을 경유한 것임은 다시 말할 필요가 없다. 밤비가 뱀눈에 비유되거나 포도에 비치는 불빛이 흐느끼는 것으로 묘사되는 것(8—9행)은 말하는 주체의 내면이 사물에 겹쳐지기 때문이다. 객관적인 묘사가 전반부 언술의 중심적 특성이지만, 이러한 주체의 분열이 전반부 언술의 성격을 이중적인 것으로 만든다.

　전반부와 달리, 후반부에서는 말하는 주체의 주관적 고백이 중심이다. 좀더 구체적으로 말하면, 후반부는 대화(13—14행), 대상에 대한 영탄적 서술(15—16행), 말하는 주체의 내면 고백과 호소(17—23행)로 나누어져 그 양상이 훨씬 다채롭다.

　대화는 세계를 재현하는 극적 방식인 까닭에, 그 기능은 여기서 이중적인 기능을 한다고 볼 수 있다. 곧 길거리에서 카페 안으로 옮겨가는 주체의 공간이동을 효과적으로 환기하고, 전반부의 중심을 이룬 묘사의 재현적 성격을 후반부에 적절히 연결시키며 그 변화를 예시한다는 점이다. 대화에 이어지는 주체의 내면 고백과 호소는 후반부를 전반부와 뚜렷이 구별되게 한다. 따라서 대상 관찰과 묘사에서 벗어나 텍스트 후반부에는 말하는 주체의 구체적 내면이 좀더 직접적으로 드러난다. 그와 함께 전반부에서 숨어서 말하는 주체가 후반부에서는 '나'라는 대명사를 통해 구체적으로 자신의 모습을 드러내게 된다.

　이런 점에 비추어 본다면, 대화가 삽입된 지점은 길거리와 카페(공간), 그리고 묘사와 독백의 중심지대(말하기 방식)를 각각 분할하면서 동시에 연결하는 자리가 된다. 그것은 대화가 주체의 말을 직접적으로 제시하는 방식인 탓에 주관성의 생생한 표현이지만, 동시에 그것을 가장 실제적인 형태로 재현하기 때문에 객관성의 구현이기도 한 탓이다. 그렇게 이해한다면, 이 텍스트에서 제시된 대화는 말하는 주체의 주관성과 객관성의 뒤섞임을 효과적으로 보일 수 있는 방법이 되기도 할 것이다.

대화는 말하고 거기에 응답하는 주체가 구체적으로 드러나고 그 내용이 직접적으로 제시된다는 점에서, 타자의 매개에 의해 굴절되는 여타 말하기와는 구별된다. 또한 대화는 일방적 말하기와는 달리 주체성의 교환과 교류에 바탕을 두는 까닭에 말을 통한 상호주체성의 활성화가 이루어질 수 있는 형식이기도 하다. 그러나 여기서는 그 불가능성과 한계가 오히려 암시되고 있는데, 그것은 대화가 인간과 동물(앵무새) 사이에서 이루어지는 탓이다.

전반적으로 후반부의 언술은 주관성이 지배하고, 그것은 대상이 아니라 말하는 주체의 내부세계를 지향한다. 전반부에서 말하는 주체는 주관성을 가능한 한 억제하면서 자신의 바깥을 관찰했다면, 후반부에서 주체는 독백의 형식으로 자신의 내면을 직접적으로 말한다. 거기에서 토로되는 것은 말하는 주체의 자의식인데, 그것은 자신이 주변적이고 무용하며 "나라도 집도 없는" 결핍의 존재라는 사실이다. 그것은 지식인의 자기연민의 형태로 나타난다.

<카뻬·쁘란스>에는 묘사, 대화, 독백 등 다양한 말하기의 방식이 나타나고, 그에 따라 말하는 주체와 말해진 것 사이의 관계, 그리고 언술상에서 차지하는 주체의 위치가 달라진다. 앞에서 살핀 대로 전반부는 동일한 서술구조를 가진 두 개의 연이 교체, 반복되는 형태이며, 3행이 1연을 구성하는 규칙성을 보인다. 이러한 기계적이고 규칙적인 형태는 자기동일적인 세계를 구축하고 그것을 강화한다. 1연의 구조가 3연에서, 그리고 2연의 구조가 4연에서 반복됨으로써, 각각의 서술구조는 지속성과 안정성이 강화되어 자기동일성을 확보하기 때문이다.

이러한 서술구조와 함께, 전반부는 말하는 주체가 주체 바깥의 사

물과 인간을 대상화하여 객관적으로 관찰하고 묘사하는 것이 한 특성이다. 거기에서 (말하는) 주체와 대상(말해진 것) 사이의 일정한 거리를 확인할 수 있고, 대상세계를 정직하게 인식하려는 주체의 노력을 감지할 수 있다. 주체의 직설적인 감정 토로가 제약되는 것 또한 그러한 연유이다.

이와 함께 주체와 대상의 안정성과 자기동일성 또한 가정하지 않을 수 없다. 주체와 대상의 안정성이 확보되지 않는다면, 대상에 대해 비교적 객관적인 묘사와 일관된 형식의 언술(동일한 구조의 교체와 반복)이란 불가능하기 때문이다. 그런 뜻에서 전반부는 주체와 대상의 지속성과 안정성을 바탕으로 구축된 세계이지만, 그 성격은 음울하고 부정적이며 퇴폐적이다.

그것을 폭넓게 환기하는 것은, "옴겨다 심은 棕櫚나무", "빗두루 슨 장명등", "뱀눈", "흐늙이는 불빛", "루바쉬카", "보헤미안 넥타이", "뼛적 마른 놈", "빗두른 능금", "벌레 먹은 薔薇" 등의 이미저리들이다. 이러한 이미저리들은 음울하고 훼손된 세계와, 그 표면을 떠돌며 정체성의 위기와 존재의 결핍을 경험하는 주체의 어긋남을 적절하게 암시한다.

다만 이러한 음울한 세계에 어떤 틈을 내고 그것을 흔드는 것은 3행과 9행의 "카페·프란스에 가자"는 부분이다. 이것은 주체와 세계의 부정적인 안정성에 대한 나름의 대응으로서 주체의 적극적인 지향과 행위를 보여주며, 관찰과 보고에 머무는 주체의 위치를 변화시킨다. 이 부분에서 주체는 말하는 주체이자 말해진 주체인 동시에 타자들의 행위를 유도하는 주체가 된다. 그것은 세계와 자신에 대한 주체의 어떤 작용을 환기하는 것이지만, 그 성격과 의미는 지향으로 제시된 <카페·프란스>와 그 안에서 이루어지는 주체의 행위에 근거해 밝힐 일이다.

후반부에서는 말하는 방식이 전반부와는 다른 양상으로 나타난다.

대화와 독백의 방식이 그것인데, 대화는 묘사나 독백과는 달리 말을 주고받는 두 주체를 텍스트 안에 명시적으로 전제한다. <카뻬·뜨란스>에서 그것은 '나'와 앵무새로 나타난다. 그러나 이 두 주체성 사이의 교류와 소통은 이루어지지 않는다. 그런 뜻에서 후반부에서 '나'는 독백의 주체이자 대화의 한 주체이지만, 대화의 주체로서 '나'의 위치는 독백의 주체로서 '나'가 차지하는 위치와 다르지 않다. 그것은 대화를 대화로서 근본적으로 규정해주는 '상호주체성'이 본질적으로 결핍되어 있기 때문이다. 따라서 후반부에 제시된 대화의 양태는 독백과 근본적으로 구별되지 않으며, 그 변형된 형태라고 할 수 있다.

　대화의 상대가 된 '앵무새'는 '나'의 주체성을 반영하고 동일하게 되풀이 할 뿐이다. 그것은 라캉의 '거울' 이미지와 흡사하여, '앵무새' 앞에서 주체는 '앵무새'에 의해 재현된 자신의 말에서 자신의 영상을 발견할 수도 있을 것이다. 그런 뜻에서 "(이 친구 어떠하시오?)"(14행)는 거울 앞에서 자신의 (통일된) 이미지를 경험하는 어린 아이의 모습을 연상케 한다. 그러나 '앵무새'에 의해 모방된 주체성은 고립적이고 폐쇄적인 회로 안에서 일어나는 순환운동에 그칠 따름이며, 그것은 거울에 비친 자신의 영상에 사로잡힌 나르시시즘적 주체의 자기탐닉과 흡사하다.

　'나'의 주체성을 모방하기만 하는 타자와의 관계에서, 주체가 자폐적인 자기순환의 고리를 벗어나 '상호주체성'의 세계에 도달한다는 것은 불가능한 일이다. 따라서 후반부에서 드러난 대화는 불구적인 모습이며, 주체는 자기순환의 고리에 갇혀 있을 수밖에 없다. '나'와 '앵무새'의 말 주고받기가 그것을 환기한다면, 졸고 있는 '鬱金香 아가씨'(15-16행) 또한 대화의 가능성, 그리고 그것을 통한 상호주체성의 획득이 근본적으로 차단된 것임을 암시할 수 있다.

　따라서 전반부에서 주체의 지향과 행위의 표적이 된 <카뻬·뜨란스> 또한 주체의 고립과 결핍을 해소하는 공간이 될 수 없다. 이 공간은 '앵무새'와 졸고 있는 '鬱金香 아가씨'에 의해 표상되는, 상호주체성의 가능성이 배제된 모방과 자기복제의 세계일 따름이다. 그런 뜻에서 주체의 독백이 그 다음에 이어지는 것은 지극히 자연스럽다.

독백은 말하고 그것을 듣는 이가 동일한 주체라는 점에서 말하기의 독특한 양식이다. 여기서는 독백이 "나는 子爵의 아들도 아모것도 아니란다"(17행)와 같은 자기 고백의 형식이 됨으로써, 말하는 주체와 말해진 주체는 일치한다. 또한 독백은 외부세계에 대한, 그리고 극단적으로는 그와 무관할 수도 있는 주체의 자기표현인 까닭에, 주체의 위치는 주체의 외부에 대해 일방적인 우위를 차지한다.

후반부를 지배하는 독백은 정치, 문화를 포함하는 폭넓은 현실에 대한 주체의 자의식을 직접적으로 표현한다. "나는 子爵의 아들도 아모것도 아니란다"나 "나는 나라도 집도 없단다"(19행)와 같이, 주체는 자신을 주변적이고 무용한 잉여의 존재로서, 그리고 개인적이며 집단적인 삶의 터전을 상실한 떠돌이로서 파악한다. 이러한 자기확인은 주체가 처한 주체성의 위기를 동시에 암시하는데, '집'과 '나라'는 개인의 기원과 현존의 근거이자 정체성과 주체성을 형성하고 떠받치는 본바탕이기 때문이다.

'집'이 가족사회의 생활공간이자 혈연의 유대 속에서 개인의 고유성과 안정성을 보존하는 삶의 가장 근원적인 공간이라면97), '나라'는 개인을 통합하여 집단적 자아로 상승시키며, 개인이 집단과의 관계

---

97) 하이데거M. Heidegger에게 인간은 세계를 자신의 생존을 위한 수단으로 삼는 존재로서 근본적으로 염려하는 존재이지만, 레비나스에게 인간은 근원적으로 세계 속에서 삶을 즐기며 누리는 존재, 곧 "향유*jouissance*"의 존재이다. 향유가 세계 내 존재의 근원적인 존재 방식이라면, 향유는 세계를 생존의 도구나 수단이 아니라 존재의 원천이고 만족으로, 그리고 삶의 요소 혹은 삶의 환경으로 체험하는 것이다.
그러나 향유는 순간적인 것에 불과하고, 삶의 요소인 세계는 인간의 뜻과 무관하게 존재하는 까닭에 삶의 위협이 되기도 한다. 이러한 위협에 대한 인간의 반응 중에 하나가 집을 짓고 거주하는 것이며, 이것은 인간의 자기 긍정, 자기 자신의 독립성을 실현하기 위한 조건이 된다. 강영안, 「레비나스의 철학」, Emmanuel Levinas, *Le Temps et L´Autre*(Fata Morgana, 1979), 강영안 옮김, 『시간과 타자』, 문예출판사, 1996. 129-132쪽 참조, 정리.

아래서 스스로에 대한 이해를 가능하게 하는 고도의 이념적이며 정치적인 체계이다. 이러한 '집'과 '나라'의 부재와 상실은 개인의 정체성에 균열을 일으키고 주체성의 위기를 초래하지 않을 수 없다.

이에 따라 주체는 실존적, 정치적 고아의식[98]에 사로잡히고, 주체의 정서는 "슬프구나!"(18, 20행)와 같이 자탄과 자기연민에 갇혀버린다. 그것은 주관성의 과도한 노출이며, 이는 전반부에서 자신의 내부를 효과적으로 제어한 주체와는 다른 주체로 분열되는 현상이다. 또한 자기연민은 지식인으로서 짊어진 역사적 부채의식과 무력감, 그리고 그에 대한 주체의 창백한 자의식을 드러내지만, 그것은 주체의 갱신과 같은 생산의 형식으로 전환되지 못 한다. 오히려 그것은 다음과 같이 슬픔에 침윤된 주체의 중압감을 감각적으로 해소하려는 일종의 도피의 형태로 이끈다.

  오오, 異國種강아지야
  내발을 빨어다오
  내발을 빨어다오

이와 같이 주체는 자신이나 현실을 통어하거나 개조하는 것이 아니라, 안팎의 현실에 압도되고 마침내 자기연민에 사로잡힌 채 감각적 쾌락을 요청할 뿐이다. 감각적 쾌락의 탐닉 속에서 말하는 주체는 자신의 주체성의 위기를 일시적이나마 망각하거나 거기에서 벗어날지도 모른다. 그러나 이러한 감각의 탐닉은, 그것이 주체의 인식과 행동의 적극적인 진전이나 변화를 예비한다고 가정하기 어렵다는 점에서 부정적인 성격을 지닐 수밖에 없다. 그럴 경우, 무력한 지식인으로서의

---

98) 이러한 정치적 고아의식은 물론 역사적 성격을 지닌다고 할 수 있는데, 그것은 식민지 시대의 시편들에 편재하는 고향상실의 모티프에서 확인할 수 있다. 김종철은 1930년대 한국시의 두드러진 "문학적 징후의 하나"로 "극심한 고향상실감"을 들고 있다. 김종철, 「30년대의 시인들」, 『문학과지성』, 1975. 봄호, 93쪽.

자탄은 감각의 탐닉을 합법화하는 한갓 감상적인 몸짓에 지나지 않을 것이다.[99]

　후반부에 제시된 주체는 자족적이고 폐쇄적이며 감각적이다. 정체성의 균열과 주체성의 훼손이 야기하는 존재의 결핍이 마침내 감정의 과잉과 감각의 자기탐닉에 이른다는 점에서 그러하다. 카페의 막힌 공간 이미저리 또한 현실과의 적극적인 관련에서 이탈한, 그리고 출구를 찾지 못한 채 자기연민에 사로잡혀 감각적 도취를 열망하는 주체의 정신적 상황을 적절히 암시한다.

　또한 이 점은 후반부를 구성하는 카페 안의 사물들과도 무관하지 않다. 앵무새, 울금향, 강아지 등과 같은 사물은 그 자체 완결된 존재이자 그들의 행위 역시 자족적이다. 앵무새는 '이미' 있는 세계를 반복할 뿐이며, 울금향 또한 "이 밤에도"가 일깨우듯이 '언제나' 졸고 있을 따름이다. 그것은 모두 타자와의 적극적인 연관이 불필요하거나 그것을 부분적으로 상실한 상태를 보여준다. 또한 "발을 빨"리는 주체의 행위나 강아지의 '빠는 행위' 역시 폐쇄적인 구조를 지닌 감각의 도취상태를 환기할 뿐이다.

　그런 점에서 카페 안의 사물들은 주체의 성격을 일정하게 되비추고 있으며, 특히 "異國種" 강아지는 전반부의 "옴겨다 심은 棕櫚나무"와 함께 주체의 정체성 혼란과 위기를 적절히 환기한다. 그 밖에도 전반부의 "루바쉬카", "보헤미안 넥타이" 등의 환유가 이 점을 효과적으로 보강하며, 말하는 주체가 굳이 "鸚鵡"를 괄호 안에 병기하면서까지

---

[99] 이와 다른 형태를 한 지식인의 기만적인 자기도취가 있을 수 있겠다. 이에 대한 비판으로서 김기진의 <白手의 嘆息>을 들 수 있는 데, 다음은 그 일부이다. "카뻬倚子에걸터안저서/ 희고힌팔을쌥내여며/ 우·나로-드-라고 써들고잇는/ 六十年前의露西亞靑年이눈압헤잇다⋯⋯⋯// Cafe Chair Revolutionist,/ 너희들의손이너머도희고나!// 희고힌팔을쌥내여가며/ 입으로말하기는『우·나로-드-』⋯⋯⋯/ 六十年前의露西亞靑年의/ 헛되인嘆息이 우리에게잇다----// Cafe Chair Revolutionist,/ 너희들의손이너머도희고나!"『개벽』, 개벽사, 1924년 6월호, 136-137쪽.

"패롤"이라고 말해야 하는 까닭도 짐작하게 한다.

지금까지 정지용의 등단작인 <카떼·뜨란스>를 대상으로, 말하는 주체의 양상과 말하기의 방식을 살폈다. 그 결과 텍스트는 전반부와 후반부로 분할될 수 있으며, 그것은 말하는 주체의 분열과 상응한다는 점을 확인했다.

말하는 주체의 분열은 대상을 관찰하고 보고하는 전반부의 주체와 "슬프구나!"를 연발하는 후반부의 주체 사이에서 구체적으로 드러난다. 이 두 주체 사이의 균열은 전반부와 후반부의 지배적인 말하기 방식이 각각 묘사와 독백으로 특성화되는 것에 대응한다. 또한 전반부와 후반부에는 각각의 지배적인 말하기의 방식과 구별되는 것이 공존하고 있어, 그 내부에서도 대립의 징후를 보이고 있다는 점을 덧붙일 수 있다.

시 형태의 균형과 대칭성에 비추어 볼 때, 이러한 분열은 지속적인 대립의 양상을 하고 있어 어느 한 쪽의 우위에 의한 분열의 해소는 기대할 수 없다. 다만 전반부와 후반부는 각각 주체의 지향과 그 현장인 카페에 상응하는 까닭에, 후반부에서 드러나는 주체의 성격에 더욱 주목할 필요가 있다. 그 점에 착안하면, 주체의 지향이 결국 자기연민과 같은 과도한 주관성, 그리고 상호주체성의 가능성이 배제된 폐쇄적인 감각의 탐닉에 이른다는 점에서 이를 일단 부정적으로 평가하였다.

지금까지 정지용 시에 나타난 독백의 양상을, 주체의 일치와 불일치, 타자의 발화의 내포 여부, 청자의 현전과 부재 등에 따라 개괄적으로 살피고, <넷니약이 구절>과 <카떼·뜨란스>를 대상으로 그 혼합과 변형의 양상을 구체적으로 분석했다. 이를 통해 독백의 형식이 서정시의 본질적이고 보편적인 말하기 형식이라는 점을 다시 확인하고, 아울러 개별 텍스트에서 다양한 방식으로 이루어지는 독백의 양상이 그 기능과 효과를 달리 하면서, 텍스트의 구조와 의미, 주체의 위치와 성격 등을 특성화하는 미적 형식이자 자질이 될 수 있음을 밝혔다.

 이와 같이, 말하기 방식으로서의 독백은 묘사나 대화와 같은 재현의 방식과 혼합되어 개별 텍스트에서 개성적인 형태로 변형되며, 주체와 대상과의 거리에 따라 감상적이거나 절제된 형태로 제시될 수 있다. 또한 내적 청자가 제시되는 양상 및 개별 텍스트가 내장하고 있는 경험과 정서의 양태, 그리고 어조에 따라 얼마든지 달라질 수 있다는 점에서, 말하기 방식의 분석이 개별 텍스트의 구조와 성격을 해명하는 유용한 도구가 될 수 있음을 시사한다. 이 점을 고려하면, 주관을 배제한, 대상의 즉물적이고 감각적 재현만을 정지용의 시의 특성으로 강조하는 것은 그의 시 전체에 대한 이해를 일정하게 제한한다고 할 수 있다.

3. 시의 구성 방식

　시는 행이 전경화된 언어/담론이다. 행은 리듬, 의미, 심상의 단락으로서, 시 텍스트를 줄글의 텍스트와 구별할 수 있도록 만드는 일차적인 요소이다. 다만 산문시에서는 행이 지배소*dominant*로서의 기능을 상실한다. 산문시는 줄글의 형태여서 행의 기능이 부재하는 반면 단락이 행과 연의 기능을 대신하기 때문이다. 따라서 산문시를 제외한 모든 시의 형태에서 행은 시 텍스트를 구성하는 최소의 형태적, 기능적 단위가 된다. 또한 연은 시 텍스트의 최소 기능단위인 행의 결합에 의해 구성되는, 텍스트 구성의 최대 기능 단위이다.
　하나의 시 텍스트는 이론상 하나 이상의 행으로 구성된다. 단일한 행이 하나의 시 텍스트를 구성할 수도 있겠지만, 이 때의 행은 그 자체가 시 텍스트 전체가 됨으로써 의미나 심상의 단락으로서의 기능을 가질 수 없다. 행이 제 구실을 하기 위해서는 시 텍스트가 최소한 2행 이상으로 구성되어야 한다. 정지용 시의 경우, 시 텍스트를 구성하는 최소행의 수는 2행인데, "비ㅅ방울 나리다 누뤼알로 구을러/ 한 밤중 잉크빛 바다를 건늬다."(<겨울>)와 같은 예가 유일하다. 그 밖에 비교적 단시형으로 볼 수 있는 것으로서 3행으로 구성된 <湖面>과 <天主堂>[100] 등이 있고, <풍랑몽 2>, <산소>, <별똥> 등이 5행으로 구성되어 비교적 짧은 형태라고 할 수 있다. 그러나 이러한 단시형이 정지용의 시 형태의 일반적인 현상은 아니며, 행의 양 또한 텍스트에 따라 매우 다양할 수밖에 없다.

형태적인 측면(행과 연의 국면)에서 정지용에게 특유하고도 개성적인 구성 방법은 연 구성 방법이다. 2행으로 1연을 구성하는 방법이 그것인데, 이러한 연 구성 방법은 정지용의 시작 전 기간에 걸쳐 있을 뿐만 아니라, 나름의 미학적이고 내면적 근거를 가지고 있음을 앞에서 살핀 바 있다. 그것을 요약한다면, 미학의 측면에서는 동형의 반복이 주는 질서와 안정감의 제공, 연 자체의 독립성과 완결성을 강화함으로써 산문적 설명이나 서사적 동향의 차단, 연 구성에 필요한 최소한의 행에 요구되는 언어의 절제와 집중 등이라고 할 수 있다. 내면의 측면에서는 정형의 리듬과 형태의 해체에 따른 불안의식의 중화라고 할 수 있는데, 이 점은 정지용의 분열된 의식과 욕망의 구조를 암시한다고 볼 수 있다.

이러한 개성적인 연 구성법 외에 정지용의 시에서 보이는 두드러진 텍스트 조직 방법은 반복과 병치라고 할 수 있다. 정지용의 시 텍스트에서 반복과 병치는 다양한 층위와 국면에서 다채로운 양태로 나타나는데, 그 구체적이고 전체적인 모습을 아래에서 살필 것이다. 정지용의 시작 과정과 관련해 말한다면, 대체로 『정지용시집』에서는 반복에 기댄 텍스트 구성이 전경화되고, 『백록담』에서는 병치에 의한 텍스트 구성이 좀더 지배적인 현상이 된다고 말할 수 있다. 특히 후기 시의 특징이라고 할 수 있는 병치 구성의 개성화에 대해서는 <파라솔>을 대상으로 좀더 자세하고도 집중적인 분석이 이루어질 것이다.

---

100) <천주당>은 원래 『태양』 1호(1940.1)에 발표된 짧은 산문(수필)의 제목이고, 3행 시는 그 일부로서 끝 부분에 제시되어 있다. 김학동/1988, 앞의 책, 419쪽 참조. 따라서 이 3행 시를 산문과 구별되는 독립적이고 완성된 시작품으로 보는 데에는 다른 견해가 있을 수 있겠는데, 김학동은 이를 독립된 작품으로 인정해 전집(김학동/1991, 앞의 책, 144쪽.)에 실은 것으로 보인다.

1) 반복 구성의 양상

별똥 떠러진 곳,

마음해 두었다

다음날 가보려,

벼르다 벼르다

인젠 다 자랐오.

<별똥>[101] 전문

위의 <별똥>은 반복이 정지용의 시에서 매우 효과적인 기능을 하고 있음을 뚜렷이 보여 주는 예이다. 부사어 "벼르다"의 단순한 반복이 이 시에서는 일을 이루려는 마음과 끝내 이루지 못한 현실의 어긋남이라는, 인간적 삶의 보편적 진실을 날카롭게 부각시킨다. 또한 이 반복은 유년에서 성년으로 이행하는 시간의 흐름을 간략하게 압축하는 동시에 세계에 대한 유년의 지속된 경이를 예각적으로 함축하고 있다. 이런 점에서 반복은 되풀이에 의한 의미의 강조나 리듬의 구축 이상의 미학적 장치가 될 수 있다.

반복은 형태 상 동형 반복과 변형 반복으로 크게 나눌 수 있다. 동형 반복은 동어 반복과 같은 동일한 형태의 되풀이이며, 변형 반복은 형태의 부분적이거나 전체적인 변형에 의한 되풀이이다. 그러나 텍스트 구성 방법으로서의 반복은 층위와 국면, 성격과 의미에 따라 훨씬

---

101) 『정지용시집』, 112쪽.

복잡하고도 다양하게 나타날 수 있으므로, 그러한 양상을 폭넓고도 전체적으로 싸안기 위한 분류는 훨씬 섬세하게 이루어질 수도 있다.102) 그러나 여기서는 반복의 다양한 양상을 일단 크게 동형 반복과 변형 반복으로 나누어 포괄하고 그 구체적인 양상을 살핀다. 그 까닭은 반복을 텍스트 구성 자질로서 우선적으로 뚜렷이 부각시키고 성격화하는 것은 무엇보다 언어의 형태라고 파악하기 때문이다.

(1)
봄ㅅ바람이 허리띄처럼 휘이 감돌아서서
<u>사알랑 사알랑</u> 날러 오노니,
새새끼도 <u>포르르 포르르</u> 불려 왓구나.

<이른 봄 아침>103) 일부

옴으라쳤던 <u>잎새, 잎새, 잎새.</u>
방울 방울 水銀을 바쳤다.

<아츰>104) 일부

(2)
<u>지우고 보고 지우고 보아도</u>
새까만 밤이 <u>밀려나가고 밀려와</u> 부디치고,

<琉璃窓 1>105) 일부

(3)
琉璃도 빛나지 않고

---

102) 오세영은 민요에 나타나는 반복을 대상과 성격, 문체에 따라 다음과 같이 분류했다. 즉 대상에 따라 형태, 내용, 어법상의 반복, 그리고 성격에 따라 단순 반복과 변화 반복으로 나누고, 변화 반복을 다시 변화의 성격에 따라 점진적, 동시적, 문답식, 연쇄식 변화 등으로 나누었다. 또한 문체에 따라 쌍괄식, 두괄식, 미괄식, 교차식 반복으로 분류했다. 오세영, 『한국낭만주의시연구』, 일지사, 1982(3쇄). 52쪽.
103) 『정지용시집』, 33쪽.
104) 위의 책, 13쪽.
105) 위의 책, 15쪽.

窓帳도 깊이 나리운 대로―
門에 열쇠가 끼인 대로―

<紅疫>106) 일부

(4)
꽃봉오리 줄등 켜듯한
조그만 산으로―하고 있을까요.

솔나무 대나무
다옥한 수풀로―하고 있을까요.

노랑 검정 알롱 달롱한
블랑키트 두르고 쪼그린 호랑이로―하고 있을까요.

<바다 1>107) 일부

(5)
불 피여으르듯하는 술
한숨에 키여도 아아 배곺아라.

수저븐 듯 노힌 유리 컵
바쟉 바쟉 씹는대도 배곺으리.

네 눈은 高慢스런 黑단초.
네입술은 서운한 가을철 수박 한점.

빨어도 빨어도 배곺으리.

술집 창문에 붉은 저녁 해ㅅ살
연연하게 탄다, 아아 배곺아라.

<저녁해ㅅ살> 전문

---

106) 위의 책, 8쪽.
107) 위의 책, 3쪽.

(1)과 (2)의 경우는 반복이 이루어지는 층위가 텍스트의 최소 기능 단위인 행이다. 그리고 행 안에서 이루어지는 반복의 단위는 문장의 최소 단위인 낱말이다. (1)에서는 "잎새"와 "방울"과 같은 낱말이, 그리고 의태/의성어인 "사알랑"과 "포르르"와 같은 한 낱말의 단순한 반복이, (2)에서는 하나('밀려나가다') 혹은 두 낱말('지우다'와 '보다')의 반복이 변형을 통해 이루어진다. (1)에서는 동일한 형태와 음성의 반복이 이루어지는 반면에, (2)에서는 어미의 변화를 통한, 그리고 그와 함께 의미의 대립적 축조를 수행하는, 복합 동사의 내부 교체를 통한 변형 반복이 이루어진다. "지우고 보고 지우고 보아도"가 어미의 변화와 특수 조사의 첨가를 통한 변형 반복이라면, "밀려나가고 밀려와"는 동사의 일부 교체에 의한 복합 동사 구성과 어미 변화를 통한 변형 반복이다. 이 경우 의미, 형태, 음성의 변화를 부분적으로 수반하지만, 여전히 상당한 형태와 음성적 동일성이 이를 반복으로 인지하도록 만든다. (1)에서는 반복을 통한 의미와 리듬의 강화가 이루어지고, (2)에서는 의미의 강화와 대립적 의미 구축이 이루어진다.

  (3)은 한 연 안에서 이루어지는 반복을 보여 주는데, 행의 끝에 반복된 형태가 나타난다. 행 단위로 본다면, 둘째 행과 셋째 행은 동질적인 행을 병치한 나열이다. 여기서는 동일한 의존 명사의 반복이 나타나고, 이는 시적 상황과 상태를 변주하거나 부연함으로써 시의 분위기를 형성하는 데 기여한다. (4)에서는 연의 단위에서 반복이 일어나는데, 인용된 부분에서 각 연 둘째 행의 술부와 의문 문형이 동일한 형태이다. 이러한 동일한 술부의 반복은 술부의 앞부분을 구성하는 체언들인 "조그만 산", "다옥한 수풀", "(블랑키트 두르고) 쪼그린 호랑이" 등을 서로 교체 가능한 계열체의 일부로 만들면서 상호 은유적인 병치의 관계로 만든다. 이러한 방식은 정지용 시 텍스트 구성의 중요한 한 특성을 이루는데, 이에 대한 구체적인 서술은 뒤에 <파라솔>을 대상으로 한 분석에서 이루어질 것이다. 그리고 둘째 행의 통

사적 구조는 인용된 부분의 첫 연과 둘째 연에서는 동일하지만 셋째 연에서는 일부 요소가 첨가된다. 이와 같은 부분적인 첨가가 있긴 하지만, (4)의 경우는 형태의 반복을 수반한 통사 구조의 반복이라고 할 수 있다.

(5)에서는 세 가지 형태의 반복이 나타나는데, 하나의 행 안에서 일어나는 반복과 연을 단위로 일어나는 반복, 그리고 통사적 구조의 반복이 그것이다. 곧 (1), (2)와 (4)의 형식이 혼합된 형태에 통사적 반복이 첨가된 것이라고 할 수 있다. 행 안에서의 반복은 (1), (2)의 예와 같이 동일한 낱말이 거듭되는 동형 반복이다. "바쟉 바쟉"과 "빨어도 빨어도"의 반복이 그것인데, 말의 되풀이에 의한 단순한 의미의 강조가 그 기능이다.

연의 단위에서 이루어지는 반복은 한 연을 마감하는 서술어가 되풀이됨으로써 이루어진다. 그런데 연의 제일 끝자리에 오는 서술어는 어미가 부분적으로 변형되면서 1, 2, 4, 5연에서 보는 것처럼 교체 반복의 형태를 하고 있다. 곧 "(아아) 배곺아라"―"배곺으리"―"배곺으리"―"(아아) 배곺아라"의 형식이다. 이러한 교체 반복은 동형 반복이 줄 수 있는 단순성과 단조로움을 어느 정도 해소하면서, 반복을 통한 의미의 강조를 효과적으로 수행한다. 또한 1, 2연과 4, 5연에서 서술어의 반복이 이루어져, 반복되는 서술어가 없는 3연을 중심으로 한 전후 대칭의 구조가 축조된다.

이 시의 형태적 대칭은 3연의 두 행이 모두 "네 눈은 高慢스런 黑단초.", "네입술은 서운한 가을철 수박 한점."과 같이 체언으로 행이 종결됨으로써 더욱 뚜렷해진다. 3연도 일종의 반복을 보여 주는데, 그 까닭은 3연의 둘째 행에서 수식어가 하나 더 추가되긴 하지만, 근본적으로 3연을 구성하는 두 행의 통사 구조가 동일하기 때문이다. 그런데 또 다른 각도에서 살피면, 이 시는 전체적으로 동일한 서술 형태를 연 단위에서 부분적으로 변형하면서 반복하고 있다고 말할 수도 있다. 곧 3, 4연의 경우, 2행 1연으로 구성된 1, 2, 5연의 형태에 한 행이 첨가되어 변형된 것으로 볼 수 있다는 뜻이다. 1, 2, 5연은 각각 2행이 1연을 구성한다는 점에서 동일할 뿐만 아니라, 그 서술 방식에서도 동일하다. 각 연의 제 1행을 체언으로 종결하면서 2행에서 동일한 서술어를 공유하고 있기 때문이다. 이러한 서술형태의 동일성이 이 시 <저녁해ㅅ살>을 전체적으로 반복 구성에 의해 조직된 시의 전형적인 예로 이해할 수 있게 한다.

(6)
　오· 오· 오· 오· 오·소리치며 달려 가니/ 오· 오· 오· 오· 오·연달어서 몰아 온다.// (가운데 줄임) // 철석, 처얼석, 철석, 처얼석, 철석/ 제비 날어 들듯 물결 새이새이로 춤을추어.
(<바다 1> 일부)

　먼 海岸 쪽/ 길옆나무에 느러 슨/ 電燈. 電燈/ 헤염처 나온듯이 깜박어리고 빛나노나.// 沈鬱하게 울려 오는/ 築港의 汽笛소리⋯⋯汽笛소리⋯⋯ / 異國情調로 퍼덕이는/ 稅關의 旗ㅅ발. 旗ㅅ발. // 세멘트 깐 人道側으로 사폿 사폿 옴기는/ 하이한 洋裝의 點景!
(<슬픈 印像畵> 일부)

　옛 못 속에 헤염치는 힌고기의 손가락, 손가락/ 외롭게 가볍게 스스로 떠는 銀실, 銀실.
(<柘榴>108) 일부)

　담배도 못 피우는, 숫닭같은 머언 사랑을/ 홀로 피우며 가노니, 늬긋 늬긋 흔들 흔들리면서.
(<船醉>109) 일부)

---

108) 『정지용시집』, 37쪽.
109) 위의 책, 58쪽.

令孃은 孤獨도 아닌 슬픔도 아닌/ 올빼미 같은 눈을 하고 체모에 긔고 있다.

(<船醉>110) 일부)

　　나는 중얼거리다, 나는 중얼거리다./ 부끄러운줄도 모르는 多神敎徒와도 같이./ 아아, 이 애가 애자지게 보채노나!/ 불도 약도 달도 없는밤,/ 아득한 하늘에는/ 별들이 참벌 날으듯 하여라.

(<發熱>111) 일부)

　　아아, 항안에 든 金붕어처럼 갑갑하다./ 별도 없다, 물도 없다, 쉬파람 부는 밤./ 小蒸汽船처럼 흔들리는 窓. / 透明한 보라ㅅ빛 누뤼알 아,/ 이 알몸을 끄집어내라, 때려라, 부릇내라. / 나는 熱이 오른다./ 뺌은 차라리 戀情스레히/ 유리에 부빈다, 차디찬 입마춤을 마신다./ 쓰라리, 알연히, 그싯는 音響—

(<琉璃窓 2>112) 일부)

　(6)의 예들은 모두 행 단위에서 일어나는 반복의 예로서 앞에 제시한 (1)과 같은 유형을 나열한 것이다. 음향, 의성어, 의태어를 비롯하여 명사의 반복에 이르기까지 반복되는 낱말은 다양하지만, 매우 단순한 동어 반복이 주류를 이루고 있다. 그 효과도 되풀이에 의한 리듬의 강화와 의미의 강조라고 할 수 있다. 다만 <바다 1>의 경우, 행 내에서 그리고 행 단위에서 이루어지는 "오· 오· 오· 오· 오·"의 반복은 시적 주체와 바다의 동일화의 정서와 그 강도를 형상화하는 데 매우 효과적이라고 할 수 있다.

　그런데 <선취>의 "孤獨도 아닌 슬픔도 아닌"과 <발열>의 "불도 약도 달도", 그리고 <유리창 2>의 "끄집어내라, 때려라, 부릇내라.", "쓰라리, 알연히,"의 경우는 동어 반복과 같은 동형 반복이 아니라, 일종의 동질적인 내용이나 단위의 나열이자 병치이다. 병치 역시 본질적으로 반복의 한 방법113)이지만, 여기서의 병치 또한 동일한 소리("—

---

110) 『백록담』, 54쪽.
111) 『정지용시집』, 38쪽.
112) 위의 책, 16—17쪽.

도 아닌", "―도", "―라", "―히")의 반복에 따른 리듬의 형성과 의미의 점층적 강화("끄집어내라, 때려라, 부릇내라.")를 이룬다. 그 점에서는 다음에 제시하는 <바다 3>의 경우도 마찬가지이다.

외로운 마음이/ 한종일 두고// <u>바</u>다를 불러―// <u>바</u>다 우로/ 밤이/ 걸어 온다.
(<바다 3>[114] 전문)

<바다 3>은 동일한 소리 "바(다)"가 행 첫머리에 반복됨으로써 일종의 두운의 효과를 거두고 있는 예이다. 이러한 운율적 효과는 기표 자체가 전경화됨으로써 기의보다 우위에 있게 되며, 기표의 물질성이 지각의 우선적인 대상이 됨으로써 빚어진다.

(7)
<u>해바라기 씨를 심자.</u>/ 담모롱이 참새 눈 숨기고/ <u>해바라기 씨를 심자.</u>
(<해바라기 씨> 일부)

<u>바람</u>./ <u>바람</u>./ <u>바람</u>. // 늬는 내 귀가 좋으냐?/ 늬는 내 코가 좋으냐?/ 늬는 내 손이 좋으냐?//
(<바람> 일부)

나가서도 <u>고달피고</u>/ 돌아와 서도 <u>고달펏노라</u>./ 열네살부터 나가서 <u>고달펏노라</u>.// 나가서 어더온 이야기를/ 닭이 울도락, / 아버지께 닐으노니―// 기름ㅅ불은 쌈박이며 <u>듯고</u>./ 어머니는 눈에 눈물을 고이신대로 <u>듯고</u>/ 니치대든 어린 누이 안긴데로 잠들며 <u>듯고</u>./ 우ㅅ방 문설쭈에는 그사람이 서서 <u>듯고</u>// 큰 독 안에 실닌 슬픈 물 가치/ 속살대는 이 시고을 밤은/ 차저 온 동네ㅅ사람들 처럼 도라서서 <u>듯고</u>.//
(<녯니약이 구절> 일부)

---

113) 오세영, 앞의 책, 47쪽. 병치와 반복의 관계는 병치 구성에서 다시 검토한다.
114) 『정지용시집』, 86쪽.

그날밤 그대의 밤을 지키든 삽사리 괴임즉도 하이 짙은 울 가시사립 굳이 닫히었거니 덧문이오 미닫이오 안의 또 촉불 고요히 돌아 환히 새우었거 니 눈이 치로 싸힌 고삿길 인기척도 아니하였거니 무엇에 후젓허든 맘 못뇌히길래 그리 짖었드라니 어름알로 잔돌사이 뚫로라 죄죄대든 개올물소리 긔여 들세라 큰봉을 돌아 둥그레 둥긋이 넘쳐오든 이윽달도 선뜻 나려 설세라 이저리 서대든것이러냐 삽사리 그리 굴음직도 하이 내사 그대르 새레 그대것엔들 다흘법도 하리 삽사리 짖다 이내 허울한 나룻 도사리고 그대 벗으신 곻은 신이마 위하며 자드니라.

(<삽사리> 전문)

伐木丁丁 이랬거니 아람도리 큰솔이 베혀짐즉도 하이 골이 울어 멩아리 소리 쩌르렁 돌아옴즉도 하이 다람쥐도 좃지 않고 뫼ㅅ새도 울지 않어 깊은산 고요가 차라리 뼈를 저리우는데 눈과 밤이 조히보담 희고녀! 달도 보름을 기달려 흰 뜻은 한밤 이골을 걸음이란다? 웃절 중이 여섯판에 여섯번 지고 웃고 올라 간뒤 조찰히 늙은 사나히의 남긴 내음새를 줏는다? 시름은 바람도 일지 않는 고요에 심히 흔들리우노니 오오 견듸란다 차고 兀然히 슬픔도 꿈도 없이 長壽山속 겨울 한밤내—

(<長壽山 1> 전문)

風蘭이 풍기는 香氣, 꾀꼬리 서로 부르는 소리, 濟州회파람새 회파람부는 소리, 돌에 물이 따로 굴으는 소리, 먼 데서 바다가 구길때 쏴—좌—쏠소리, 물푸레 동백 떡갈나무속에서 나는 길을 잘못 들었다가 다시 측넌출 긔여간 흰돌바기 고부랑길로 나섰다. 문득 마조친 아롱점말이 避하지 않는다.

(<백록담>115) 일부)

저 어는 새떼가 저렇게 날러오나?
저 어는 새떼가 저렇게 날러오나?

사월ㅅ달 해ㅅ살이
물 농오리 치덧하네.

---

115) 『백록담』, 16—17쪽.

하늘바래기 하늘만 치여다 보다가
하마 자칫 잊을번 했던
<u>사랑, 사랑이</u>

<u>비듥이 타고 오네요.</u>
<u>비듥이 타고 오네요.</u>

<비듥이> 전문

위 (7)은 모두 하나의 연 안에서 이루어지는 동일한 부분의 반복(<바람>과 <넷니약이 구절> 등은 변형 반복)을 보여 주는 예들이라는 점에서 위의 (3)과 같은 형태들이다. 다만 (3)에는 하나의 연 안에서 부분적으로 동일한 행의 반복만 있다면, (7)에는 그것을 포함하여 전체적으로 동일한 행의 반복까지 보여 주는 확장형도 함께 제시되어 있다. <해바라기 씨>, <바람>, <비듥이> 등이 그 예가 된다. <장수산 1>, <삽사리>, <백록담> 등의 산문시의 경우에는 시 전체, 혹은 자유시의 연에 대응하는 단락 안의 반복을 예시했다. 또한 <슬픈 기차>는 하나의 연에 제한되는 것이 아니라 그 다음 연까지 반복이 이어지며, <백록담>과 <넷니약이 구절>에서는 유사한 내용이나 단위의 나열에 따르는 병치에 의존한 반복이 나타난다.

위에서 가장 특이한 예는 <비듥이>가 되겠는데, 여기서는 행 안에서의 반복("사랑, 사랑이")과 연 단위에서 이루어진 동일 행의 반복이 나타난다. 그리고 동일한 행의 반복은 첫 연과 마지막 연에서 나타나 전후 대칭의 구조를 이루고 있다. <비듥이>가 보이는 또 하나의 구조적 특이성은 그것이 문답의 형식이라는 점이다. <비듥이>에서는 첫 연에서 의문을 제시하고, 끝 연에서 의문에 대한 해답을 간접적으로 제시하고 있기 때문이다. 이러한 문답 형식은 정지용 시에서는 비교적 드문 형태이다.

<비듥이>에서 나타나는 대칭구조는 위의 (5)에서도 나타나며, 여기

서 제시하지 않은 <고향>과 같은 시에서도 "고향에 고향에 돌아와도 / 그리던 고향은 아니러뇨."(첫 연), "고향에 고향에 돌아와도/ 그리던 하늘만이 높푸르구나."(끝 연)처럼 부분적으로 구현되어 있다고 할 수 있다. 또 다음의 <뻣나무 열매> 같은 예도 여기에 해당한다고 할 수 있다. 첫 두 행과 마지막 두 행이 각각 부분적으로 낱말의 교체를 수반한 동형(낱말과 문형) 반복이면서, 구조적으로는 의미의 대응과 반복을 함께 이루고 있다는 점에서 그렇다.

<u>웃 입술에 그 뻣나무 열매가 다 나섰니?</u>
<u>그래 그 뻣나무 열매가 지운듯 스러졌니?</u>
그끄제 밤에 늬가 참버리처럼 닝닝거리고 간뒤로—
불빛은 송화ㅅ가루 뻬운듯 무리를 둘러 쓰고
문풍지에 아름푸시 어름 풀린 먼 여울이 떠는구나.
바람세는 연사흘 두고 유달리도 밋그러워
한창때 삭신이 덧나기도 쉬웁단다.
외로운 섬 강화도로 떠날 림시 해서—
<u>웃 입술에 그 뻣나무 열매가 안나서서 쓰겠니?</u>
<u>그래 그 뻣나무 열매를 그대로 달고 가랴니?</u>

<뻣나무 열매>116) 전문

(8)
눈 머금은 구름 새로
힌달이 <u>흐르고,</u>

처마에 서린 탱자나무가 <u>흐르고,</u>

외로운 촉불이, 물새의 보금자리가 <u>흐르고</u>……

<밤>117) 일부

---

116) 『정지용시집』, 56쪽.
117) 위의 책, 67쪽.

이 아이는 고무뽈을 따러
힌山羊이 서로 부르는 푸른 잔디 우로 달리는지도 모른다.

이 아이는 범나비 뒤를 그리여
소소라치게 위태한 절벽 갓을 내닷는지도 모른다.

이 아이는 내처 날개가 돋혀
꽃잠자리 제자를 슨 하늘로 도는지도 모른다. (가운데 줄임)

이 아이의 비단결 숨소리를 보라.
이 아이의 씩씩하고도 보드라운 모습을 보라.
이 아이 입술에 깃드린 박꽃 웃음을 보라.
                                                                                                     <太極扇>[118] 일부

 우리들의 汽車는 아지랑이 남실거리는 섬나라 봄날 왼하로를 익살스런 마드로스 파이프로 피우며 간 단 다.
 우리들의 汽車는 느으릿 느으릿 유월소 걸어가듯 걸어 간 단 다.

 우리들의 汽車는 노오란 배추꽃 비탈밭 새로
헐레벌떡어리며 지나 간 단 다.
                          <슬픈 汽車> 일부

 石壁에는/ 朱砂가 찍혀 있오/ 이슬같은 물이 흐르오/ 나래 붉은 새가 위태한데 앉어 따먹으오/ 山葡萄순이 지나갔오/ 향그런 꽃뱀이 高原꿈에 옴치고 있오/ 巨大한 죽엄 같은 壯嚴한 이마/ 氣候鳥가 첫번 돌아오는 곳/ 上弦달이 살어지는 곳/ 쌍무지개 다리 드디는 곳/ 아래서 볼때 오리옹 星座와 키가 나란하오/ 나는 이제 上上峯에 섰오/ 별만한 힌꽃이 하늘대오/ 믿들레 같은 두 다리 간조롱 해지오/ 해솟아 오르는 東海——/ 바람에 향하는 먼 旗폭 처럼/ 뺨에 나붓기오.
                          <絶頂>[119] 전문

---

118) 위의 책, 44–45쪽.

이따금 지나가는 늦인 電車가 끼이익 돌아나가는 소리에 내 조고만魂이 놀 란듯이 파다거리나이다. 가고 싶어 따듯한 화로갛를 찾어가고싶어. 좋아하는 코-란經을 읽으면서 南京콩이나 까먹고 싶어, 그러나 나는 찾어 돌아갈데가 있을나구요?

네거리 모퉁이에 씩 씩 뽑아 올라간 붉은 벽돌집 塔에서는 거만스런 XII時 가 避雷針에게 위엄있는 손까락을 치여 들었소 이제야 내 목아지가 쭐 뺏 떨어질듯도 하구료. 솔닢새 같은 모양새를 하고 걸어가는 나를 높다란데서 굽어 보는것은 아주 재미 있을게지요. 마음 놓고 술 술 소변이라도 볼까요. 헬멭 쓴 夜警巡査가 매일립처럼 쫓아오겠지요!

네거리 모퉁이 붉은 담벼락이 흠씩 젖었소. 슬픈 都會의 뺨이 젖었소. 마음 은 열없이 사랑의 落書를 하고있소 홀로 글성 글성 눈물짓고 있는것은 가엾 은 소-니야의 신세를 비추는 빩안 電燈의 눈알이외다. 우리들의 그전날 밤은 이다지도 슬픈지요. 이다지도 외로운지요. 그러면 여기서 두손을 가슴에 넘이 고 당신을 기다리고 있으릿가?

<幌馬車> 일부

위 (8)의 <밤>, <太極扇>, <슬픈 汽車>, <絶頂>, <幌馬車> 등 은 앞서 제시한 (4)의 형태와 같이 연의 단위에서 반복이 일어나는 경 우이다. 특히 <밤>, <태극선>, <슬픈 기차>, <절정>은 행과 연 단 위에서 반복과 병치의 구성이 함께 이루어지고 있다. <밤>에서는 연 의 끝자리에 서술어 "흐르고"가 반복되어 각 연을 은유적 병치의 관 계로 만들고, <슬픈 기차>에서는 단일한 동형의 주술호응 형식("우리 들의 汽車는—간 단 다.")에 의존한 반복을 보이면서 역시 행과 연이 은유적 병치관계를 형성한다. 이에 비해 <태극선>에서는 주어와 서 술어의 호응이 각각 "이 아이는—모른다"와 "이 아이(의) — 보라"의 형 식을 함께 가지고 있어 <슬픈 기차>보다 복잡하게 확장된 형태이다.

---

119) 위의 책, 74—75쪽.

<태극선>에서는 이러한 주어와 서술어의 호응 형식이 동일한 것 사이에서는 은유적 병치가, 동일하지 않은 것 사이에서는 대립적 병치가 형성됨으로써 시의 국면이 훨씬 풍부하고 다채로워진다. <절정>에서는 행 끝에 동일한 소리("-오"와 "곳")를 반복시켜 일종의 각운의 효과를 내고 있고, <황마차>에서는 단락의 끝 문장을 의문문의 동일한 문형을 제시함으로써 단락의 끝맺음을 동일한 방식으로 처리하고 있다.

(9)
함빡 피여난 따알리아./ 한낮에 함빡 핀 따알리아.//(가운데 줄임)
함빡 피여 나온 따알리아./ 피다 못해 터저 나오는 따알리아.//

(<따알리아>[120] 일부)

당신 께서 오신다니
당신은 어찌나 오시랴십니가.

끝없는 우름 바다를 안으올때
葡萄빛 밤이 밀려 오듯이,
그모양으로 오시랴십니가.

당신 께서 오신다니
당신은 어찌나 오시랴십니가.

물건너 외딴 섬, 銀灰色 巨人이
바람 사나운 날, 덮쳐 오듯이,
그모양으로 오시랴십니가.

당신 께서 오신다니
당신은 어찌나 오시랴십니가.

---

120) 위의 책, 52-53쪽.

窓밖에는 참새떼 눈초리 무거읍고
窓안에는 시름겨워 턱을 고일때,
銀고리 같은 새벽달
붓그럼성 스런 낯가림을 벗듯이,
그모양으로 오시랴십니가.

외로운 조름, 風浪에 어리울때
앞 浦口에는 궂은비 자욱히 둘리고
行船배 북이 웁니다, 북이 웁니다.

              <風浪夢 1>[121) 전문

넓은 벌 동쪽 끝으로
옛이야기 지줄대는 실개천이 회돌아 나가고,
얼룩백이 황소가
해설피 금빛 게으른 울음을 우는 곳,

―그 곳이 참하 꿈엔들 잊힐리야

질화로에 재가 식어지면
뷔인 밭에 밤바람 소리 말을 달리고,
엷은 조름에 겨운 늙으신 아버지가
짚벼개를 돋아 고이시는 곳,

―그 곳이 참하 꿈엔들 잊힐리야

               <鄕愁>[122) 일부

산넘어 저쪽 에는
누가 사나?

뻐꾹이 영우 에서

---

121) 위의 책, 76-77쪽.
122) 위의 책, 39쪽.

한나잘 울음 운다.

산넘어 저쪽 에는
누가 사나?

철나무 치는 소리만
서로 맞어 쩌 르 렁!

산넘어 저쪽 에는
누가 사나?

늘 오던 바늘장수도
이봄 들며 아니 뵈네.

<산넘어 저쪽>[123] 전문

조약돌 도글 도글……
그는 나의 魂의 조각 이러뇨
알는 피에로의 설음과
첫길에 고달픈
靑제비의 푸념 겨운 지줄댐과,
꾀집어 아즉 붉어 오르는
피에 맺혀,
비날리는 異國거리를
嘆息하며 헤매노나.

조약돌 도글 도글……
그는 나의 魂의 조각 이러뇨

<조약돌> 전문

鴨川 十里ㅅ벌에
해는 저믈어……저믈어……

---
123) 위의 책, 98-99쪽.

날이 날마다 님 보내기
목이 자졌다……여울 물소리……

찬 모래알 쥐여 짜는 찬 사람의 마음,
쥐여 짜라. 바시여라. 시언치도 않어라.

역구풀 욱어진 보금자리
뜸북이 홀어멈 울음 울고,
제비 한쌍 떠ㅅ다,
비마지 춤을 추어.
수박 냄새 품어오는 저녁 물바람.
오랑쥬 껍질 씹는 젊은 나그네의 시름.

鴨川 十里ㅅ벌에
해가 저믈어……저믈어……

<鴨川>[124) 전문

  (9)에서 제시한 것은, 하나의 연이 반복되는 경우이다. <따알리아>에서는 한 행은 동형 반복을 그리고 다른 한 행은 그 변형을 보인다. 그래서 <따알리아>는 한 연이 부분적으로 변형되면서 반복되는 형태라고 할 수 있다. 동일 형태의 반복이 반복되는 단위의 의미 강화와 리듬의 규칙화를 보여주는 데 비하여, 이렇게 변형되면서 반복될 경우에는 의미와 리듬의 변주가 이루어질 수 있다.
  <풍랑몽 1>, <향수>, <산넘어 저쪽>, <조약돌>, <압천>은 동일한 연이 반복되는 예들이다. 하나의 연이 반복의 단위가 됨으로써 시 텍스트의 최대 기능 단위가 반복 구성에 참여하는 것이다. <조약돌>과 <압천>은 첫 연이 끝 연에 되풀이됨으로써 수미상관의 형식

---

124) 위의 책, 34-35쪽.

을 이루고 있다. 특히 <조약돌>과 <압천>에서 반복되는 연은 시상의 출발과 마무리를 감당할 뿐만 아니라, 시적 주체의 객관적 상관물을 제시하고 이를 의미론적으로 강화하는 효과를 거두거나(<조약돌>) 시간과 공간적 배경의 제시를 통해 시적 주체의 내적 정서를 직접적으로 노출하는 것을 방지하면서 그것을 효과적으로 환기하는 장치(<압천>)가 된다.

<향수>의 경우, 후렴의 형식으로 제시된 연이 거듭됨으로써 비교적 독립된 장면으로 병치된, 고향과 관련된 구체적 내용들을 형상화하는 다른 연들을 효과적으로 연결하는 고리 구실을 하면서 텍스트 전체를 일관된 주제로 통합시킨다. 또한 반복되는 연과 그 앞 뒤 연에 적절한 휴지를 부여함으로써, 시적 주체의 회상에 필요한, 그리고 거기에 따르는 적절한 시간적 휴지를 확보하게 하면서 시적 주체의 향수를 의미론적으로 강화하는 구실을 하고 있다는 점에서 기능적이라고 할 수 있다. <산넘어 저쪽>에서는 전체 6연 중 홀수 연인 1, 3, 5연에서 동일한 연이 반복되고 있다. 이와 같이 반복되는 연과 그렇지 않은 연이 교체되어 텍스트를 구성하는 형식은 함께 제시한 <풍랑몽 1>에서도 거듭 확인된다.

<풍랑몽 1>은 발표시기가 <카예·프란스>보다 늦지만, 발표 당시 작품 끝에 명시된 창작 일자와 장소가 "一九二二·三月·麻浦下流玄石里"로 기재[125]되어 있는 것을 고려하면 실제적으로는 정지용의 처녀작이라고 볼 수 있다. <풍랑몽 1>은 앞서 살핀 <저녁해ㅅ살>과 함께 텍스트 전체가 반복 구성에 기대고 있는 전형적인 시로서, 반복의 형태도 매우 다양하게 나타난다. 곧 행 내 구절의 동형 반복(7연 끝 행의 "북이 웁니다"), 동일한 행의 반복(2, 3, 6연의 "당신은 어찌나 오시랴십니가"), 동일한 연의 반복(1. 3. 5연 자체), 연 단위에서 일어

---

125) 『조선지광』 69호, 조선지광사. 1927. 8. 12쪽.

나는 동일한 통사구조의 반복 등이 그것이다.
　우선 전체적으로 살피면, 무엇보다 전경화된 것은 마지막 연인 7연을 제외한 모든 연이 보여 주는 의문문의 문형이다. 이 문형은 문면에 현전하는 청자("당신"으로 지칭된 내적 청자)에게 직접적으로 말을 하는 대화체 형식으로 제시되어, 시적 주체의 정서를 실감 있고 호소력 있게 발화하는 장치가 된다. 끝 연인 7연이 예외적으로 평서문의 형식을 갖춘 것은, 시의 서술을 시적 주체의 내적 상상에서 외부 현실로 전환시키면서 시를 마감하기 위한 방법이라고 볼 수 있다. 그것은 시적 주체의 상상에 따르는 고조된 정서를 현실의 환기와 함께 어느 정도 안정시키는 구실을 한다고 할 것이다.
　1, 3, 5연은 동일한 연의 반복으로서, 짝수 연과 교체되면서 일종의 후렴처럼 되풀이된다. 이렇게 연 단위의 동어반복은 시의 주제를 효과적으로 암시하고 시적 주체의 내면 정서를 강화된 형태로서 표현한다. 2, 4, 6연은 동일한 형태의 끝 행이 거듭되는데, 이 역시 시적 주체의 내면을 표현한다. 다만 1, 3, 5연이 시적 주체의 단순한 의문의 표현이라면, 2, 3, 6연은 그러한 의문에 대한 시적 주체의 기대와 상상이 구체적인 내용으로 제시된다는 점에서 차이가 있다. 또한 2, 4, 6연은 1, 3, 5연의 부연 설명이자 "어찌나"에 대한 구체적인 응답이라는 점에서 <풍랑몽 1>의 구조는 일종의 자문자답의 형식이다. 이런 점을 주목하면, 이 시는 앞서 살핀 <비듥이>와 같은 문답형식의 유형이라고 할 수 있다.
　또한 2, 4, 6, 7연은 부분적인 변형이 있긴 하지만, 연의 동일한 통사구조의 반복을 보인다. 즉 2연에서 보이는 "-때/-듯이/오시랴십니가."와 같은 통사 구조가 6, 7연에서도 반복되고 있다는 점이다. 6, 7연에서는 이 통사 구조가 "-고/-때/-듯이"와 "-때/-고/-다"와 같이 부분적으로 변형이 이루어지는데, 이것은 7연이 이 시를 마감하는 연이라는 사실과도 관련이 있을 것이다. 통사 구조의 이러한 반복은

<카폐·쯔란스>를 비롯한 많은 시편들에서도 폭넓게 확인된다. 아래 (10)에서 제시하는 것은 이러한 동일한 통사구조의 반복에 따른 텍스트 구성의 예이다.

(10)
    자네는 人魚를 잡아
    아씨를 삼을수 있나?

    달이 이리 蒼白한 밤엔
    따뜻한 바다속에 旅行도 하려니.

    자네는 琉璃같은 幽靈이되여
    뼈만 앙사하게 보일수 있나?

    달이 이리 蒼白한 밤엔
    風船을 잡어타고
    花粉날리는 하늘로 둥 둥 떠오르기도 하려니.

    아모도 없는 나무 그늘 속에서
    피리와 단둘이 이야기 하노니.

                            <피리> 전문

    삼동내- 얼었다 나온 나를
    종달새 지리 지리 지리리……

    웨저리 놀려 대누.

    어머니 없이 자란 나를
    종달새 지리 지리 지리리……

<u>웨저리 놀려 대누.</u>

해바른 봄날 한종일 두고
모래톱에서 나홀로 놀자.

             <종달새>126) 전문

하늘 우에 <u>사는 사람</u>
머리에다 <u>띄를 띄고,</u>

이땅우에 <u>사는 사람</u>
허리에다 <u>띄를 띄고,</u>

땅속나라 <u>사는 사람</u>
발목에다 <u>띄를 띄네.</u>

             <띄> 전문

할아버지가
담배ㅅ대를 물고
들에 나가시니,
굿은 날도
곱게 개이고,

할아버지가
도롱이를 입고
들에 나가시니,
가믄 날도
비가 오시네.

             <할아버지>127) 전문

---

126) 『정지용시집』, 105쪽.
127) 위의 책, 108쪽.

부헝이 울든 밤
누나의 이야기—

파랑병을 깨치면
금시 파랑바다.

빨강병을 깨치면
금시 빨강 바다.

뻐꾹이 울든 날
누나 시집 갔네—

파랑병을 깨트려
하늘 혼자 보고

빨강병을 깨트려
하늘 혼자 보고

<병> 전문

    <띄>, <할아버지>, <병>은 구조가 매우 단순하고 반복적인 특성을 지니고 있는데, 이는 무엇보다 동요라는 갈래의 성격과 관계될 터이다. 동요는 음악을 전제로 하고 어린이를 대상으로 하는 탓에 이러한 단순하고 반복적인 구조가 기억과 가창에 유리하기 때문일 것이다. <띄>나 <할아버지>처럼 한 연의 통사 구조가 그 다음 연에서 동일하게 반복되는 것도 그러한 점을 일깨워 준다. 이러한 단순한 반복 구조에도 불구하고, <띄>는 인간의 보편적인 조건을 간명하게 보여주고, <할아버지>는 세계(할아버지)에 대한 어린이의 신선한 경이를 일깨워 준다. <병> 역시 낱말의 부분적인 교체만 있을 뿐, 행과 연 단위에서 이루어지는 반복(낱말과 통사구조)을 통해 전반부(1~3연)와

후반부(4~6연)의 대립적 구조를 효과적으로 형상화한다. <종달새> 역시 동요로서 그 구조가 복잡하지 않다. 1연과 3연은 통사 구조가 동일하여, 2연과 4연, 1연 2행과 3연 2행은 동일한 행의 반복이다. 이러한 동어 반복에 변화를 주는 것이 3연 1행에서 이루어진 변형과 5연이 보여 주는 독자적인 형태이다.

<피리>에서는 5연을 제외한 1, 2, 3, 4연이 반복의 여러 양상을 보인다. 우선 3, 4연은 1, 2연의 형식을 반복하고 있는데, 각 행 끝의 자리한 연결형 어미("—아/어", "—하려니")의 의문 종결형("—있나?")이 일치한다. 물론 4연에서는 한 행이 추가되어 연을 이루는 행의 수가 늘어나는 변형 반복의 형태를 하고 있기는 하다. 연 단위로 본다면, 1연의 형식이 3연에서, 2연의 형식이 4연에서 반복됨으로써 교체 반복의 양상을 띠고 있다. 또한 행의 단위에서 살피면, 3행이 7행에서 동일한 형태로 반복되고, 1행과 5행, 2행과 6행, 3행과 7행, 4행과 8, 9행이 각각 서로 대응하는 형식이다. 이러한 반복은 마지막 연인 5연에서 전환이 이루어지면서 종료된다.

이 밖에도 정지용의 시 텍스트에는 대화체의 삽입에 의한 일종의 부분적인 반복도 나타난다. <말 1>과 <말 2>, 그리고 <갈메기> 등에서는 시적 주체의 발화를 객관적으로 재현하는 대화의 반복적인 제시를 볼 수 있다. 그러나 이런 유형의 텍스트들에서는 지금까지 살핀 작품과는 달리 반복이 부분적이고도 불규칙하게 드러난다고 할 수 있다. 또한 <카쎼·프란스>에서도 동일한 통사 구조의 교체 반복과 동일한 행의 반복이 텍스트 구성 원리로 드러나며, <파충류동물>에서도 동일한 연의 반복과 동일한 통사 구조의 반복을 확인할 수 있다.

지금까지 살핀 것을 통해 반복이 정지용의 시 텍스트에서 폭넓고도 다채롭게 나타나 시 텍스트 구성의 중요한 원리임을 확인할 수 있다. 정지용 시 텍스트에서 나타나는 반복의 양상은 시 텍스트의 다양한 층위에서 다채로운 형태와 수준으로 나타나는데, 형태적 차이에 따라

동형 반복과 변형 반복으로 우선 크게 나눌 수 있다. 반복되는 단위는 시 텍스트의 최소 구성 단위인 행에서부터 최대 구성 단위인 연에 이르기까지, 그리고 행 안에서는 음소와 형태소 차원에서 행의 일부나 행 전체에까지, 그리고 연 안에서는 연의 일부나 연 전체에 이르기까지 그 수준은 다양하다. 이를 특정한 음소나 활용어미 등과 같은 형태소의 반복, 낱말이나 구절의 반복, 행의 일부나 전체의 반복, 연의 일부나 전체의 반복, 동일한 문형이나 통사 구조의 반복 등으로 나눌 수 있다.

그런데 이러한 층위와 수준의 반복이 시 텍스트 구성에서 모두 적극적인 기능을 한다고 할 수는 없다. 이를테면 특정한 소리나 형태소, 그리고 낱말이나 구절이 제한된 행 안에서만 부분적으로 단순하게 반복되는 경우는 시 텍스트 전체 구성에 적극적인 기능을 한다고 볼 수 없다. 단형시와 짧은 비련시의 형태를 예외적인 경우로 한다면, 동일한 소리나 형태소, 낱말이나 구절이 텍스트 전체의 구성 원리로 작용하기 위해서는 다른 행과 연에서도 거듭되어야 한다. 따라서 위에서 제시한 일부((1), (2), (3)과 (6), (7)의 일부) 예들은 텍스트 구성 원리로서의 기능이 매우 약하거나 소극적인 것들이라고 할 수 있다.

이와 같은 사실을 고려하면, 다양의 반복의 형태 중에서 동일하거나 그 변형된 텍스트 구성 요소(음소, 형태소, 낱말, 구절, 행과 연, 통사 구조, 문형 등)들이 행과 연의 층위에서 거듭되는 경우에 일정한 기능을 한다고 말할 수 있다. (4), (5), (8), (9), (10)과 (6), (7)의 일부의 예는 이러한 텍스트 조직 원리로서의 기능을 수행하는 반복의 형식들이다. 또한 이러한 기능적 요소들의 반복은 개별적인 시 텍스트에서 부분적으로 변형, 혼합, 교체, 병치, 대칭 등을 통하여 다양한 양상을 보이면서 각 텍스트의 개성화된 구성 원리로 작동할 수 있음을 확인시키는 예들이기도 할 것이다.

2) 병치 구성의 양상

　병치는 동질적이거나 대립적인 시적 서술, 혹은 언어 표현 단위의 배치에서 구체화되는 구성 방법으로, 크게 점층적 병치와 대립적 병치로 나눌 수 있다.[128] 병치를 반복의 일종으로 보는 견해[129]도 있고, "모든 시가의 기본 원리"로서 "인간 사고의 원형을 모방한 것"이라는 주장[130]도 있다. 그러나 이 글에서는 반복을 언어 표현의 동일한 형태나 그 부분적인 변형에 의한 되풀이에 제한하고, 병치는 그와 달리 언어 표현의 형태적 이질성에도 불구하고 언어 표현의 내용이나 구조가 동질적이거나 대립적인 것을 겨냥하는 경우를 가리킨다.

　시 텍스트에서 병치 역시 반복과 마찬가지로 하나의 행 안에서 음소나 형태소, 낱말과 구절의 병치로 나타날 수 있고, 병치되는 단위가 구절의 경계를 넘어선 행이 되어 행과 행, 행과 연, 연과 연의 단위

---

128) 민요 분석에서 오세영은 병치를 성격에 따라 크게 점층적 병치와 대립적 병치로 나누고, 내용에 따라 인물의 병치, 구조의 병치, 어법적 병치, 형태적 병치(운율)로 나누었다. 점층적 병치에 대해서는 "하나의 진술에 제시된 두 요소(관념, 주제, 사건, 에피소드, 인물 등)는 각각 같은 방향으로 의미를 발전시킨다. 진술의 내용은 유사성에 의해서 강조되기 때문에 본질적으로 의미의 변화는 있을 수 없다. 두 요소의 중복된 부분은 비교와 대치(substitution)를 통해서 반복된다."고 설명한다.
또한 "대립적 병치"에 대해서는 "제시된 두 요소는 서로 상충하는 방향으로 진전하면서 의미를 긴장시킨다. 그러나 통사론적 구조, 어법, 표현의 관점 등엔 변화가 없다. 진술하고자 하는 요점은 두 요소의 차이점을 대조시킴으로써 강조된다."고 설명한다. 아울러 "병치란 넓은 의미로 음성, 음운의 대립인 율격 배열에서부터 수사법, 언어 표현, 구조 등에 일관하여 나타나는 원리"로 규정했다. 오세영, 앞의 책, 54-55쪽.
129) 오세영은 "병치는 본질적으로 반복에 포함될 수 있다. 의미, 이미지 등이 단순한 되풀이를 벗어나 변화와 굴절을 일으키고, 특히 비교 혹은 대립적 구조를 형성할 때, 우리는 그것을 병치라고 부른다. 바우라C.M.Bowra는 간단하게 반복의 변용이 병치라고 정의한 바 있"다고 했다. 또한 피네간Ruth Finnegan의 다음과 같은 설명도 인용하고 있다. "병치란 상이한 언어 표현을 사용한 의미의 반복이 때로 동질적인 되풀이(reiterated)를 이루거나 때로 대립적인 되풀이(antithetical)를 이룰 때 존재한다.…구약성서의 시가는 이러한 형식을 보편적으로 제공해 준다." 오세영, 앞의 책, 52-53쪽.
130) 소콜로브(Y.M.Sokolov)의 견해를 오세영의 앞의 책에서 다시 따왔다. 오세영, 앞의 책, 53쪽.

등 다양한 층위에서 나타날 수 있다. 다만 병치가 시 텍스트의 구성 원리로서의 작동하기 위해서는 병치가 일부 행과 연에 제한되지 않고 시 텍스트 전체에 일관된 틀이 될 수 있어야 한다. 어떤 경우든 병치는 표현의 확장이나 변주의 일종이라고 할 수 있는데, 병치되는 언어 표현 사이의 상호 관계에 따라 점층적 병치와 대립적 병치[131]로 나눌 수 있다. 점층적 병치는 동질적 변주에 의한 시적 서술의 확장을 보여 주고, 대립적 병치는 대조적 변주에 의한 시적 서술의 확장을 보여 준다.

(1)
<u>쥐여 짜라. 바시여라. 시언치도 않어라.</u>　　　(<압천> 일부)

<u>불도 약도 달도 없는밤,</u>　　　(<發熱> 일부)

<u>별도 없다, 물도 없다, 쉬파람 부는 밤.</u>/(가운데 줄임)/ 이 알몸을 <u>끄집어내라, 때려라, 부릇내라.</u> /　　　(<琉璃窓 2> 일부)

<u>風蘭이 풍기는 香氣, 꾀꼬리 서로 부르는 소리, 濟州회파람새 회파람부는 소리, 돌에 물이 따로 굴으는 소리,</u> 먼 데서 바다가 구길때 솨— 솨— 솔소리, 물푸레 동백 떡갈나무속에서 나는 길을 잘못 들었다가 다시 측년출 긔여간 흰돌바기 고부랑길로 나섰다. 문득 마조친 아롱점말이 避하지 않는다.

<u>고비 고사리 더덕순 도라지꽃 취 삭갓나물 대풀 石茸</u> 별과 같은 방울을 달은 <u>高山植物</u>을 색이며 醉하며 자며 한다. 白鹿潭 조찰한 물을 그리여 山脈우에서 짓는 行列이 구름보다 壯嚴하다. 소나기 놋낫 맞으며 무지개에 말리우며 궁둥이에 꽃물 익여 붙인채로 살이 붓는다.　　　(<백록담> 일부)

---

[131] 시의 구조를 대립적으로 파악하면서 다양하고도 구체적인 분석의 예를 제공하는 것으로, 권기호의 「구조주의 시론」을 들 수 있다. 권기호, 앞의 책, 7-70쪽.

<u>네 눈은 高慢스런 黑단초.</u>
<u>네입술은 서운한 가을철 수박 한점.</u>//　　　(<저녁해ㅅ살> 일부)

<u>기름ㅅ불은 깜박이며 듯고,</u>/ <u>어머니는 눈에 눈물을 고이신대로 듯고</u>/ <u>니치대든 어린 누이 안긴데로 잠들며 듯고,</u>/ <u>우ㅅ방 문설쭈에는 그사람이 서서 듯고,</u>// <u>큰 독 안에 실닌 슬픈 물 가치</u>/ <u>속살대는 이 시고을 밤은</u>/ <u>차저 온 동네 ㅅ사람들 처럼 도라서서 듯고,</u>//　　(<넷니약이 구절> 일부)

(1)에서 제시한 예들은 비교적 단순한 형태의 병치들이다. <압천>, <발열>, <유리창 2>의 예는 한 행 안에서 이루어진 병치이다. "쥐여 짜라. 바시여라.", "끄집어내라, 때려라, 부릇내라"의 병치는 시적 주체의 내면을 점층적으로 변주하고, "불도 약도 달도 없는밤,"은 불과 약과 달의 결핍을 나란히 배치해 시의 상황과 그를 통한 시적 주체의 암울하고 고통스러운 정서를 환기한다. 또한 위의 경우는 낱말들 사이에 존재하는 마침표와 쉼표, 그리고 보조사 "―도"가 각 어휘들에게 대등한 지위를 갖게 하여, 이들의 관계가 독립적인 단위의 병치임을 문법적으로 확인시킨다. 그 점은 <백록담>에서 제시된 다양한 '소리'와 '식물'들의 병치에서도 마찬가지인데, 이 세부 사항들은 한라산의 자연 상태와 공간을 아주 풍부하게 환기하는 구실을 한다. 다만 <압천>, <발열>, <유리창 2>가 자유시로서 한 행 안에서 이루어진 병치를 보여 준다면, 산문시의 형태인 <백록담>에서는 병치가 단락 안에서 이루어진다는 차이가 있을 뿐이다.

그에 비해서 <저녁해ㅅ살>과 <넷니약이 구절>에서는 연 단위에서 행과 행이 병치를 이루고 있다. 곧 <저녁해ㅅ살>은 한 연 안에서 두 행이 병치를 이루면서 대상에 대한 시적 주체의 정서를 변주하고 있다. <넷니약이 구절>은 그보다 조금 더 복잡한데, 두 연에 걸쳐 여러 행이 병치되어 있기 때문이다. 이 경우에는 위의 다른 예들과는 달리 병치가 시 텍스트를 조직하는 좀더 뚜렷한 기능을 한다고 할 수 있다. 그런데 (1), (2)의 예는 병치되는 것들이 서로 유사하거나 동질적인 관계에 있으므로 점층적 병치라고 할 수 있고, 반복을 수반하는 것이 특색이다.

(2)
바다는 뿔뿔이
달어 날랴고 했다.

푸른 도마뱀떼 같이
재재발렀다.

꼬리가 이루
잡히지 않었다.

힌 발톱에 찢긴
珊瑚보다 붉고 슬픈 생채기!
            <바다 2> 일부

老主人의 腸壁에
無時로 忍冬 삼긴물이 나린다.

자작나무 덩그럭 불이
도로 피여 붉고,

구석에 그늘 지여
무가 순돋아 파릇 하고,

흙냄새 훈훈히 김도 사리다가
바깥 風雪소리에 잠착 하다.

山中에 冊曆도 없이
三冬이 하이얗다.

<忍冬茶>132) 전문

蘭草닢은/ 차라리 水墨色.// 蘭草닢에/ 엷은 안개와 꿈이 오다.// 蘭草닢은 한밤에 여는 담은 입술이 있다.// 蘭草닢은/ 별빛에 눈떴다 돌아 눕다.// 蘭草닢은/ 드러난 팔구비를 어쨔지 못한다.// 蘭草닢에/ 적은 바람이 오다.// 蘭草닢은/칩다.//

(<蘭草> 전문)

여인들 은 城 우에 스 도다. 거리로 달리 도다./ 公會堂 에 모히 도다./ 여인 들 은 소프라노우 로다. 바람 이로다./ 흙 이로다. 눈 이로다. 불 이로다./ 여인 들 은 까아만 눈 으로 인사 하는 도다./ 입 으로 대답 하는 도다./ 유월ㅅ볏 한 나 제돌아 가는 해바락이 송이 처럼,/ 하나님 게 숙이 도다./ 여인들 은 푸르다. 사철나무 로다./ 여인들 은 우물을 깩그시 하도다./ 즘심 밥을 잘 사 주 도다. 수통 에 더운 물을 담어 주 도다./ 여인들 은 바다를 조화 하도다. 萬國地圖를 조하 하도다./ 나라 지도가 무슨 ×× 로 × 한지를 아는 도다./ 무슨 물감 으로 물 딜일 줄을 아는 도다./ 여인들 은 山을 조하 하도다. 望遠鏡을 조하 하도다./ 距離를 測定 하도다. 遠近을 照準 하도다./ ××× 로 스 도다. ×× 하도다./ 여인들 은 ×× 와 자유와 旗ㅅ발아 래로 비달기 처럼 흐터 지도다./ ×× 와 ×× 와 旗ㅅ 발 아래 로 참벌 쎄 처럼 모와 들 도다./ 우리 ×× 여인들 은 ××× 이로다. 해ㅅ 비치 로다./ ― ― 一九二八 · 一 · ― ―

(<우리나라 여인들은>133) 일부)

---

132) 『백록담』, 30-31쪽. 오탁번은 <인동다>를 唐代 太上隱者의 <答人>과 비교하면서 정지용이 중국 고전의 영향을 창조적으로 육화했다고 평가했다(오탁번/1970, 앞의 글, 65쪽.). 그런데 <인동다>는 우리의 전통 가사와의 관계도 검토할 필요가 있을 듯하다. 정철의 <星山別曲>의 序詞 중 "山中의 冊曆 업서/ 四時를 모르더니/ 눈 아래 헤틴 景이/ 철철이 절로 나니/ 듯거니 보거니/ 일마다 仙間이라"에서 "山中의 冊曆 업서"는 <인동다>의 "山中에 冊曆도 없이"와 거의 동일한 형태이다.

133) 『조선지광』 78호, 조선지광사, 1928. 5. 91-92쪽. 김학동 엮음, 앞의 책, 70쪽에는 이 작품의 일부만 실려 있는데, 이는 원전의 훼손이다. 여기서는 김학동의 책에 실리지 않은 부분 전체를 제시한다.

그대의 붉은 손이/ 바위틈에 물을 따오다./ 山羊의 젓을 옮기다./ 簡素한 菜
蔬를 기르다./ 오묘한 가지에/ 薔薇가 피듯이/ 그대 손에 초밤불이 낳도다.

(<촛불과 손>[134] 일부)

<바다 2>, <인동다>, <난초>, <우리나라 여인들은>, <촛불과 손> 등은 정지용의 시 구성 방법으로서의 병치를 잘 보여 준다. 특히 <바다 2>, <인동다>, <난초>는 정지용의 시 텍스트 조직 방식의 하나인 2행 1연의 구성 방법을 함께 보여 주는 예이기도 하다. <바다 2>는 바다에 대한 구체적이고 감각적인 이미저리를 선명하게 제시하고 있다. 시적 주체의 정서를 엿보이는 "슬픈"이라는 단어가 나타나기는 하지만, 주관을 철저히 배제한 채 바다에 대한 독자적인 인상을 제시하는 각 연이 병치되어 있을 뿐이다. <인동다> 역시 시적 주체의 시선이 "노주인"의 안팎을 침투하면서 몇 개의 장면이 병치됨으로써 "산중"의 탈속적이고 무시간적인 상황을 형상화한다.

<난초>는 대체로 각 연의 첫째 행에 서술의 대상인 "난초닢"을 말해진 주체로 제시하고 둘째 행에서 말해진 주체에 대한 구체적인 서술이 이루어진다. 각 연은 "난초"에 대한 자체 완결적인 서술로 이루어지면서 각 연이 동일한 대상에 대한 서로 다른 인상을 제시하는 전형적인 병치의 구조를 이루고 있다. 이러한 병치는 각 연을 은유적인 관계로 만들며, 대상에 대한 다양한 정서와 경험을 변주함으로써 대상에 대한 풍부한 감각과 인상을 집적시킬 수 있다.

<우리나라 여인들>, <촛불과 손> 역시 이러한 은유적 병치[135]를

---

134) 『정지용시집』, 20—21쪽.
135) 이 글에서 사용하는 은유적 병치는 일종의 확장된 은유라고 할 수도 있다. "확장 은유"는 "하나의 원관념에 두 개 이상의 보조 관념이 연결된 것"(김준오, 앞의 책, 182쪽)이다. 그런데 은유적 병치는 점층적 병치와 대립적 병치를 아우르는 측면이 있는데, 병치되는 것들이 유사성에 근거한, 동일한 대상에 대한 시적 서술의 확장이라는 점에서는 점층적 병치라고 볼 수 있지만, 그 상호관계를 텍스트에 따라 대조와 대립에 근거한 것으로 파악할 수도 있다는 점에서는 대립적 병치의 특성을 지니기 때문이다. 이에 대해

보여 준다. <우리나라 여인들> 역시 시적 서술의 대상은 "우리나라 여인"이며, 모든 서술은 이 대상에 관련된 다양하고 풍부한 이미저리를 은유의 형식으로 제시한다. <난초>가 연끼리 은유의 관계에 놓인다면, <우리나라 여인들은>은 행끼리 그러한 관계에 놓인다. <촛불과 손> 또한 단일한 시적 대상에 대한 서술로 이루어져 있다. 모든 행의 주어가 되는 시적 대상의 동일성은 병치된 서로 다른 각 행의 서술부를 은유의 관계로 만든다는 점에서 동일한 구성 방법이다.

이러한 은유적 병치에 의한 시 텍스트 구성은 정지용의 후기 시에서 무엇보다 두드러지는데, 대상에 대한 다양한 인상을 집적시켜 대상에 대한 풍부하고도 전체적인 감각을 구체화하는 데 효과적이다. <파라솔>, <불사조>, <유선애상> 등 많은 시편들이 이러한 은유적 병치에 의존한 텍스트 구성을 하고 있다. 후렴의 기능을 하는 연이 병치된 장면들을 연결하는 기능을 한다는 점에서 일정한 차이가 있지만, <향수> 역시 고향에 대한 회상을 병치한 텍스트이다. 이런 점을 함께 고려한다면, 정지용 시의 경우 초기작에서부터 후기작[136)에 이르기까지 병치는 구성 방법으로서의 지속적인 의의를 지닌다고 할 수 있다. 다만 은유적 병치는 일반적인 병치가 좀더 개성화된 방식으로서 『백록담』지집 시기인 후기 시에 와서 집중적으로 나타난다고 할 것이다.

서는 뒤에서 <파라솔> 분석을 통해 좀더 구체적으로 살피게 될 것이다. 여기서는 일단 <난초>와 같은 유형의 텍스트에서 보이는 시적 서술의 변주와 확장, 그리고 확장된 시적 서술 내용의 유사성을 지시하기 위해서 은유적 병치라는 용어의 개발이 필요했다는 점만 밝힌다. 아울러 이러한 은유적 병치는 정지용의 『백록담』에서 가장 뚜렷하고도 편재한, 그리고 개성적인 텍스트 구성 방법이라는 점도 미리 지적해둔다.

136) 최동호는 정지용의 시세계를, "첫째 1925년경부터 1933년경까지의 감각적인 이미지즘의 시, 1933년 「不死鳥」 이후 1935년 경까지의 카톨릭 신앙을 바탕으로 한 종교시, 그리고 「玉流洞」(1937), 「九城洞」(1938) 이후 1941년에 이르는 동양적인 정신의 시"로 구분했다. 최동호, 「정지용의 산수시와 은일의 정신」, 『민족문화연구』 19, 고려대 민족문화연구소, 1986. 79쪽. 이러한 최동호의 시세계 구분은 정지용의 초기, 중기, 후기의 시작 과정에 각각 대응한다고 할 수 있다.

(3)
하늘 우에 사는 사람/ 머리에다 띄를 띄고,//
이땅우에 사는 사람/ 허리에다 띄를 띄고,//
땅속나라 사는 사람/ 발목에다 띄를 띄네.//

(<띄> 전문)

부헝이 울든 밤/ 누나의 이야가~// 파랑병을 깨치면/
금시 파랑바다.// 빨강병을 깨치면/ 금시 빨강 바다.//
뻐꾹이 울든 날/ 누나 시집 갔네~// 파랑병을 깨트려
하늘 혼자 보고.// 빨강병을 깨트려/ 하늘 혼자 보고.//

(<병> 전문)

위의 <띄>와 <병>은 두드러진 반복과 함께 나타나는 대립적 병치의 예가 된다. <띄>와 <병>에서 구현된 대립적 병치는 매우 단순한 형태인데, 동요라는 갈래의 특성과 관계가 있을 것이다. <띄>에서 병치는 연 단위에서 이루어지는데, 하늘, 땅, 땅 속의 대립과 머리, 허리, 발목의 대립을 통해 구체화된다. <병>에서 병치는 전후 대립을 통해 구체화된다. 곧 전반부 세 연과 후반부 세 연의 대립인데, 그것은 "누나"의 있음과 없음이 대조적으로 구성된 데서 비롯한다.

(4)
말아, 다락 같은 말아,
너는 즘잔도 하다 마는
너는 웨그리 슬퍼 뵈니?
말아, 사람편인 말아,
검정 콩 푸렁 콩을 주마.

※

이말은 누가 난줄도 모르고
밤이면 먼데 달을 보며 잔다.

<말>137) 전문

나지익 한 하늘은 白金빛으로 빛나고
물결은 유리판 처럼 부서지며 끓어오른다.
동글동글 굴러오는 짠바람에 뺨마다 고흔피가 고이고
배는 華麗한 김승처럼 짓으며 달려나간다.
문득 앞을 가리는 검은 海賊같은 외딴섬이
흩어저 날으는 갈메기떼 날개 뒤로 문짓 문짓 물러나가고,
어디로 돌아다보든지 하이한 큰 팔구비에 안기여
地球덩이가 둥그랐타는것이 길겁구나.
넥타이는 시언스럽게 날리고 서로 기대슨 어깨에 六月볕이 시며들고
한없이 나가는 눈ㅅ길은 水平線 저쪽까지 旗폭처럼 퍼덕인다.

※

바다 바람이 그대 머리에 아른대는구료,
그대 머리는 슬픈듯 하늘거리고

바다 바람이 그대 치마폭에 니치 대는구료,
그대 치마는 부끄러운듯 나붓기고
그대는 바람 보고 꾸짖는구료.

<甲板 우>138) 일부

㉠百日致誠끝에 山蔘은 이내 나서지 않았다 자작나무 화투ㅅ불에 확근 비추우자 도라지 더덕 취쌌 틈에서 山蔘순은 몸짓을 흔들었다 심캐기 늙은이는 葉草 순쓰래기 피여 물은채 돌을 벼고 그날밤에사 山蔘이 담속 불거진 가슴팍이에 앙징스럽게 后娶감어리 처럼 唐紅치마를 두르고 안기는 꿈을 꾸고 났다 모태ㅅ불 이운듯 다시 살어난다 ㉡警官의 한쪽 찌그린 눈과 빠안한 먼 불 사이에 銃견양이 조옥 섰다 별도 없이 검은 밤에 火藥

---

137) 『정지용시집』, 109쪽.
138) 위의 책, 42-43쪽.

불이 唐紅 물감처럼 곻았다 다람쥐가 도로로 말려 달어났다.

<盜掘> 전문(㉠, ㉡의 표시는 서술의 편의상 붙임.)

　<말>과 <갑판 우>는 ※ 표지를 중심으로 어조와 어법의 전환을 이루는 탓에 전후 대립이 축조된다. 곧 <말>의 경우에는 ※ 표지의 앞부분이 내적 청자가 전제된 대화체의 어법인데 비해 뒷부분은 시적 주체의 독백체이다. <갑판 우>의 경우에는 ※ 앞부분이 항해 풍경의 묘사인데 비해 후반부가 현전하는 내적 청자에 대한 대화체의 독백으로 구성된다. 또한 전반부가 대체로 풍경의 재현으로 일관하는 반면 후반부는 시적 주체의 서정을 표현한다. <갑판 우>에서는 서경과 서정의 대립과 함께, 전반부와 후반부 사이에는 공간적으로 원근의 대립이 병행한다. 전반부에서 시적 주체는 멀리 있는 풍경에 대한 묘사를 하고 있다면, 후반부에서 시적 주체는 내적 청자와 가까운 거리에서 대화를 하고 있는 셈이다.
　또한 <갑판 우>에서는 전반과 후반 안에서도 병치를 보이고 있는데, 이 내부의 병치는 점층적 병치이다. 곧 전반부는 동형의 통사구조("ㅡ고, ㅡ다" 형)를 지니고 있는 네 문장이 병치되어 있는데, 이 네 문장은 항해에 따른 풍경 묘사를 부연하거나 확장하고 있다. 세번째 문장은 시적 주체의 정서가 직접 노출되는 부분이 있다는 점에서 주체의 감정이 통제된 채 묘사로 일관하는 다른 세 문장과 차이점이 있긴 하지만, 전체적으로는 묘사가 중심이 된다고 할 수 있다. 후반부는 두 연에서 동형의 통사 구조("ㅡ(대는)구료, ㅡ고")가 반복되면서, 그리고 나머지 한 연은 그 일부가 생략되면서 전체적으로 점층적 병치를 이루고 있다. 이러한 말하기 방식의 차이에 따른 대립적 병치는 <카페·프란스>와 <슬픈 인상화> 등에서도 동일하다. 이 텍스트들에서도 전반과 후반은 대상의 묘사(서경)와 주체의 내면 표현(서정)으로 대립

적 병치를 이룬다.

<도굴>은 크게 보아 두 개의 장면이 대립적으로 병치되어 있는데, 그것을 뚜렷이 하기 위해 위에서 ㉠, ㉡으로 표시했다. ㉠, ㉡ 역시 각기 그 내부에 여러 개의 장면들이 병치된 구조를 이루고 있다. 그런데 ㉠, ㉡의 관계가 대립적 병치로 인식되는 것은, 두 장면이 별개의 상황을 대조적으로 묘사하고 있는 것으로 보이기 때문이다. ㉠이 "심캐기늙은이"와 관련된 장면이라면, ㉡은 "경관"의 행위와 관련된 장면이다. 또한 ㉠, ㉡에서는 "화투ㅅ불", "모태ㅅ불"과 "火藥불"의 대립도 나타난다. "화투ㅅ불"이 한데다가 장작 따위를 모아 질러 놓은 불이며, "모태ㅅ불" 역시 잎나무나 검불 따위를 모아 놓고 피우는 불로서 같은 것을 지시하는 다른 말인데 비해 "火藥불"은 "경관"의 발포와 관련된 불로서 그 용도가 다르기 때문이다. 그러나 이러한 대립적 병치가 구축하는 의미망은 쉬 드러나지 않는데, ㉠, ㉡의 상호 관계를 쉬 파악할 수 없기 때문이다. 그 점은 시의 제목과 본문 사이에도 개재되어 있는데, 본문이 서술하는 상황은 <도굴>이라는 제목이 암시할 수 있는 상황과는 외견 상 무관해 보이기까지 한 탓이다. 결국 <도굴>은 제목과 본문, 그리고 본문 내부의 ㉠, ㉡의 두 장면이 의미의 단절과 비약을 수행하면서 대립적인 병치를 이루고 있다고 할 수 있다.

지금까지 정지용의 시 텍스트를 구성하는 방법상의 원리로서 병치를 점층적 병치와 대립적 병치를 나누어 살폈다. 그러나 정지용 시에서 병치가 개성적이고 두드러진 텍스트 구성 방법이 되는 것은 은유적 병치를 통해서이다. 은유적 병치는 위에서 일부 제시한 것처럼 텍스트의 제한된 부분에서 나타나기도 하지만, <난초>나 <우리나라 여인들은>에서와 같이 개별 텍스트 전체에 일관되어 나타나 정지용 시에서 개성화된 텍스트 조직 원리가 된다. <난초>, <우리나라 여인들은> 외에도 <流線哀傷>, <파라솔>, <절정>, <그의 반>, <불사

조>, <붉은 손>, <촛불과 손>, <바다 2>, <바람 1>, <지도>, <폭포> 등이 은유적 병치, 혹은 그 변형에 의한 텍스트 구성을 보여 준다고 할 수 있다. 이러한 방법에 따른 텍스트 구성을 전형적으로 보이고 있는 <파라솔>을 대상으로 은유적 병치에 대한 좀더 자세한 분석139)을 아래에서 시도한다.

3) 〈파라솔〉과 병치 구성의 개성화

<파라솔>은 <明眸>라는 제목으로 『中央』 32호(조선중앙일보사, 1936. 6. 112-113쪽)에 처음 실렸다. 정지용의 두 번째 시집 『백록담』 에 이 시가 실릴 때, 그 제목이 <파라솔>로 바뀐 듯하다. 그 동안 <파라솔>에 대한 별도의 작품론이나 적극적인 분석은 거의 이루어지 지 않았다. 그것은 <파라솔>이 정지용의 시적 성취를 가늠할 만한 대표작이라고 할 수 없을 뿐더러 독자의 관심을 끌 만한 어떤 문제성 을 지닌다고 보지 않은 탓일 것이다. 그러나 <파라솔>은 위에서 말 한 바와 같이, 정지용 시 텍스트의 중요한 구성 방법인 은유적 병치 의 전형적인 예가 될 수 있다. 서술의 편의를 위해 아래에 시 전문을 들고, 본문 앞에 연을 나타내는 숫자를 붙였다.

    1 蓮닢에서 연닢내가 나듯이
       그는 蓮닢 냄새가 난다.

    2 海峽을 넘어 옮겨다 심어도
       푸르리라, 海峽이 푸르듯이.

    3 불시로 상긔되는 뺨이

---

139) 이 내용은 손병희, 「정지용의 시 <파라솔> 분석」(『안동어문학』 1집, 안동어문학회, 1996.)을 부분적으로 수정한 것이다.

성이 가시다, 꽃이 스사로 괴롭듯.

4 눈물을 오래 어리우지 않는다.
  輪轉機 앞에서 天使처럼 바쁘다.

5 붉은 薔薇 한가지 골르기를 평생 삼가리,
  대개 흰 나리꽃으로 선사한다.

6 월래 벅찬 湖水에 날러들었던것이라
  어차피 헤기는 헤여 나간다.

7 學藝會 마지막 舞臺에서
  自暴스런 白鳥인양 흥청거렸다.

8 부끄럽기도하나 잘 먹는다
  끔직한 바—쁘스테이크 같은것도!

9 오폐스의 疲勞에
  태엽 처럼 풀려왔다.

10 람프에 갓을 씨우자
   또어를 안으로 잠겄다.

11 祈禱와 睡眠의 內容을 알 길이 없다.
   咆哮하는 검은밤, 그는 鳥卵처럼 희다.

12 구기여지는것 젖는것이
   아조 싫다.

13 파라솔 같이 채곡 접히기만 하는것은
   언제든지 파라솔 같이 펴기 위하야 —

<파라솔>[140] 전문

　<파라솔>의 형태와 수사구조는 매우 단순하다. 한 연이 두 줄로 된 열세 개의 연이 텍스트를 구성하고 있다. 두 줄이 한 연을 이루는 연 구성방법은 정지용의 비교적 다양한 시형태 중에서 두드러진 한 유형이다. 이러한 연 구성법은 시인의 심미적 전략이나 의식과 관련하여 그 자체가 밀도 있는 검토의 대상이 될 만한 가치가 있다. 일종의 정형성에 대한 정지용의 집착은 그의 개성과 내밀한 의식을 엿볼 수 있는 실마리일 뿐만 아니라, 시인이 접촉하고 내면화한 문학전통의 면모를 살필 수 있는 길이 될 수도 있기 때문이다.

　연이 리듬, 심상, 의미의 단락이라면, <파라솔>에는 연의 수만큼 일정하고 잠정적인 휴지가 존재한다. 그것을 다시 꿰고 묶어 텍스트의 의미를 (재)생산하는 것은 시읽기가 감당할 몫이다. <파라솔>에서 각 연은 독자적인 심상과 의미를 형성한다. 다시 말해 각 연은 "그"로 지칭된 시적 대상의 정황이나 "그"에 대한 심상을 독자적으로 제시하며, 그 완결성은 거의 모든 연이 마침표에 의해 마감되는 것에서 뚜렷이 드러난다. 따라서 <파라솔>은 표면상 상호관계가 뚜렷하지 않은 각 연이 부분의 독자성을 지닌 채 병치된 짜임새를 하고 있다. 다만 1과 2는 다른 연들에 비하여 훨씬 직접적인 연관을 문면에 노출하고 있다. 1과 2의 관계는, 시의 대상 "그"를 "연(蓮)"이 매개하는 까닭에 2에서 "海峽을 넘어 옮겨다 심어도"라는 표현이 가능해지는 데서 알 수 있다.

　<파라솔>은 연의 수준에서 대상에 대한 다양한 인상을 병치시켜 그 집적을 통해 시의 의미를 형성하는 방법을 뚜렷이 보여주고 있다. 이것은 정지용이 보여주는 시 텍스트 구성방식의 하나라고 할 수 있는데, 그것은 동일한 대상에 대한 다각적인 묘사이자 심상의 지속적

---
140) 『백록담』, 66–69쪽.

인 변주라고 부를 만하다. 그 구체적 양상은, 시의 대상 "그"에 대한 보조관념이 "연닢", "해협", "꽃", "천사", "백조", "태엽", "조란", "파라솔" 등의 심상으로 옮겨 가는 것에서 구체적으로 드러난다. 시에 동원되고 있는 각각의 심상은 시 형태상 공간적으로 인접해 있지만 서로 별다른 연관성 없이 제시되어 일단 비약과 단절을 드러내는 것으로 보인다.

이러한 텍스트 구성방식은 정지용이 시의 대상을 각각의 단편적인 인상과 독자적인 장면으로 해체해 재구성하는 데 치중한다는 것을 뜻한다. 대상에 대한 단편적이고 감각적 인상을 배치하고 완결시키는 층위가 연으로 설정됨으로써, 각 연은 시의 호흡, 심상, 의미의 단락으로서 자체를 완결시키는 기능을 명시적으로 수행한다. 시의 대상 "그"에 대한 인상은 이렇게 연의 수준에서 분절되어 단편적으로 제시되지만, 대상의 동일성이 각 연의 상호관계를 구축하고 분절된 장면과 다양한 인상을 통합시킨다.

각 연의 상호관계는 동일성과 유사성이며, 각 연의 내부에서 그것을 가능케 하는 수사의 방식은 직유이다. 그러나 <파라솔>에서 이루어지는 대상묘사는 일부 범상한 직유에 의존하고 있어 참신하거나 놀랍다고 할 수 없는 경우도 있다. 유사성이 바깥으로 드러난 직유의 거듭된 사용은 새로운 세계인식의 미학적 계기가 될 수 있는 수사의 역동적 가능성을 부분적으로 약화시킬 수도 있다. <파라솔>의 이 압도적인 빈도의 직유는 시의 대상을 손쉽게 인지시키는 대신 지적 흥미는 약화시킬 수도 있다. 따라서 2행 1연의 정형적整形的 시형태와 더불어 <파라솔>의 단순하고 반복적인 수사구조는 시를 입체적으로 만들기보다 단순하고 평판하게 만드는 것이 사실이다.

각 연의 통사구조는 대체로 묘사대상(주어)(a)과 직유를 구성하는 부사구/절(b), 그리고 서술어(c)의 결합으로 단순화시킬 수 있는데, 그것은 원관념(a), 보조관념(b), 그리고 원관념과 보조관념을 매개하는 상사성(c)에 각각 대응한다. 즉 <파라솔>의 각 연은 통사구조가 "그는 鳥卵처럼 희다"에서 보듯이 a+b+c의 형태이고, 연을 구성하는 단위 중 b와 c는 대체 가능한 기표들의 목록으로 구성되어 있다. 구조주의 언어학을 원용한다면, <파라솔>에서는 수직적 혹은 계열체의 축*paradigmatic axis*과 수평적 혹은 통합체의 축*syntagmatic axis*[141])이 연의 수준에서 구성된다고 말할 수 있다. 다시 말하면, a+b+c는 문장의 서로 다른 구성요소인 a, b, c의 수평적인 결합을 뜻하는 통합의 축을 나타내고, b1……bn, c1……cn은 b와 c의 단위에서 수직적인 대체가 가능한 계열체를 형성하는 셈이다. 이 구조를 다음과 같이 구체적으로 보일 수 있다. 영문자 옆의 숫자는 해당 연을 표시한다.

---

141) Antony Easthope, 앞의 책, 65쪽. 주지하는 바와 같이, 관계의 체계로서의 언어에 대한 구조적 이해와 이를 위한 용어의 개발은 소쉬르Saussure에 의해 이루어졌다. 소쉬르는 언어체계를 결정하는 언어 내적 관계를 연합관계*rapport associatif*와 통합관계*rapport syntagmatique*로 설정했는데, 소쉬르 이후 언어학자들은 연합관계를 계열관계*rapport paradigmatic*로 대치했다. 계열관계란 기호의 유사성과 등가성에 기초하되 언술 상의 어느 한 지점에 동시에 나타날 수 없는 배타적 요소 사이의 잠재적인 관계이며, 이러한 관계를 구성하고 있는 잠재적 요소의 총체가 계열체*paradigme*이다. 그에 반해 언술 상에 나타날 수 있는 언어기호의 결합체가 통합체*syntagme*이며, 통합체를 구성하는 언어 기호 사이의 관계를 통합관계라고 한다. 홍재성, 「소쉬르 언어학의 몇 가지 개념」, 이정민 외, 『언어과학이란 무엇인가』, 문학과지성사, 1977. 120-121쪽 정리.
이후 소쉬르의 언어학은 러시아 형식주의, 프라하 언어학파, 파리 구조주의, 그리고 야콥슨Jakobson에 이르러 시학에 대한 새로운 이론의 구축과 실천적 적용의 이론적 계기가 되었다. 한편 소쉬르의 언어학과 프로이트의 정신분석학은 자크 라캉에 의해 결합되는데, 라캉이 "무의식은 언어처럼 구조화되어 있다"고 한 것은 그 점을 뚜렷이 보여 주는 예라고 할 수 있다. 소쉬르의 언어학과 구조주의 혹은 언어학적 시학에 관해서는, Ferdinand de Saussure, *Cours de Linguistique générale*, 오원교 옮김, 『일반언어학강의』, 형설출판사, 1973. Terence Hawkes, *Structuralism and Semiotics*, London: Methuen & Co. Ltd., 1977. Victor Erlich, *Russian Formalism: History, Doctrin*, 박거용 옮김, 『러시아 형식주의—역사와 이론』, 문학과지성사, 1983. Tzvetan Todorov, 앞의 책, Lee T. Lemon et al., trans., *Russian Formalist Criticism Four Essays*, Lincoln: Univ. of Nebraska Press, 1965. 등을 참고할 수 있다. 특히 병치 구성과 "시적 기능은 등가의 원리를 선택의 축에서 결합의 축으로 투영한다."는 야콥슨의 논리에 따른 텍스트 분석은 권기호, 앞의 책, 19쪽 이하, 그리고 58쪽 이하에서 자세히 이루어지고 있다.

		b1	연닢내(가 나듯이)	c1	蓮닢 냄새가 나다
		b2	海峽(이 푸르듯이)	c2	푸르다
		b3	꽃(이 스사로 괴롭듯)	c3	성이 가시다
a	그는	b4	天使(처럼)	c4	바쁘다
		b7	自暴스런 白鳥(인양)	c7	흥청거리다
		b9	태엽(처럼)	c9	풀리다
		b11	鳥卵(처럼)	c11	희다
		b13	파라솔(같이)	c13	접히다/펴다

<파라솔>에서 각 연을 계열체적 관계로 묶고, 부분을 전체로 통합하는 실질적이고 주된 구실을 하는 것은 묘사대상의 동일성이다. 그것은 <파라솔>에서 "그"란 대명사로 지칭된다. 대명사는 어떤 사람/사물의 고유한 본성이나 그것을 가리키는 이름이 아니며, 단지 말하는 주체가 가리키는 어떤 대상을 표시할 뿐이다. 따라서 "그"는 타자(말하는 주체)에 의해 막연히 지시된 존재로서 자신의 내용이나 본질이 규정되지 않은 어떤 것이다. 다시 말하면 "그"는 자신의 정체성 없이 비어 있는 존재이다. <파라솔>은 이러한 무규정성, 내용 없는 공백으로서의 "그"가 점차 나름의 본질을 획득하는 언어구조, 혹은 말하는 주체가 "그"에게 나름의 정체성을 부여하는 시적 담론이다.

막연한 대상인 "그"의 정체성은 다른 사물을 가리키는 기호들의 연쇄에 기대어 간접적으로 드러난다.[142] 곧 "그"는 다른 존재자를 지칭하는 기표들에 의해 자신의 본질을 획득해 간다. "그"를 대체하는 기표들은 b1……bn, 즉 "연닢", "해협", "꽃", "천사", "백조", "태엽", "조란", "파라솔" 등이다. 이 타자들과의 동일화를 통하여 "그"는 자신의

---

142) "의미란 결코 시니피앙과 시니피에의 안정된 결합 관계를 통해서 드러나는 것이 아니라 오직 하나의 시니피앙이 다른 시니피앙으로 대치되는 은유적 과정을 통해서만 어렴풋하게 그 모습을 드러낸다"는 라캉의 이론(박찬부, 『현대정신분석비평』, 민음사, 1996. 69쪽.)은 <파라솔>을 비롯한 은유적 병치에 의한 텍스트 구성을 보여 주는 정지용 시 텍스트의 의미 생성에 대한 적절한 설명이 될 수도 있다.

모습을 나타낼 수 있으며, 그것에 기대어 "그"가 구성된다. 다시 말해 "그"의 자기동일성은 '이미' '거기에' 주어져 있는 것이 아니라 타자에 기대어, 그리고 타자와의 동일화를 통해서만 구성된다. $b_1 \cdots b_n$은 "그"의 동일화 대상인 타자의 목록이며, $c_1 \cdots c_n$은 타자와의 동일화를 통해 드러나는 "그"의 구체적인 성향과 반응들이다. 그것은 "蓮닢 냄새가 난다", "푸르다", "성가시다", "바쁘다", "삼가다", "헤다", "흥청거리다", "먹다", "풀리다", "잠그다", "희다", "싫다", "접히다", "펴다" 등으로 제시된다.

다르게 말한다면, <파라솔>은 시의 대상 "그"에 대한 단편적이고 단일한 인상들의 병치구조이다. 단순히 병치된 인상들을 통합할 수 있는 것은, 부챗살의 중심처럼 그것들을 한 지점에 모으는 시의 대상이 존재하기 때문이다. "그"로 지칭된 시의 대상은 마치 "파라솔"의 꼭지점처럼, 단편적이고 독립적인 인상을 전체로 집약할 수 있는 구심점이다. 그것을 좀더 뚜렷이 보이기 위하여 각 연을 다음과 같이 고쳐 보일 수 있다.

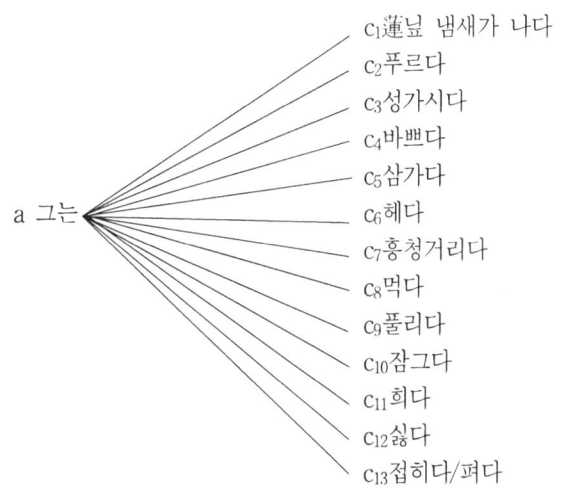

제2장 시의 형태와 구성방식

결국 <파라솔>의 언술구조는, 묘사대상 "그"(a)와 "연닢", "해협", "꽃", "천사", "백조", "태엽", "조란", "파라솔" 등(b)을 동일성/유사성(a=b1……bn /a≒b1……bn)으로 파악해 그 공유하는 각종 자질(c)을 서술하는 형태이다. c1……cn은 a와 b의 동일성을 가능하게 하는 속성/자질이자 그 직접적인 표현이므로, <파라솔>의 언술구조는 결국 a=b1……bn=c1……cn이 된다. 그러므로 묘사대상 "그"는 b1……bn에 기대어 인상이 구체화, 강화, 환기되며, c1……cn을 통해 "그"의 정체성을 구성하는 구체적 사실이 드러난다.

　그런데 b(b1……bn)와 c(c1……cn)는 그 내부가 각각 의미상 서로 대립적인 심상의 무리들로 구성되어 있다. 곧 b와 c는 각각 긍정적이고 적극적인 심상들(b+, c+)과 부정적이고 소극적인 심상들(b−, c−)들의 대립적 구성물이다. 따라서 <파라솔>이 묘사의 대상으로 삼고 있는 "그"(a)의 정체성은 하나의 성향/자질로 통일되어 있는 단순성이 아니라, 상반되는 성질을 함께 가진 복합성143)으로 제시된다. "그"는 b1("연닢 냄새"), b2("해협")에서처럼 신선하고도 무한한 생명력이기도 하지만 동시에 b9("태엽"), b11("조란")에서처럼 수동적이고 연약한 존재이기도 하다. 이것을 요약해 보이면 다음과 같이 될 것이다.

b	
b+	b−
b1 蓮닢 냄새	b3 꽃
b2 海峽	b9 태엽
b4 天使	b11 鳥卵
b7 白鳥	b13 파라솔
b13 파라솔	

---

143) 텍스트의 이러한 구성은 다층적이고 대립적이며 파편적이고 모순적인 무의식적인 소망의 타협과 공존을 잠재화한 것이라고 볼 수도 있겠다. "병렬법으로 인해 텍스트는 계열 관계 축을 따라 드리워져 있는 연상된 관념들과 무의식적 가능성에 대해 개방된 상태로 남아 있게 되는 것이다."(Antony Easthope, 앞의 책, 139쪽.)라고 한 것도 그런 관점에서 이해할 수 있다.

b의 심상들은 그 자체로서 b+와 b-로 나누어질 수는 없다. 비록 각각의 심상들이 어느 정도 일반적이고 보편적인 의미를 지닐 수 있다 하더라도, 그 배치와 문맥에 따라 그것이 환기하는 의미와 효과는 상당히 달라질 수밖에 없기 때문이다. 따라서 "蓮닢 냄새", "꽃"은 그 자체로서 긍정적이거나 부정적인 지위를 가진다고 볼 수 없고, 다음에 오는 c와의 관계에서 그 가치가 규정될 수 있을 뿐이다. 13에서 "파라솔"의 심상이 그 위치에 따라 b+와 b-로 상반되게 규정될 수 있는 것도 그런 탓이다. c를 다음과 같이 나타낼 수 있다.

c	
c+	c-
c1 蓮닢 냄새가 나다	c3 성가시다
c2 푸르다	c5 삼가다
c4 바쁘다	c9 풀리다
c6 헤여 나가다	c10 잠그다
c7 흥청거리다	c11 희다
c8 먹다	c12 싫다
c13 펴다	c13 접히다

따라서 <파라솔>의 "꽃"은 아름다움의 표상이라는 일반적인 관념을 환기하기보다 그에 덧붙여진 긴장, 수줍음, 괴로움, 혹은 아름다움에 내재한 고통이 문맥상 두드러지게 암시된다. 그것은 "불시로 상긔되는 뺨"에서 시사되듯이, "그"의 긴장과 소극성을 부각시키기 때문이다. 또한 "鳥卵"의 심상은 "咆哮하는 검은 밤"에 선명하게 대비되어 흰색이 강화되면서 "그"의 순결성이 한층 뚜렷하게 지각되게 만든다. 그러나 이 흰색은 결핍된 색으로서 어둠의 공격성과 난폭함에 포위되어 있어 위기와 불안, 무기력과 연약성을 동시에 환기한다.

b와 c를 통해 파악되는 "그"의 성향을 다음과 같이 추상화할 수 있다.

"그"	
+	−
동태성	정태성
능동성	수동성
적극성	소극성
개방성	폐쇄성

　<파라솔>에서 묘사의 초점이 되고 있는 "그"는 위에서 보듯이 모순된 성향으로 분열되어 있다. 삶에 대한 열정과 혐오, 의욕과 피로, 활기와 무기력, 흥분과 침울, 활동과 수면, 쾌락의 추구와 억압, 심리적 이완과 긴장 등 상반된 욕망, 성향, 상태가 "그"의 안팎을 축조하며 동거하고 있다. 대립적 성향과 욕망의 주체로서 "그"가 분열되어 있는 것은 "그"의 행위와 성격을 묘사하는 서술어들($c_1\cdots\cdots c_n$)이 능동성($c+$)과 수동성($c-$)을 교체함으로써 구체화된다.
　"그"의 이러한 분열은 자신의 현실을 전폭적으로 긍정하거나 부정할 수 없다는 데서 생긴다. "그"의 현실은 "湖水"와 "검은 밤"으로 제시되는데, 각각 "월래 벅찬"과 "咆哮하는"이라는 관형어의 수식을 받고 있다. "월래 벅찬 湖水"는 "그"가 감당하기 힘든, 그러나 '이미' 주어져 있는 것으로서의 현실을 표상하며 그 본래적인 우위성을 암시한다. "咆哮하는 검은 밤" 또한 현실의 야수성과 폭압성을 환기한다. "咆哮하는 검은 밤"의 시간은 피에 굶주린 짐승의 시간이다. 이 현실에 직면한 "그"는 "鳥卵처럼 희다." "검은 밤"과 "鳥卵처럼" 흰 "그"의 대조는 현실의 야수성과 존재의 순결성을, 그리고 현실의 공격성과 존재의 연약함을 극적으로 대비하고, 그에 따른 존재의 위축, 불안, 긴장을 일깨운다.
　'이미' "벅찬" 것으로 전제된, 그리고 공격적이고 야수적인 형상을 하고 있는 현실 안/앞에서 "그"의 활동과 자세는 수동적이고 수세적이다. "그"의 현실대응은 "어차피 헤기는 헤여나간다"고 표현된다. "어차피"라는 부사가 비록 "그"의 현실 헤쳐나가기, 혹은 현실극복 가능성에 대한 낙관적 비전을 함축한다 하더라도, 그것이 현실에 대한 "그"의 적극적인 대응과 능동적인 극복을 암시하거나 "그"의 수동성을 온전히 은폐하지는 않는다. 그것은 오히려 "벅찬" 현실에 최소한 압도되지 않고 그것을 견디려는 존재의 수세적인 노력, 혹은 그 안간힘을 환기한다.

"벅찬" 현실은 "그"의 "피로"("오애스의 疲勞에/태엽 처럼 풀려왔다")를 야기하거나 자기방기적인 쾌락("自暴스런 白鳥인양 흥청거렸다")을 부추긴다. 야수적인 현실에서 비롯하는 질서의 훼손과 주체의 오염은 "구기어지는것 젖는것"이라는 간결하고도 감각적인 표현에서 선명하게 환기된다. "구기어지는것 젖는것"에 대한 혐오감은 "아조 싫다"와 같이 직접적이고도 노골적으로 토로된다. 그것은 수세적인 위치의 주체가 억압적 현실에 대해 드러내는 강한 적대감의 표현이며 동시에 자신의 순결성을 지키며 현실에 오염되지 않으려는 욕망의 드러냄이다. 현실과 "그"의 이러한 관계를 무엇보다 상징적으로 보여주는 것은 "파라솔"의 심상이다.

"파라솔"은 시의 중심 심상이다. 시의 제목으로 선택된 점에서도 그렇고, 시의 의미가 이 심상에 응축되어 있다는 점에서도 그렇다. 시인이 사물과 더불어 사고하는 자이고 심상이 대상(사물)에 대한 "조직화된 의식"[144]이라면, 중심 심상은 텍스트의 의미와 텍스트 안팎의 의식을 해명하는 통로가 될 수 있다.

"파라솔"의 심상은 풍부한 함의를 지닌다. 사물로서의 '파라솔'은 햇빛을 가리는 양산이면서 동시에 비를 피하는 우산이기도 하다. 그

---

[144] 사르트르에 따르면 '이미지'는 "지향적 구조를 가지"며 대상에 대한 "조직화된 의식의 한 형식"으로서 "작용이지 사물이 아니다." 따라서 이미지는 무엇인가에 대한 조직화된 의식이라고 할 수 있다. Jean Paul Sartre, L'Imagination(1936), 이문호 옮김, 『상상력』, 대양서적, 1975. 384-393쪽 참조.

근본적인 용도는 햇빛이나 빗줄기를 가리고 막는 데 있다. 그런 점에서 '파라솔'의 '펴짐'은 '파라솔'의 본성이다. 그런데 실용적인 도구로서 '파라솔'은 언제든지 펴기 위해 접고 또한 접힌 후에야 펴진다. '파라솔'의 휴대성 또한 그 본성을 이룬다면 그것 역시 '접힘'에서 가능하다.

따라서 '접힘'과 '펴짐'은 상호부정이지만 동시에 서로를 가능하게 하는 조건이기도 하다. '접힘'과 '펴짐'은 서로의 타자이지만 동일한 '파라솔'의 서로 다른 양태로서, 서로의 연기緣起이며 서로를 연기延期한다. '파라솔'이 '파라솔'일 수 있는 것은 이 '접힘'과 '펴짐'이라는 운동의 잠재적 가능성에 있다. 그 가능성이 차단되어 어느 하나가 어느 하나를 일방적으로 지연시키기만 할 때, '파라솔'은 자신의 기능과 가치를 상실한다.

"파라솔"의 심상이 이러한 '펴짐'과 '접힘'의 상호연기相互緣起의 잠재적 운동성을 표상한다면, 그 상징성을 존재의 신축성과 의식의 역동성으로까지 확장할 수 있다. 마지막 연에 등장하는 '파라솔'의 심상이 그것을 보여준다. 무엇보다 이 "파라솔"에는 '능동'과 '수동'이 맞물려 있다. 여기에서는 '접힘'과 '펴짐'이 아니라 '접힘'과 '폄'의 관계가 나타난다. '파라솔'의 '접힘'과 '펴짐'은 그것을 접고 펴는 주체가 전제되어 있는 까닭에 '파라솔'은 주체의 행위가 미치는 수동적인 대상일 따름이다. 그러나 마지막 연에 나타난 '접힘'과 '폄'의 관계에서는 그렇지 않다. 여기에서 "파라솔"은 주체에서 대상으로, 그리고 대상에서 주체로 전환하는 운동을 표상한다. "파라솔"의 '접힘'은 '주체의 대상화'의 결과이지만, '폄'은 '대상의 주체화'의 결과이다. 그것은 각각 "그"의 수동성과 능동성에 대응한다.

그런데 "파라솔"의 '접힘'과 '폄', 그리고 "그"의 수동성과 능동성은 상호대립과 상호부정에 머물지 않고 '접힘'과 수동성이 '폄'과 능동성의 계기가 된다. '접힘'과 수동성은 '폄'과 능동성으로 극적인 전환을 이룩하려는 의도를 품고 있어, 대상화와 수동성은 주체화와 능동성을 예비하는 반전의 산실이 된다. 따라서 이 '접힘'과 수동성은 그 축어적인 뜻을 넘어서는 적극성을 함축할 수 있다.

그것은 "**채곡** 접히기**만** 하는 것"이 '아무렇게 접히기만 하는 것'의 부정이자 동시에 일회적이고 우발적으로 '채곡 접히는 것'의 부정이기 때문이다. 그것은 "구기여지는것"의 부정이며 주체의 일방적인 대상화, 전면적인 능동성 상실의 부정이다. 거기에는 '접힘'과 수동성에 대한, 그리고 조야하고 훼손된 세계에 대한 주체의 반성과 저항이 내포되어 있다. 따라서 오히려 "구기여지는것"의 부정으로서 "채곡 접히기**만** 하는 것"은 나름의 순결한 질서와 규범의 세계를 지향한다. 여기에는 현실의 조야함과 무질서, 그리고 우연한 질서와 남루하고 훼손된 현실에 대한 주체의 혐오와 저항이 내장되어 있다.

거기에서 둥지를 틀고 있는 것은 "언젠든지" 자신을 활짝 "펴기 위하야" 내밀한 능동성으로 뒤척이는, 운동하는 의식이다. 의식의 이 내밀한 능동성은 '파라솔'의 본성이라고 할 수 있는 활짝 '폄'을 회복하려는 근원적인 동력이기도 할 것이다. 가지런히 접히고 활짝 펼쳐지는 '파라솔'이 환기하는 시각적 인상의 선명함과 운동의 경쾌함은 의식주체의 이러한 내부적 움직임을 훌륭히 시각화한다. 그런 뜻에서 "파라솔"은 이러한 역동성을 생동감 있게 드러내는 심상으로서, '접힘'과 '폄', 수동성과 능동성, 주체의 대상화와 대상의 주체화, 그리고 수동성에 깃든 내밀한 능동성을 적절하고도 폭넓게 환기한다.

이 경쾌한 역동성의 표상으로서의 "파라솔"이 보여주는 '접힘'과 '폄'의 주체가 시의 묘사대상 "그"임을 상기할 필요가 있다. "그"를 표상하는 다른 사물들, 이를테면 "연", "해협", "천사", "백조", "조란" 등이 보여주는 색조는 푸른 색과 흰색[145]이다. 이 색깔은 고상함과 순결

---

145) 양왕용에 따르면, 흰색과 푸른색은 빨강색과 함께 정지용 시에서 가장 많이 사용된 색채이다. 양왕용, 「1930년대 한국시의 연구―정지용의 경우」, 『어문학』 26집, 한국어문학

한 세계를 표상하며, "구기여지는것 젖는것"으로 드러나는 현실의 오염과 남루함에 대립된다. "그"의 내적 분열이 현실과의 관계에서 비롯한다면, "파라솔"의 심상은 수세적이지만 조야한 현실에 대한 주체의 내밀한 저항과 거부를 표현함으로써 그 통합의 가능성과 지향을 일러준다. 그것은 "海峽을 넘어 옮겨다 심어도/ 푸르리라, 海峽이 푸르듯이"와 같이 "그"의 자기동일성과 그 지속에 대한 낙관적 기대를 통해 '이미' 암시되고 있다. 아울러 "鳥卵"의 심상 또한 연약하지만 존재의 전환을 이룩할 가능성을 표상한다는 점에서, 수동적 '접힘'이 능동적 '폄'의 계기가 되는 "파라솔"의 심상과 적절히 호응한다는 점을 덧붙일 수 있다.

　모든 텍스트에서 그러하듯이, <파라솔>에도 말하는 주체와 말해진 주체가 있다. 지금까지 "그"를 문장의 주어, 곧 말해진 주체로 전제했다. "그"는 1과 11에서만 명시적으로 제시되고 그 밖의 연에서는 생략된 것으로 본 까닭이다. 그래서 각 연의 통사구조를 대체로 a("그")+b+c의 형태로 파악하고, 이에 따라 "그"는 b1······bn에 기대어 자신의 구체적 성향 c1······cn을 드러낸다는 논리가 가능했다. 그러나 11에서는 그런 논리가 가능하지 않게 되어, 말하는 주체와 말해진 주체의 문제가 제기된다. 곧 11의 "祈禱와 睡眠의 內容을 알 길이 없다"에서 말해진 주체는 "그"라고 할 수 없기 때문이다.

　이 부분은 바깥의 일상적인 활동에서 돌아와 잠에 든 "그"에 대한 묘사이다. "그"가 주체라면 자신의 "기도"의 내용을 모른다는 것은 논리적으로 적절하지 않다. 따라서 그 주체는 "그"를 관찰하고 "그"에 관하여 묘사하고 있는, 숨어서 말하는 주체일 수밖에 없다. 따라서 여기에서는 말하는 주체와 말해진 주체가 일치한다. 다시 말하면, 말하는 주체 '나'는 "그"에 관한 묘사를 진행하다가 이 부분에 와서 자신

　　회, 1972. 27쪽. 한편 김현은, 정지용의 "흰색에 대한 경사는 거의 병적일 정도"라고 했다. 김윤식 외, 『한국문학사』(중판), 민음사, 1981. 204쪽.

에 관해서 말하는 것이다. 그 동안 말하는 주체는 자신을 가리키는 어떤 기표로도 문면에 등장하지 않고 "그"를 냉정하게 관찰하는 시선으로서만 숨어 있다가 여기에서 불쑥 자신의 얼굴을 내밀고 있는 셈이다.

말하는 주체의 직접적인 출현을 가정할 수 있는 것으로 이 부분 외에 12와 13을 들 수 있다. 이 두 연을 드는 것은 그것이 무엇보다 덧붙여진 듯한 느낌을 주는 탓이다. 달리 말하면 그 앞 연들 사이에서 보이는 것 이상의 단절이 11과 12 사이에 있다고 할 수 있다. 이것은 주관적인 것일 수 있으나, 다음과 같은 설명이 가능하기도 하다. 즉 11까지는 주로 "그"의 일상적인 외부활동을 다루고 있으며 대체로 대상에 대한 외면적 묘사에 치중하고 있다. 그에 비하여 12는 내면의 직접적인 표현이며 13은 어떤 사태에 대한 설명에 가깝다. 또한 11까지의 외부묘사가 일상생활의 시간적 경과에 대응한다면, "수면"(11)은 그 흐름의 끝인 까닭에 이 지점이 시를 자연스럽게 완결할 수 있는 곳이라는 점이다. 그렇게 본다면 12와 13은 그 이전에 비하여 다소 돌발적이고 덧붙여진 것이라는 느낌을 준다고 하지 않을 수 없다.

12-13이 말하는 주체의 자기고백이라면, 이와 같이 대상묘사에서 자기고백으로 이행하는 말하는 주체의 말하기 방식의 변화는, 그것을 가능하게 하는 또 하나의 주체를 상정하도록 한다. 그것은 말하는 주체와 말해진 주체의 관계를 심미적 전략에 따라 선택, 조절, 통어하는 주체이다. 그것은 텍스트 바깥에 실재하는 시인이라고 말할 수 있지만, 엄밀하게 말한다면 그와는 구별될 수 있다. 그것은 시인의 일부이지만, 그의 일상적이고 경험적인 자아와 구별되는 심미적 주체이다. 이 심미적 주체는 말하는 주체와 말해진 주체를 선택, 창조하고 그 관계를 조정, 통제하는 주체이다.

12-13에서 이 심미적 주체는 조정자로서의 자기 역할을 포기한 채 말하는 주체와 겹치고 뒤섞여 하나가 된다. 또한 다른 곳에서도 심미

적 주체는 말하는 주체의 눈길을 통해 자신의 흔적을 텍스트 곳곳에 드러낸다. 말하는 주체의 눈길이 말해진 주체의 외부에만 머물러 있지 않고 내부에까지 침투하는 것은 그 때문이다. 8의 "부끄럽기도하나 잘 먹는다"에는 말하는 주체의 시선이 말해진 주체의 내면에 이미 깊숙이 스민 것을 보여 준다. "부끄럽기도하나"는 "먹는다"는 행위에 수반된 말해진 주체의 내면에 관한, 말하는 주체의 해석과 판단의 개입이다. 거기에서 말하는 주체와 말해진 주체 역시 뒤섞여 동거한다.

텍스트 안팎을 넘나드는 주체들의 이 겹침과 뒤섞임은, 결국 텍스트 안팎의 어떤 주체도 다른 주체의 절대적 외부로 남아 있을 수 없기 때문이다. 모든 주체는 타자를 보면서 타자에게 자신을 보이고, 타자를 읽으면서 스스로가 읽힌다.146) 따라서 텍스트의 말해진 주체 또한 부분적으로든 전체적으로든 말하는 주체와 '이미' 섞여 있고, 그 점에서는 심미적 주체와 시인과의 관계에서도 '이미' 그러하다고 할 것이다. 말해진 주체는 말하는 주체가 구성한 것이며, 심미적 주체 또한 텍스트 바깥에 실재하는 시인의 역사적, 경험적 자아와 끝내 무관할 수 없는 탓이다. 결국 모든 구성과 기획의 주체 또한 그것을 통해서 구성되고 기획된다면, 텍스트의 말하는 주체, 말해진 주체, 심미적 주체는 서로 구별되기보다 오히려 서로에게 스며 모호한 중첩성으로 존재할지 모른다.

이러한 섞임을 텍스트 내부에 한정하여 살피면, 말하는 주체의 분열로 이해할 수 있다. <카페·프란스>를 비롯하여 서로 다른 말하기 방식이 병치되어 있는 시 텍스트의 경우에서 잘 드러나듯이, 말하는 주체, 곧 시적 주체는 오히려 불연속적이고 비통일적이다. 그것을 분열의 한 양태라고 한다면, 정지용의 시편들 중에서 말하는 주체의 이

---

146) 자끄 데리다Jacques Derrida는 "우리는 씀으로써만 씌어진다."라고 말한다. 또한 그는 "너는 쓰는 자이고 동시에 씌어지는 자이다."라는 에드몽 자베스Edmond Jabès의 말을 인용하기도 한다. 김형효, 『데리다의 해체철학』, 민음사, 1993. 161쪽.

러한 분열을 드러내는 시편이 적지 않다. 그 구체적인 양상을 <카떼·쯔란스>의 분석을 통해 자세히 밝힌 바 있지만, 정지용 시의 경우 분열된 욕망은 주관의 직접적인 노출의 절제와 함께 그것을 내부에서 교란시키는 욕구가 병존하는 형태로 나타나는 것이 가장 일반적이다. 서경과 서정의 병존 역시 이러한 분열된 욕망이 드러나는 한 형식이라고 할 수 있고, 자유시에서 정형적인 시 형태를 접목하거나 산문시에서 산문적 리듬을 억압하는 것 역시 같은 현상이라고 할 수 있다.

제3장

의식의 내용과 성격

1. 상실 의식과 주체의 결핍
2. 타자 의식과 대타 관계의 양상
3. 실존적 자의식과 존재의 역동성

1. 상실의식과 주체의 결핍

1) 고향에서의 분리와 정체의 혼란

일부 정지용 시의 작품 내적 주체, 곧 시적 주체는 결핍된 존재이다. 시적 주체의 내적 결핍은 다채롭게 드러나지만, 대체로 그것이 가치 있는 외부의 부재와 상실, 혹은 그것으로부터의 분리에 기인하며 감상적 비애로 착색된다는 점이 주목된다. 곧 외부 세계의 결핍이 시적 주체의 결핍을 야기하고, 그것이 수동적이며 외부에 민감하게 반응하는 시적 주체의 비애를 촉발한다. 이 때 시적 주체는 안정감을 잃어버리고, 부재하거나 상실한 것에 대한 그리움과 향수에 몰입하거나 자기연민이나 자기학대, 혹은 우수와 몽상에 빠진다.

시적 주체가 곳곳에서 드러내는 비애의 감정은 그 바탕에 상실과 분리의 경험이 놓여 있고, 그 구체적 내용들은 '고향', '유년의 시간', 그리고 '친밀하고 사랑하는 타자' 등과 같은 것들이다. 이 모든 것들은 시적 주체의 행복하고 안정된 삶을 표상하는 이미지들이다. 이러한 것들의 부재와 상실, 그리고 이들로부터의 분리는 시적 주체를 떠돌이 의식과 고아 의식에 물들게 하며, 삶의 무정처성無定處性에 대한 비극적 자기 인식과 잃어버린 것들에 대한 기억을 다양한 형태로 변주하게 한다.

정지용의 시 텍스트 중에서 고향이 시적 주체의 행복하고 안정된 삶의 거처로서 구체적인 형상을 얻은 것은 <鄕愁>[1])에서이다. 회상의 문체와 시적 주체의 반복되는 영탄에 의해 환기되듯이, <향수>에서 제시되는 고향은 현재의 공간이 아닌 과거의 공간이며, 고향에서 분리된 시적 주체의 추억 속에 존재하는 상상된 공간이다. 추억의 공간으로서의 고향은 여러 개의 장면들이 병치되면서 다음과 같이 풍부한 구체성을 얻게 된다.

> 넓은 벌 동쪽 끝으로
> 옛이야기 지즐대는 실개천이 회돌아 나가고,
> 얼룩백이 황소가
> 해설피 금빛 게으른 울음을 우는 곳,
>
> ──그곳이 참하 꿈엔들 잊힐리야.
>
> 질화로에 재가 식어지면
> 뷔인 밭에 밤바람 소리 말을 달리고,
> 엷은 조름에 겨운 늙으신 아버지가
> 짚벼개를 돋아 고이시는 곳,

---

[1] 김윤식은 <향수>와 미국의 시인 트럼블 스티커니Joseph Trumbull Stickney의 <추억Mnemosyne>이 정서와 후렴 형식에서 유사성이 있지만, 정지용이 그 영향을 받았을 가능성이 별로 없다고 했다. 김윤식, 「가톨리시즘과 미의식─정지용의 경우」, 『한국근대문학사상사』, 한길사, 1984. 410쪽. 그런데 이에 앞서 김윤식은 <향수>가 트럼블 스티커니의 작품에 "촉발된 것이지 자기(정지용: 따온이)의 본질적 측면이 아니"라는 주장을 한 적이 있다. 김윤식, 「풍경의 서정화─정지용론」, 『한국근대문학사상비판』, 일지사, 1978. 333쪽. 그에 비해 이병렬은 두 작품의 구체적인 비교 분석을 통해 <향수>를 '창조적 모방'의 결과로 평가했다. 그에 따르면, "<향수>는 <추억>의 형식을 빌었고, 소재와 이미지를 차용"했지만, 이를 바탕으로 정지용이 "조선의 농촌, 자신의 고향의 서경과 서정에 맞게 재창조"했다는 것이다. 이병렬, 「창조적 모방을 위하여─정지용의 「향수」를 중심으로」, 『심상』, 심상사, 1993. 11월호, 154-167쪽.

―그곳이 참하 꿈엔들 잊힐리야.

흙에서 자란 내마음
파아란 하늘 빛이 그립어
함부로 쏜 화살을 찾으려
풀섶 이슬에 함추름 휘적시든 곳,

―그곳이 참하 꿈엔들 잊힐리야.

傳說바다에 춤추는 밤물결 같은
검은 귀밑머리 날리는 어린 누의와
아무러치도 않고 여쁠것도 없는
사철 발벗은 안해가
따가운 해ㅅ살을 등에지고 이삭 줏던 곳,

―그곳이 참하 꿈엔들 잊힐리야.

하늘에는 석근 별
알수도 없는 모래성으로 발을 옮기고,
서리 까마귀 우지짖고 지나가는 초라한 집웅,
흐릿한 불빛에 돌아 앉어 도란 도란거리는 곳,

―그곳이 참하 꿈엔들 잊힐리야.

<鄕愁> 전문

  짝수 연에 기계적으로 반복되는 "그 곳이 참하 꿈엔들 잊힐리야."는 시적 주체의 의식과 정서의 중심을 뚜렷이 하는 동시에 그 동어반복의 리듬이 마치 주술처럼 존재의 안온한 거처에 대한 시적 주체의 그리움(향수)을 형성하고 강화한다. 이러한 그리움은 시적 주체가 고향으로부터 분리되어 있으며, 그것을 회복할 수 없기 때문에 발생한다.

대상에 대한 그리움은 대상으로부터의 분리를 전제한다. 따라서 <향수>에서 구상화된 고향은 현재 부재하거나 회복 불가능한 공간으로서, 그로부터 분리된 시적 주체가 회상에 의해 구성한 상상의 공간이다. 이렇게 시적 주체에 의해 상상된 고향은 <향수>에서 구체화되는데, 거기에서 자연과 가정(집)은 한 공간적 실체의 안팎처럼 화해하고 있으며, 그에 대한 서술 또한 그 안팎을 교차하면서 대상을 전경화한다.

시간을 거슬러 올라가는 추억 속에 온전하게 보존되어 있는 고향에 대한 기억은 따뜻하다. 특히 '집'의 심상은 "초라한 집웅"의 외부적 남루함에도 불구하고, 정다운 '대화'가 그 내부를 가득 채우고 있는, 원초적 공동체로서 이상적인 공간을 표상한다. 그곳에서는 "도란 도란 거리는" 대화에 내밀하게 녹아 있는 가족 사이의 친밀함은 스스로 팽창하여 자연까지 감싸 안는다. 이와 같이 <향수>가 보여주는 '집'의 이미지는 초라한 외부마저 그 내적 따뜻함이 덮어주고, 가족의 온기와 화목함이 "흐릿한 불빛"을 통해 바깥의 어둠 속으로 소리 없이 스미게 한다. 바깥의 어둠 속으로 스밀 듯한 이 온화한 불빛이야말로 따뜻하고도 순화된 가족적 애정의 심상이라고 할 수 있을 것이다.

<향수>가 제시하고 있는 '집'의 이미지가 드러내는 것은 결핍된 존재가 꿈꾸는 존재의 따뜻한 거처라는 원형적인 공간에 대한 욕망이다. 그런 점에서 '집'은 모태이기도 하다. 어머니의 뱃속과 같은 '집'에서 이루어진 삶에 대한 향수는 곧 안정되고 보호받는 삶에 대한 원망을 표상하는 것이기도 하다. 그러나 그러한 '집'은 현실의 시적 주체에게는 오로지 과거의 회상 속에서만 현존한다. 그것은 부재의 공간이자 회복할 수 없는 시공간인 고향에서 이루어진 지나간 삶을 환기한다.

그런 뜻에서 <향수>는 자연 친화적인 공간으로서의 고향과 거기에 자리 잡은 온전한 집, 그리고 거기에서 이루어지는 안정된 삶에 대한 기억이다. <향수>에서 세계는 시적 주체가 누리고 향유하는 대상으로 체험된다. "실개천", "얼룩백이 황소", "바람", "별", "하늘",

"풀섶 이슬" 등 모든 사물은 시적 주체에게 삶의 위협이 되는 것이 아니라 주체가 즐기고 누리는, 곧 '향유'의 대상이다. 이러한 세계 속에서 이루어지는 '노동'은 가혹한 생존의 조건이 아니라, 인간이 스스로를 긍정하고 자기 자신의 독립성을 실현하는 활동이 된다. 거기에는 주체의 향유 대상으로서의 세계가 있을 뿐, 주체의 향유를 제한하고 위협하는 세계의 위협[2]이 존재하지 않는다. 그와 함께 주체와 타인과의 갈등이나 불화 역시 존재하지 않는다.

따라서 <향수>에서 구체화된 시적 주체의 기억은 자연의 타자성을 배제하고 자연을 집의 확장이나 연장으로 파악하는 자연 친화적이고 농본 사회적인 인간이 지닐 수 있는 추억이기도 하다. 동시에 <향수>는 그러한 공간에서 이탈하거나 그러한 공간을 상실한 시적 주체의 내적 결핍과 열망을 드러내는 한 징표이기도 하다. 후렴처럼 거듭되는 "그곳이 참하 꿈엔들 잊힐리야"라는 구절이 그러한 결핍과 열망을 잘 드러낸다.

"그곳이 참하 꿈엔들 잊힐리야"와 같은, 고향에 대한 시적 주체의 불멸의 기억은 <향수>에서 부재하는 고향을 생생한 이미지로서 현전시킨다. 그러나 이러한 기억이 구성한 고향은 시적 주체의 욕망이 빚어낸 하나의 이미지인 까닭에 실재하는 공간인 고향의 현실과 어긋날 수밖에 없다.

> 고향에 고향에 돌아와도
> 그리던 고향은 아니러뇨
>
> 산꽁이 알을 품고
> 뻐꾹이 제철에 울건만,

---

[2] 세계는 "존재의 충족임과 동시에 위협"이기도 하다. Emmanuel Levinas, *Le Temps et L´Autre*, Fata Morgana, 1979. 강영안 옮김, 『시간과 타자』, 문예출판사, 1996. 132쪽.

마음은 제고향 진히지 않고
머언 港口로 떠도는 구름.

오늘도 메끝에 홀로 오르니
힌점 꽃이 인정스레 웃고,

어린 시절에 불던 풀피리 소리 아니나고
메마른 입술에 쓰디 쓰다.

고향에 고향에 돌아와도
그리던 하늘만이 높푸르구나.

<故鄕> 전문

 "고향에 돌아와도" 고향이 "그리던 고향이 아니"라는 탄식은 근본적으로 시적 주체의 변모와 의식의 변화 탓이다. 그것은 "쓰디 쓰다"라는 감각적 체험에서 보듯이 시적 주체의 현실적이고 부정적인 자기 확인과 자괴감으로 나타난다. 씁쓸한 자괴감이 뒤섞인 비애의 감정은 고향의 변모와 관련되는 것이 아니라, "어린 시절"/현재, "고향"/"港口", 삶의 안정성/삶의 유랑성의 대립을 통해 형성되고 "어린 시절"의 행복감과 고향에서 분리된 시적 주체의 현실적 자기 인식의 대립에서 연유한다. 이러한 자괴감과 비애는 "제고향 진히지 않고/ 머언 港口로 떠도는" "마음"이 암시하는 시적 주체의 정처 없는 내면과 유랑성에 기인하며, 고향에서 분리된 자가 고향에서 비로소 자각하는 떠돌이 의식의 한 양태라고 할 수 있다.
 고향에서 분리된 자로서 시적 주체가 보여주는 떠돌이 의식은 정지용의 시편 곳곳에 편재하고 있다.[3] 이를테면, <鴨川>에서는 시적 주

---

[3] 고향 상실의 모티프는 당대 문학 작품들에서 두루 발견되는 것으로서 정지용에게 특유한 현상은 아니지만, 정지용의 시편들에 편재해 있다는 사실 자체가 그의 경험 세계를 이해하는 데 하나의 실마리를 제공할 수 있다.

체가 스스로를 "오랑쥬 껍질 씹는 나그네"로 의식하며, "찬 모래알 쥐여 짜는 찬 사람의 마음/ 쥐여 짜라. 바시어라. 시언치도 않어라."와 같이 자학적이고 공격적이며 해소되지 않는 내적 억압을 드러낸다. 물론 <압천>의 경우, 시적 주체의 이러한 내적 정서는 고향 상실과 직접적인 연관을 갖기보다 "찬 사람의 마음"에서 드러나듯이 타인과의 관계에서 발생한다. 그러나 그 밑바탕에는 "나그네"로 자신을 인식하는 떠돌이의 자의식이 있다. 떠돌이의 자의식은 다음의 <조약돌>에서 좀더 구체적인 상관물을 얻는다.

>조약돌 도글 도글······
>그는 나의 魂의 조각 이러뇨
>
>알는 피에로의 설음과
>첫길에 고달픈
>靑제비의 푸념 겨운 지줄댐과,
>꾀집어 아즉 붉어 오르는
>피에 맺혀,
>비날리는 異國거리를
>嘆息하며 헤매노나.
>
>조약돌 도글 도글······
>그는 나의 魂의 조각 이러뇨
><조약돌> 전문

<넷니약이 구절>에서도 시적 주체가 집을 떠나서 겪은 생활의 고달픔이 직접적으로 토로되고 있는 것을 살핀 바 있지만, <조약돌>에서 시적 주체의 정서로 드러나는 서러움과 고달픔은 이국 생활과 관계된다. "첫길에 고달픈"이 암시하는 것처럼, <조약돌>에서 드러나는 시적 주체의 고통스러운 정서는 처음 경험하는 이국 생활에서 빚어지

는 갈등과 연관되는 듯하다. "알는 피에로의 설음"이나 "꾀집어 아즉 붉어 오르는/ 피에 맺혀" 등이 환기하듯이, 그 통증은 매우 절실해 보인다. 이러한 통증을 호소하는 시적 주체는 "비날리는 異國거리를/ 歎息하며 헤메"면서 자신의 영혼을 "도글 도글" 구르는 "조약돌"에 투사하고 있다. 고향에서 분리된 채 낯선 세계의 표면을 표랑하는 존재인 떠돌이로서의 시적 주체를 적절히 표상하는 심상인 "조약돌"은 첫 연과 끝 연에서 반복됨으로써 전후 대칭을 이루며 그 의미가 구조적으로 강화되고 있다.

그런데 고향으로 표상되는 삶의 온전한 근거를 상실하거나 그 부재로 인해 타향과 타국에서 떠도는 시적 주체가, <고향>에서처럼 고향이 "그리던 고향이 아니"라는 탄식이나 "쓰디" 쓴 비애의 감정을 보여 주거나 <조약돌>에서처럼 떠돌이의 자의식만을 보여 주는 것은 아니다. 고향 상실이 여기에 그치지 않고 마침내 시적 주체에게 정체성의 혼란과 위기까지 부를 가능성이 있다는 것을 다음의 시편들은 보여 준다.

  내사 검은 밤ㅅ비가 섬돌우에 울때 호롱ㅅ불앞에 낳다더라.
  내사 어머니도 있다, 아버지도 있다, 그이들은 머리가 히시다.
  나는 허리가 가는 청년이라, 내홀로 사모한이도 있다, 대추나무 꽃 피는 동네다 두고 왔단다.
  갈메기야, 갈메기야, 늬는 목으로 물결을 감는다, 발톱으로 민다.
  물속을 든다, 솟는다, 떠돈다, 모로 날은다.
  늬는 쌀을 아니 먹어도 사나? 내손이사 짓부푸러졌다.
                    <갈메기> 일부

  말아,
  누가 났나? 늬를. 늬는 몰라.
  말아,
  누가 났나? 나를. 내도 몰라.
  늬는 시골 듬에서

사람스런 숨소리를 숨기고 살고
내사 대처 한복판에서
말스런 숨소리를 숨기고 다 잘았다.
시골로나 대처로나 가나 오나
량친 몬보아 스럽더라.
<말 2>4) 일부

이말은 누가 난줄도 모르고
밤이면 먼데 달을 보며 잔다.
<말> 일부

    <갈메기>에서 시적 주체는 자신의 출생에 관한 정보는 물론 가족과 고향에 대한 또렷한 기억을 보여준다. 이 선명한 기억은 그 다음의 "늬는 쌀을 아니 먹어도 사나? 내손이사 짓부푸러졌다."와 같이 고향에서 분리된 자의 생존의 고통을 한층 절실하게 강화하는 효과를 낳고 있다. 고향에서 분리된 자의 고통은 다른 시 텍스트에서도 다양하게 변주되지만, 그 중심은 타향살이의 고달픔이라고 할 수 있다. 그것은 "金단초 다섯개 달은 자랑스러움, 내처 시달픔"(<船醉>), "나가서도 고달피고/ 돌아와 서도 고달펏노라./ 열네살부터 나가서 고달펏노라."(<넷니약이 구절>), "오랑쥬 껍질 씹는 젊은 나그네의 시름."(<압천>), "나는 언제든지 슬프기는 슬프나마"(<슬픈 汽車>) 등과 같이 다양한 문맥에서 구체화되어 있다.

    그러나 <말>과 <말 2>에서 "말"은 물론 시적 주체 역시 자신의 기원을 알지 못하는 것으로 제시된다. <말 2>에서는 자신의 정체성을 형성하는 본질적인 정보의 부재에 따른 위기를 "량친 몬보아 스럽더라"와 같은 비애로 드러내고, <말>에서는 그것을 막연한 그리움을 통해 암시한다. <말 2>에서 시적 주체와 "말"은 서로 존재의 속성을

---
4) 『정지용시집』, 82-83쪽.

교환하거나 공유함으로써 동일화를 이루고, 인용되지는 않았지만, <말>에서는 "말아, 사람편인 말아,"라고 해서 그 점을 보여 준다. 이렇게 시적 주체와 동물이 동일화를 이루면서 환기하는 것은 자신의 뿌리로부터 추방되거나 소외된 고아 의식이라고 할 수 있다.

<고향>, <말 2>, <갈메기>에서 드러나는 떠돌이의 비애는 실존의 내면적 깊이를 보이기보다는 대체로 타자에 대한 감상적인 그리움이나 안정된 삶과 가족 세계에서 분리된 자의 자기 연민에 머물고 있다. 뿌리 없이 떠도는 자의 자기 확인이 개인적 문맥을 넘어서 집단적인 것으로 해석될 수 있는 것은 <카예·프란스>의 다음과 같은 구절이다. 그러나 이것 또한 창백한 청년 지식인의 자기 연민에 그치고 있을 따름이다.

　　나는 나라도 집도 없단다.
　　大理石 테이블에 닷는 내뺨이 슬프구나!

집단적 삶의 기둥이 '나라'라면, '집'은 개인적 삶의 안정성을 표상한다. 『정지용시집』에 실려 있는 산문 <람프>에는 개인적 삶의 안정된 터전인 '집'의 이미지가 시적 주체의 거소로서 불충분하고 불안정한 공간으로 나타난다. <람프>에 제시된 '집'은, 존재를 외부로부터 보호하고 그에게 안식과 평화를 보장하는 튼튼하고도 모성으로 가득 찬 원형적인 집의 이미지가 결핍된 '집', 곧 '집'의 결여태로서의 '집'이다. "다만 힌조히 한겹으로 이 큰밤을 막고 있는 나의 보금자리"로 표현된 '집'은 연약하고 불안정한 공간5)이다. 이러한 '집'의 결여태로서의 '집'이 존재의 따뜻한 거처로 회복되고 형상화되어 제시되는 것

---

5) 손병희, 「정지용의 <밤>과 <람프> 분석」, 『문학과 언어』 12집, 문학과 언어연구회, 1991. 333쪽 참조. 또한 집이 인간의 자기 긍정, 자기 자신의 독립성을 실현하기 위한 조건임을 레비나스의 철학을 통해 살핀 바도 있다. Emmanuel Levinas, 앞의 책, 129–132쪽.

이 <鄕愁>의 '집'이다.

위에서 살핀 것처럼, 정지용의 시에서 고향과 가족, 그리고 그것이 환기하는 온전하고 행복한 삶에서의 분리나 그 상실은 개인적, 집단적인 문맥에서 시적 주체에게 비애와 자기 연민, 나아가 정체성 혼란의 가능성을 보여 준다.[6] 고향의 부재와 상실에 따른 이러한 비애와 자기 연민은 그만큼 고향이 시적 주체의 의식이 지향하거나 회귀하는 중심임을 암시하며, <향수>에서 형상화된 고향의 이미지가 바로 이러한 의식의 중심으로서의 고향이라고 할 수 있다. 이러한 고향은 시적 주체의 현실적 고통이나 비애를 보상하거나 치유할 수 있는 공간으로 제시된다.

> 할머니
> 무엇이 그리 슬어 우십나?
> 울며 울며
> 鹿兒島로 간다.
>
> 해여진 왜포 수건에
> 눈물이 함촉,
> 영! 눈에 어른거려
> 기대도 기대도
> 내 잠못들겠소
>
> 내도 이가 아퍼서

---

[6] 정지용의 시는 대체로 정치적·역사적 현실을 배제·삭제하지만, 이 역시 결과적으로 정치적 억압을 반증할 수 있다. 정지용은 "사춘기를 지나서부텀은 일본놈이 무서워서 산으로 바다로 회피하여 시를 썼다."(정지용, 『산문』, 동지사, 1949. 31쪽.)고 고백하기도 했다. 그런 뜻에서 정지용 시의 정치 현실 '삭제'는 시인의 자기 검열과 당시의 "미학적 억압"의 징표로서 그 또한 역사적 성격을 지닌다. 따라서 정치 현실의 '배제와 삭제'로서의 정지용 시는 식민지 시대의 "정치적 억압의 예술적 상응물"(Bart Moor-Gilbert, *Postcolonial Theory: Contexts, Practices, Politics*, 1997. 이경원 옮김, 『탈식민주의! 저항에서 유회로』, 한길사, 2001. 393쪽.)로 읽을 수 있는 가능성에도 개방되어 있는 셈이다.

故鄕 찾어 가오

배추꽃 노란 四月바람을
汽車는 간다고
악 물며 악물며 달린다.

<汽車>7) 전문

나―ㄹ 눈 감기고 숨으십쇼
잣나무 알암나무 안고 돌으시면
나는 삿삿이 찾어 보지요.

숨ㅅ기 내기 해종일 하며는
나는 슬어워 진답니다.

슬어워 지기 전에
파랑새 산양을 가지요.

떠나온지 오랜 시골 다시 찾어
파랑새 산양을 가지요.

<숨ㅅ기내기>8) 전문

<기차>와 <숨ㅅ기내기>는 시적 주체가 자신의 현실적 고통과 비애를 고향을 통해 치유하려는 것을 잘 보여 준다. <기차>에서 시적 주체는 "내도 이가 아퍼서/ 故鄕 찾어 가오."라고 말함으로써 고향 찾기가 현실적 고통의 치유 방법이 되고 있음을 암시한다. 문면에 나타난 아픔은 치통이지만, 이것을 단순한 치통으로만 이해하는 것은 사태를 지나치게 단순화할 가능성이 있다. 무엇보다 치통은 "할머니"의 슬픔과 병치되어 있기 때문인데, "할머니"의 슬픔은 "울며 울며"라는

---

7) 『정지용시집』, 113-114쪽.
8) 위의 책, 123쪽.

반복을 통해 환기되듯이 기차 여행 내내 지속되는 것으로 보인다.

아울러 "故鄕 찾어 가오"는 '고향에 간다'라는 표현과는 다른 음영을 지니는데, 그것은 단순한 고향 방문과는 구별되는 실향 상태/의식의 적극적인 극복 의지의 표현으로 이해될 수도 있기 때문이다. 그렇게 읽을 수 있는 것은 치통의 치유를 위해 먼 거리에 있는 고향에 가는 것이 아무래도 부자연스럽기 때문이기도 하다. 또한 "악 물며 악물며 달"리는 기차가 "할머니"의 슬픔과 시적 주체의 치통에 대응하면서 시 전체를 고통과 통증의 텍스트로 읽을 수 있도록 한다는 점에서 그렇다. 따라서 여기서 제시된 치통은, 치통에 제한되지 않고 치통의 경험이 폭넓게 환기할 수 있는 삶의 통증에 대한 비유로 읽을 수 있다. 어쨌든 이러한 시적 주체의 통증의 해소 방법이 고향을 찾아가는 것으로서 제시되고 있다는 점에서 고향이 지니는 상징적 의미를 짐작할 수 있겠다.

<숨스기내기>에서도 고향은 현실적인 갈등을 해소하는 수단이 되고 있다. 이 텍스트는 그 의미가 매우 단순해 보이지만, 여기서는 의식 주체 사이에서 벌어질 수 있는 긴장된 싸움을 엿볼 수 있다는 점만 일단 지적하고 구체적인 서술은 뒤로 미룬다. 어쨌든 여기서 시적 주체는 예상되는 서러움을 방어하기 위한 수단으로 "파랑새 산양"을 제시하지만, 이 역시 "떠나온지 오랜 시골"에서 이루어질 것으로 암시한다. "떠나온지 오랜 시골"이 고향의 다른 이름이라면, 고향은 현실적 고통을 해소하거나 해결할 수 있는 공간이 되는 것이다.[9]

고통이야말로 주체의 주체성을 가장 생생하게 반성하고 확인하게 하는 경험[10]인 동시에 존재하는 자신을 가장 뚜렷이 의식하게 하는

---

9) 그런 점에서 시적 주체가 고향에서 오히려 고향의 타자성을 느끼는 것을 형상화한 <고향>은 정지용 시에 나타난 일반적인 고향 의식과는 뚜렷한 차이를 드러내는 예외적인 것이다.
10) 헤겔은 "아픔을 통하여 사람은 자신의 주체성을 느낀다."고 했다. 손봉호, 『고통받는 인간』, 서울대출판부, 1995. 71쪽에서 재인용.

계기이다. 그런 점에서 고통의 경험은 "자의식의 기반"[11]이며, 이 경험을 통해 시적 주체가 자신의 주체성의 뿌리인 고향에 대한 관심과 그리움을 키울 수 있다. 따라서 자신의 존재와 주체성을 각성하게 하는 계기로서의 고통이 시적 주체를 귀향으로 이끄는 것은 자연스럽다고 할 수 있다. 고향이란 하나의 공간적인 장소만을 의미하는 것이 아니라, 상징적으로 주체의 주체성이 온전하게 보존된 정신적 터전을 함께 뜻하는 것이기도 하기 때문이다.

이러한 고향의 이미지는 <향수>와 <넷니약이 구절>에서 잘 형상화되어 있다. <향수>에 나타난 고향은 자연과 인간의 친화적인 공존의 세계이자 갈등 없는 유희와 노동의 공간이며, 초라하지만 가족애의 온기가 서린 집으로 구성된 공간이다. 거기에는 삶의 구체적 경험들이 부여할 수 있는 어떤 상처의 흔적이나 시적 주체가 타인과 세계 사이에서 겪을 수 있는 어떤 갈등의 자취도 존재하지 않는다. 그것은 고향에서 분리된 주체의 열망이 빚어낸 일종의 동일화의 환상이라고 말할 수도 있지만, 어쨌든 고향에서 분리된 시적 주체에게 이러한 고향의 이미지는 그 자체가 하나의 심리적 구원이 될 수는 있을 것이다.

<향수>가 자연과 인간, 자연과 집/가족, 그리고 가족 내부의 조화와 동화를 근거로 고향의 이미지를 형상화한다면, <넷니약이 구절>은 시적 주체와 가족, 그리고 마을 공동체와의 동일화를 중심으로 고향과 가족의 이미지를 구상화한다. 앞에서 구체적으로 살폈듯이, 타향에서 겪은 시적 주체의 고통은 "고달픔"으로 언명되는데, 이 시적 주체의 "고달픔"에 대한 공감은 가족 구성원들과 사물들에게까지 두루 확장된다. 시적 주체와 타인 및 사물들 사이에서 일어나는 이러한 동

---

11) 위의 책, 71쪽. "즉 고통을 느끼는 자신에 대해서 생각하지 않을 수 없게 되고, 그 고통을 느끼는 자신을 의식하게 되는 것이다. 어린이는 몸에 일어나는 여러 가지 느낌을 경험한 다음에야 비로소 자신의 사지가 자신에게 속한 것을 인식하게 된다고 하는데, 그 느낌 가운데 대표적인 것은 고통의 경험이라 한다."는 바으텐데이크F.J.J. Buytendijk의 말도 인용했다.

일화는 시적 주체가 겪을 수 있는 세계와의 갈등과 거기에서 비롯하는 통증을 완화하거나 치유할 것이다. 그런 점에서 정지용의 시 텍스트가 보여 주는 고향 상실과 고향 지향은 이러한 낭만적 동일화의 상실과 회복의 욕망에 다름 아니다.

지금까지의 분석을 통해 정지용의 시편들에 나타난, 고향에 관련된 시적 주체들의 의식의 양상을 살폈다. 간략히 정리한다면, 정지용의 시에서 고향에서의 분리나 고향 상실은 시적 주체의 비애와 자기 연민의 직접적인 계기가 되기도 하고 나아가 자신의 정체성에 대한 의문이 발생하는 진원지가 되기도 한다. 그것은 대체로 개인적인 차원으로 제시되지만, <카뻬·프란스>같은 경우에는 집단적인 문맥을 구성하기도 한다. 동시에 고향은 시적 주체의 현실적 고통이나 갈등을 해소하거나 해결할 수 있는 곳으로 제시되어 있어, 고향이 시적 주체의 상처를 치유하는 힘을 지닌 공간으로 나타난다.

이러한 사실은 고향이 시적 주체의 의식의 중심을 형성할 뿐만 아니라 시적 주체의 의식이 끝없이 회귀하고 지향하려는 구심점이 된다는 것을 일깨워 준다. 시적 주체의 의식이 지향하고 회귀하는 중심으로서의 고향의 이미지는 <향수>에서 구체적이고도 풍부하게 제시되어 있으며, 그 낭만적 동일화의 성격을 <넷니약이 구절>에서 좀더 구체화하고 있다. 그러나 고향에서의 분리나 고향 상실을 통해 겪게 되는 현실의 갈등과 고통이 이상화한 고향에 대한 회상이나 고향 찾기를 통해 완화되거나 해소될 수 있는 가능성은 다만 가능성으로만 제시되어 있을 뿐이다. 이렇게 현실의 갈등이나 고통을 치유할 수 있는 잠재적인 힘의 근원으로서 표상되는 대부분의 고향 이미지와는 달리, <고향>에서는 오히려 이상화한 고향의 타자성으로서 고향의 현실적인 이미지가 제시되어 있다. 이러한 고향에 대한 대조적인 이미지, 그리고 이를 통해 드러나는 고향에 대한 시적 주체들의 대립적인 의식은 전체적으로 고향에 대한 시적 주체들 사이에 존재하는 의식의 틈과 분열을 드러낸다고 할 수 있다.

2) 친밀한 타인의 상실과 의식의 감상화

정지용의 시편들에서 시적 주체가 내적 결핍을 드러내는 경우는 친밀한 타인의 부재와 상실에서도 당연히 나타난다. 인간의 삶이 타인과의 관계에서 이루어지는 경험의 지속과 축적이며, 주체의 주체성과 자기 의식 역시 타인과의 관계에서 구성된다는 점에서 대타 관계는 인간적 삶의 가장 중요한 구성 요소일 것이다. 뒤에서 상술할 시적 주체의 대 타자 의식과는 별도로 여기서는 타자의 부재와 상실로 인한 시적 주체의 결핍에 관한 문제를 검토한다. 타자 문제를 이렇게 나누어 검토하는 것은 여기서 다루는 타자는 가족이나 사랑하는 이와 같이 시적 주체에게 타자의 타자성이 거의 인식되지 않는 타인이기 때문이다. 이럴 경우 타인은 자신의 타자성을 상실한 채 시적 주체의 연장이나 동일화의 대상이 된다.

> 당신은 내맘에 꼭 맞는 이.
> 잘난 남보다 조그만치만
> 어리둥절 어리석은척
> 옛사람 처럼 사람좋게 웃어좀 보시요.
> 이리좀 돌고 저리좀 돌아 보시요.
> 코 쥐고 뺑뺑이 치다 절한번만 합쇼.
>
> 호. 호. 호. 호 내맘에 꼭 맞는 이.
>
> <내 맘에 맞는 이> 일부

<내 맘에 맞는 이>는 "당신"으로 지칭된 타인이 시적 주체 속에 완전히 해소되어버린 경우이다. 타인은 시적 주체의 요구에 저항하지

않고 그것을 전폭적으로 수용한다. "호. 호. 호. 호. 내맘에 꼭 맞는 이."는 시적 주체의 요구를 수용한 타인에 대한 만족감의 서술이다. 이 때 타인은 타자성을 상실한 채 자신의 타자인 시적 주체의 욕망을 욕망하며, 시적 주체는 타인을 자신의 연장이나 확장으로 간주한다. 이러한 행복한 관계는 일시적이고 상상적인 동일화에 따른 것이지만, <내 맘에 맞는 이>에서는 시적 주체와 타인의 분열 가능성이 전혀 제시되지 않는다. 시적 주체와 타인 사이에 존재하는 공감과 만족은 다음의 <甲板 우>와 <꽃과 벗>에서도 잘 드러난다.

> 별안간 뛰여들삼어도 설마 죽을라구요
> 빠나나 껍질로 바다를 놀려대노니,
>
> 젊은 마음 꼬이는 구비도는 물구비
> 두리 함께 굽어보며 가비얍게 웃노니.
>
> <甲板 우> 일부

> 駱駝털 케트에
> 구기인채
> 벗은 이내 나븨 같이 잠들고,
>
> 높이 구름우에 올라,
> 나릇이 잡힌 벗이 도로혀
> 안해 같이 여쁘기에,
> 눈 뜨고 지키기 싫지 않었다.
>
> <꽃과 벗>[12] 일부

<내 맘에 맞는 이>와 마찬가지로, <갑판 우>에서도 시적 주체와 타인은 연인 관계로 제시된다. 해상 여행 체험의 일부로 제시된 위 부분에서 시

---
12) 『백록담』, 37쪽.

적 주체와 타인의 공감은 "두리 함끠 굽어보며 가비얍게 웃노니."에 잘 나타난다. 그 앞부분("젊은 마음 꼬이는 구비도는 물구비")에서 보이는 '꼬이다'는 남을 속이거나 부추기는 뜻의 '꾀다'의 뜻3)으로 갑판에서 시적 주체와 타인이 "구비도는 물구비"에 함께 마음이 이끌리는 상태를 환기하면서 다음 행에서 이루어지는 정서적 공감을 자연스럽게 서술하는 계기가 된다. <꽃과 벗>에서는 시적 주체와 타인의 관계가 친구 사이로 제시된다. 벗에 대한 시적 주체의 정서는 잠드는 벗을 "나븨 같이 잠들고"와 같이 서술하거나 잠든 벗을 "안해 같이 예쁘"다고 말하는 것에서 잘 드러난다.

<blockquote>
웃 입술에 그 뺏나무 열매가 다 나섰니?
그래 그 뺏나무 열매가 지운듯 스러젓니?
그끄제 밤에 늬가 참버리처럼 닝닝거리고 간뒤로—
불빛은 송화ㅅ가루 뻬운듯 무리를 둘러 쓰고
문풍지에 아름푸시 어름 풀린 먼 여울이 떠는구나.
바람세는 연사흘 두고 유달리도 밋그러워
한창때 삭신이 덧나기도 쉽읍단다.
외로운 섬 강화도로 떠날 림시 해서—
웃 입술에 그 뺏나무 열매가 안나서서 쓰겠니?
그래 그 뺏나무 열매를 그대로 달고 가랴니?
<뺏나무 열매> 전문
</blockquote>

<blockquote>
나비가 한마리 날러 들어온 양 하고
이 종희ㅅ장에 불빛을 돌려대 보시압.
제대로 한동안 파다거리 오리다.
—대수롭지도 않은 산목숨과도 같이.
그러나 당신의 열적은 오라범 하나가
</blockquote>

---

13) '꼬이다'를 일 따위가 순순히 되지 않고 얽히거나 뒤틀린 것, 비위에 거슬려 마음이 뒤틀리는 것을 뜻한다고 보면, 시의 문맥과 어긋난다. '꼬이다'를 '꾀다'의 충북 방언으로 보거나 '꼬다'의 피동사, 혹은 모여들어 뒤끓는 것을 뜻하는 '꾀다'가 축약되지 않은 형태로 볼 수 있는 가능성도 있지만, 그 모두가 시적 문맥과 잘 어울린다고 할 수 없다.

먼데 갓가운데 가운데 불을 헤이며 헤이며
찬비에 함추름 휘적시고 왔오
―스럽지도 안은 이야기와도 같이.
누나, 검은 이밤이 다 희도록
참한 뮤―쓰처럼 쥬므시압.
海拔 二千呎이트 산 봉오리 우에서
이제 바람이 나려 옵니다.

<엽서에 쓴글>[14] 전문

  <내 맘에 맞는 이>, <갑판 우>, <꽃과 벗>이 연인이나 벗에 대한 시적 주체의 호의와 애정을 표현한 것이라면, <엽서에 쓴글>은 가족에 대한 애정이 구체화된 시이다. 누이에게 보내는 편지글 형식을 한 <엽서에 쓴글>에서 누이에 대한 시적 주체의 관심과 애정이, 자신의 엽서를 자신("열적은 오라범")에 비유하는 데서, 그리고 "불을 헤이며 헤이며"의 반복이나 "찬비에 함추름 휘적시고 왔"다는 서술에서 잘 드러난다. <뻣나무 열매>에는 시 텍스트에 전제된 청자를 구체적으로 지시하는 정보가 없지만, 그 어조나 서술의 내용을 통해서 그에 대한 시적 주체의 애정을 충분히 감지할 수 있다.
  위의 <뻣나무 열매>와 <엽서에 쓴글>에 등장하는 친밀한 타인은 <내 맘에 맞는 이>, <갑판 우>, <꽃과 벗>과 달리 시적 주체와 함께 있지 않다. <내 맘에 맞는 이>, <갑판 우>, <꽃과 벗>에서 타인은 시적 주체와 대면하고 있지만, <뻣나무 열매>와 <엽서에 쓴글>에서 타인은 시적 주체와 공간적 거리를 두고 있다. 그러나 이러한 공간적 거리는 심리적 거리와는 무관하며, 시적 주체의 애정은 이러한 공간적 거리를 오히려 단축하거나 무화시킨다. 이런 경우 시적 주체가 내적 결핍에 시달릴 리는 없는데, 그것은 친밀한 타인의 부재 현상이 일시적일 뿐만 아니라 그와의 재회 가능성이 예비되어 있는

---

14) 『정지용시집』, 57쪽.

탓일 것이다.

  그러나 친밀한 타인의 부재가 일시적인 것이 아니거나 그 상실로 이어질 때, 시적 주체는 불안과 불안정에 시달리거나 상실감과 그리움의 통증을 호소하게 된다. 이 때 시적 주체는 <내 맘에 맞는 이>나 <갑판 우>에서처럼 대면한 타자와의 동일화의 정서를 나타내거나 존재 충일의 상태에 더 이상 머무를 수 없게 된다. 시적 주체는 친밀한 타인의 부재나 상실을 경험하는 현실에 직면하여 <슬픈 인상화>에서처럼 시름에 겨운 채 현실을 그대로 수락하거나 <柘榴>나 <오월 소식>에서처럼 비교적 심리적 안정을 유지한 가운데 부재하거나 상실한 타인을 추억하는 것에 만족할 수도 있다. 그러나 대체로 시적 주체는 친밀한 타인의 부재와 상실을 경유하면서 세계에서 소외되거나 고립되며, 고독하고 불안한 주체로서 내적인 결핍의 상태에 이르게 된다.

    세멘트 깐 人道側으로 사폿 사폿 옴기는
    하이한 洋裝의 點景!

    그는 흘러가는 失心한 風景이여니……
    부즐없이 오랑쥬 껍질 씹는 시름……

    아아, 愛施利·黃
    그대는 上海로 가는구료…………
                            <슬픈 印像畵> 일부

    한 겨을 지난 柘榴열매를 쪼기여
    紅寶石 같은 알을 한알 두알 맛 보노니,

    透明한 옛 생각, 새론 시름의 무지개여,
    金붕어 처럼 어린 녀릿 녀릿한 느낌이여.

이 열매는 지난 해 시월 상ㅅ달, 우리 둘의
조그마한 이야기가 비롯될 때 익은것이어니.(가운데 줄임)

아아 柘榴알을 알알히 비추어 보며
新羅千年의 푸른 하늘을 꿈꾸노니.
<柘榴> 일부

梧桐나무 불밝힌 이곳 첫여름이 그립지 아니한가?
어린 나그내 꿈이 시시로 파랑새가 되어 오리니,
나무 밑으로 가나 책상 턱에 이마를 고일 때나,
네가 남기고 간 記憶만이 소근 소근거리는구나
<五月消息>15) 일부

<柘榴>와 <五月消息>에서 시적 주체는 친밀한 타인의 흔적만을 되새김질한다. 부재의 타인는 그가 "남기고 간 記憶"과 시적 주체의 "透明한 옛 생각" 속에서 여전히 "소근 소근거리"고 있다. "참버리처럼 닝닝거리고 간뒤로ㅡ"(<뼷나무 열매>) 시적 주체의 순화된 추억 속에서 투명하고 생생하게 현존하는 친밀한 타인의 목소리는, 시적 주체가 자신의 존재를 여전히 부재하는 타인에게 기대고 있음을 뜻하며, 타인이 부재하는 결핍된 현실 속에서 시적 주체가 "새론 시름"에 잠겨 있다는 것을 의미한다. 그 "시름"은 "新羅千年의 푸른 하늘을 꿈꾸"(<柘榴>)는 시적 주체에 의해, 부재하지만 추억의 형식으로 영원히 현존하는 친밀한 타인에 대한 기억에 부착된 것이기도 하다.

서낭산ㅅ골 시오리 뒤로 두고/ 어린 누의 산소를 묻고 왔오/
해마다 봄ㅅ바람 불어를 오면,/ 나드리 간 집새 찾어 가라고/
남먼히 피는 꽃을 심고 왔오

---

15) 위의 책, 30쪽. 박용철에 따르면, <오월 소식>은 교사로서 강화도에 부임한 누이를 위해 지은 것이라고 한다. 박용철, 『박용철전집』, 시문학사, 1940. 273쪽.

(<산소>)16) 전문)

새삼나무 싹이 튼 담우에/ 산에서 온 새가 울음 운다.//
산엣 새는 파랑치마 입고/ 산엣 새는 빨강모자 쓰고//
눈에 아름 아름 보고 지고/ 발 벗고 간 누의 보고 지고//
따순 봄날 이른 아침부터/ 산에서 온 새가 울음 운다.

(<산에서 온 새>17) 전문)

뻐꾹이 울든 날/ 누나 시집 갔네-//
파랑병을 깨트려/ 하늘 혼자 보고//
빨강병을 깨트려/ 하늘 혼자 보고

(<병> 일부)

 위의 <산소>는 친밀한 타인 "누의"의 부재와 상실만을 제시하고, <산에서 온 새>에서는 부재하는 "누의"에 대한 그리움을 드러낸다. 그리움은 그리움의 대상과 분리되거나 그 상실이 전제될 때 발생한다. <산소>와 <산에서 온 새>에서는 친밀한 타인의 분리와 상실에 이르는 구체적 정황이 서술되지 않지만, 그것은 문맥 상 "누의"의 죽음에 따른 것으로 이해할 수 있다.18) 그러나 죽음이라는 극한적인 상황에 의한 분리에도 불구하고, 시적 주체의 정서는 그렇게 격렬하거나 불안정하지 않다. 또한 <병>에서도 "누나"의 혼인으로 분리된 시적 주체의 고독감을 간결하게 그리고 있다. 그러나 다음과 같은 경우는 이와 다르다.

---

16) 위의 책, 104쪽.
17) 위의 책, 110쪽.
18) 시적 주체가 유소년으로 간주될 수 있는 이러한 동요 혹은 민요 형식의 텍스트에서 죽음이나 가족으로부터의 분리의 모티프가 자주 등장하는 것은 정지용의 개인사적인 경험과 관련이 있을 수도 있겠다. <지는 해>, <무서운 시계> 등도 가족으로부터 분리되는 데서 오는 공포를 다루고 있다.

우리 옵바 가신 곳은
해님 지는 西海 건너
멀리 멀리 가셨다네.
웬일인가 저 하늘이
피ㅅ빛 보담 무섭구나!
날리 났나. 불이 났나.

<지는 해> 전문

옵바가 가시고 난 방안에
숫불이 박꽃처럼 새워간다.

산모루 돌아가는 차, 목이 쉬여
이밤사 말고 비가 오시랴냐?

망토 자락을 녀미며 녀미며
검은 유리만 내여다 보시겠지!

옵바가 가시고 나신 방안에
時計소리 서마 서마 무서워.

<무서운 時計>19) 전문

바람은 이렇게 몹시도 부옵는데
저달 永遠의 燈火!
꺼질법도 아니하옵거니,
엇저녁 風浪우에 님 실려 보내고
아닌 밤중 무서운 꿈에 소스라처 깨옵니다.

<風浪夢 2>20) 전문

<지는 해>와 <무서운 시계>에서는 오빠의 떠남과 부재가 야기하

---

19) 『정지용시집』, 101쪽.
20) 위의 책, 78쪽.

는 시적 주체의 공포가 부각되고 있다. 시적 주체의 공포는 자연물인 "하늘"(<지는 해>)과 인공물인 "시계"(<무서운 시계>)에 대한 공포로 구체화되어 있다. <지는 해>에서 시적 주체가 느끼는 공포는 "날리 났다. 불이 났다."와 같이 전쟁이나 재난의 상황에 대비되어 그 질량이 암시된다. <무서운 시계> 역시 '옵바'가 없는 공간에서 증폭하는 "時計소리"는 시적 주체의 두려움이 팽창하는 것을 날카롭게 보여 주는 동시에 그것을 효과적으로 청각화한다. 시적 주체의 이러한 공포는 시적 주체가 친밀한 타인이자 보호자로부터 분리되면서 경험하게 되는 정서이다.

<풍랑몽 2> 역시 사랑하는 타인의 부재에 따른 두려움이 서술되지만, <지는 해>나 <무서운 시계>와는 그 상황이 다르다. 시의 문맥에 따르면, 시적 주체의 두려움은 "무서운 꿈"이 그 계기가 되며, 그것은 "풍랑우에 님 실려 보"낸 사실과 관련될 것이기 때문이다. 그것은 항해에 따른 "님"의 안전에 대한 염려일 수 있다. <풍랑몽 2>에서는 님의 떠남과 부재의 성격이 어떠한 것인지는 구체적으로 서술되지 않고, 다만 님의 떠남과 부재 후에 겪게 되는 시적 주체의 "무서운 꿈"과 소스라치는 놀라움만이 제시되어 있을 따름이다. 그러나 이 역시 사랑하는 타인의 부재로 인한 시적 주체의 불안을 드러내는 것임에는 다름이 없다.

   鴨川 十里ㅅ벌에
   해는 저믈어……저믈어……

   날이 날마다 님 보내기
   목이 자졌다……여울 물소리……

   찬 모래알 쥐여 짜는 찬 사람의 마음,
   쥐여 짜라. 바시여라. 시언치도 않어라.

역구풀 욱어진 보금자리
뜸북이 흘어멈 울음 울고,

제비 한쌍 떠스다,
비마지 춤을 추어.

수박 냄새 품어오는 저녁 물바람.
오랑쥬 껍질 씹는 젊은 나그네의 시름.

鴨川 十里ㅅ벌에
해가 저믈어……저믈어……

<鴨川> 전문

<압천>에서는 사랑하는 타인의 부재, 혹은 상실이 시적 주체에게 야기하는 고통이 좀더 전면화되어 있다. <압천>의 시적 주체는 세계로부터 소외된 주체로 나타나는데, 시적 주체의 자의식이 스스로를 떠도는 "나그네"로 규정하고 있기 때문이다. 나그네란 삶의 뿌리를 세계의 어느 한 곳에 깊게 내리지 못한 채 세계의 표면을 떠도는 존재이다. <압천>이 일본 경도京都 시내를 흐르는 하천임을 감안하면, 시적 주체의 이러한 떠돌이 의식은 타국 체험과 관련되면서 고향에서 분리된 자의 고통을 내장하게 된다. <압천>의 시적 주체의 정서가 "쥐여 짜라. 바시여라. 시언치도 않어라"와 같은 자학적이고 공격적이며 격렬한 형태를 하게 되는 것도 사랑하는 타인의 상실에 이러한 고향 분리 체험이 겹치는 탓이라고 볼 수 있다.

사랑하는 타인의 상실은 "날이 날마다 님 보내기/목이 자졌다……여울 물소리……"를 통해 암시된다. 또한 시적 주체의 내면은 시의 첫 연과 끝 연에 거듭되는 외부 풍경을 통해 효과적으로 대치되어 제시된다. 곧 첫 연과 끝 연에 반복되어 제시되는 시간적 배경은 시적 주체의 내면을 간접적으로 환기한다. "鴨川 十里ㅅ벌에/ 해가 저믈어……저믈어……"는 소모된 세계와 함께 시적 주체의 암울한 내면을 암시하며, "저믈어"와 말없음표의 반복은 그것을 더욱 강화한다. 첫 연을 끝 연에 다시 반복하는 것도 그러한 효과를 더할 뿐만 아니라, 시적 주체의 내면적 상황에 변화가 없음을 텍스트의 구조를 통해 확인시키는 구실을 한다고 볼 수 있다.

>   이따금 지나가는 늦인 電車가 끼이익 돌아나가는 소리에 내 조고만魂이 놀란듯이 파다거리나이다. 가고 싶어 따듯한 화로갚을 찾어가고싶어. 좋아하는 코-란經을 읽으면서 南京콩이나 까먹고 싶어, 그러나 나는 찾어 돌아갈데가 있을나구요?
>
>   네거리 모통이에 씩 씩 뽑아 올라간 붉은 벽돌집 塔에서는 거만스런 XII時가 避雷針에게 위엄있는 손까락을 치여 들엇소 이제야 내 목아지가 쭐 뺏 떨어질듯도 하구료. 솔닢새 같은 모양새를 하고 걸어가는 나를 높다란데서 굽어 보는것은 아주 재미 있을게지요 마음 놓고 술 술 소변이라도 볼까요헬멭 쓴 夜警巡査가 애일림처럼 쫓아오겠지요!(가운데 줄임)
>
>   ……아아, 아모리 기다려도 못 오실니를……
>
>   기다려도 못 오실 니 때문에 졸리운 마음은 幌馬車를 부르노니, 회파랍처럼 불려오는 幌馬車를 부르노니, 銀으로 만들은 슬픔을 실은 鴛鴦새 털 깔은 幌馬車, 꼬옥 당신처럼 참한 幌馬車, 찰 찰찰 幌馬車를 기다리노니.
>
> <幌馬車> 일부

<황마차>에서는 사랑하는 타인의 부재와 상실로 빚어지는 시적 주체의 내적 결핍이 좀더 직접적인 의식의 감상화로 드러난다. 여기에서 시적 주체의 짙은 자기 연민과 감상화된 비애는 모든 사물에 투사되는 데 그치지 않고, "마음 놓고 술 술 소변이라도 볼까요. 헬멭

쓴 夜警巡査가 애일림처럼 쫓아오겠지요!"와 같이 유아적 퇴행이나 자기방기自己放棄의 상태에까지 이른다. 시적 주체가 이러한 상태에 이르는 것은 사랑하는 타인("당신")이 "아모리 기다려도 못 오실니"이기 때문이다. "그러나 나는 찾어 돌아갈데가 있을나구요?"라는 물음이 절실하게 느껴지지 않는 것은, 인용한 끝 단락이 보여주듯, 화려한 수사와 과장된 리듬에 시적 주체가 도취하고 있기 때문일 것이다. 그런 뜻에서 <황마차>의 슬픔은 감상적인 시적 주체가 "銀으로 만들은", 장식화된 슬픔이라고 할 수 있다.

그 밖에도 <종달새>나 <바다 4> 같은 텍스트들은 시적 주체가 드러내는 감상적 의식과 정서의 뿌리가 세계로부터의 소외나 좌절의 경험에 자리하고 있을 수 있다는 가정을 가능하게 한다. <종달새>는 어머니의 부재와 세계로부터의 소외를 고독한 유소년 주체[21]를 통해 보여 준다. <바다 4>는 시적 주체의 세계 경험이 좌절과 그로부터 비롯하는 서러움을 초점화하고 있다는 것을 보여 주는데, 여기의 시적 주체 역시 고독한 존재이다.

  삼동내― 얼었다 나온 나를
  종달새 지리 지리 지리리……

---

21) 정지용의 유소년기 체험(그것은 일종의 원초적 세계경험이라고 할 수 있다.)을 엿볼 수 있는 산문으로는 <대단치 않은 이야기>, <장난감 없이 자란 어른>, <더 좋은 데 가서>, <별똥이 떨어진 곳>, <새옷>, <꾀꼬리와 菊花>, <우통을 벗엇구나스승에게 받은 말> 등이 있다. 특히 <대단치 않은 이야기>에서 "(앞줄임)나는 소년쩍 고독하고 슬프고 원통한 기억이 진저리가 나도록 싫어진다. 다시 예전 소년시절로 돌아가는 수가 있다면 나는 지금 이대로 늙어가는 것이 차라리 좋지 나의 소년은 싫다."(정지용/1949, 앞의 책, 150쪽.)고 한 것이나, <더 좋은 데 가서>에서 "홍역, 압세기, 양두발반, 그리고 간기, 백일해, 그러한 것들을 앓지 않고도 다시 소년이 될 수 있소?"(정지용, 『문학독본』, 박문출판사, 1948. 22쪽.)라고 한 것, 그리고 <새옷>에서 "나의 몸서리가 떨리도록 고독하고 가난하던 소년"(정지용/1949, 앞의 책, 144쪽.)이라고 한 것이나 <꾀꼬리와 菊花>에서 "열세살적 외롬과 슬픔과 무섬탐"(김학동 엮음, 『정지용전집 2 산문』(증보판), 민음사, 1988. 153쪽.)이라고 한 것 등은 정지용의 유소년기 체험을 이해하는 데 일정한 도움이 된다.

웨저리 놀려 대누.

어머니 없이 자란 나를
종달새 지리 지리 지리리……

웨저리 놀려 대누.

해바른 봄날 한종일 두고
모래톱에서 나홀로 놀자.
<종달새> 전문

후주근한 물결소리 등에 지고 홀로 돌아가노니
어데선지 그누구 씨러저 울음 우는듯한 기척,

돌아 서서 보니 먼 燈臺가 반짝 반짝 깜박이고
갈메기떼 끼루룩 끼루룩 비를 부르며 날어간다.

울음 우는 이는 燈臺도 아니고 갈메기도 아니고
어덴지 홀로 떠러진 이름 모를 스러움이 하나.
<바다 4>[22] 전문

    고향이나 친밀한 타인의 존재는 시적 주체의 온전하고 안정된 삶을 표상한다. 따라서 거기에서 분리되거나 그것을 상실할 때 시적 주체가 내적 결핍을 경험하는 것은 당연하다. 정지용 시의 경우, 시적 주체가 드러내는 내적 결핍의 양상은 부재하거나 상실한 것을 단순히 추억하는 것에서부터 비극적인 자의식이나 공포의 경험에 이르기까지 비교적 다양하다. 이러한 상실 의식을 주제로 한 시편들은 대체로 감상적인 정서가 시의 전면에 드러나며, 이러한 감상화는 삶과 세계에

---

22) 「정지용시집」, 87쪽.

대한 다채로운 경험의 가능성을 부정하고 그것을 단순화한다는 점에서 비판할 수 있다. 그러나 다음의 경우는 그러한 점을 깨끗이 청산하고 있다.

> 琉璃에 차고 슬픈것이 어린거린다.
> 열없이 붙어서서 입김을 흐리우니
> 길들은양 언날개를 파다거린다.
> 지우고 보고 지우고 보아도
> 새까만 밤이 밀려나가고 밀려와 부디치고,
> 물먹은 별이, 반짝, 寶石처럼 백힌다.
> 밤에 홀로 琉璃를 닥는것은
> 외로운 황홀한 심사 이어니,
> 고흔 肺血管이 찢어진 채로
> 아아, 늬는 山ㅅ새처럼 날러 갔구나!
>
> <琉璃窓 1> 전문

마지막 행에서 알 수 있듯이, 위 시는 존재 상실의 경험을 서술하지만 시적 주체는 자신의 감정을 적절히 절제함으로써 시의 감상화를 방지한다. "고운 肺血管이 찢어진 채로" "山ㅅ새처럼 날러 갔구나!"가 암시하는 것은 사랑하는 이의 죽음일 것이다. 그리고 유리에 어른거리는 "차고 슬픈 것"은 시적 주체가 상실한 존재의 영상일 것이다. 이 영상은 "입김을 흐리우는" 시적 주체에게 "길들은 양 언날개를 파다거리"는데, 그것은 시적 주체의 입김이 창에 닿아서 그려지는 형상이기도 하지만, 부재하는 존재의 영상이 그것에 겹쳐지는 것을 함께 환기한다.

상실한 존재에 대한 시적 주체의 그리움이 부재하는 존재를 이와 같이 구체적인 영상으로 현존시킨다는 점에서 "밤에 홀로 琉璃를 닥는것은"은 "황홀한" 것이지만, 그것이 결코 상실한 존재의 부재를 생생한 현존으로 바꿀 수 없다는 점에서 그것은 "외로운" "심사"이기도 하다. "외로운 황홀한 심사"에서 구체화된 이러한 모순된 감정의 공존과 내면의 복합성은 이 시가 세계에 대한 경험을 단순화하지 않고 있음을 구체적으로 보여 준다. 그런 점에서 "물먹은 별이, 반짝, 寶石처럼 백힌다."는 시적 서술은 시적 주체의 정서와 경험이 감상화를 뛰어넘어 보석처럼 응결되는 순간을 암시한다고 말할 수 있다. 이 슬픔은 언어의 단련과 감정의 절제를 통해 보석처럼 결정화된 것으로, 앞에서 살핀 감상적인 슬픔과는 그 성격이 다르다.

2. 타자 의식과 대타 관계의 양상

'타자'*Other*는 어떤 것에 대립하고 있는 다른 어떤 것을 포괄적으로 뜻한다. '나'를 중심으로 말한다면, 타자는 '나'가 아닌 '남'을 가리킨다.[23] 곧 타자는 나와 구별되는 존재로서의 타인이나 사물, 혹은 현실을 폭넓게 지시할 수 있다. 그런 뜻에서 타자는 '차이'와 '다름'에 기반하고 그것을 생성한다. '차이'와 '다름'에 의해 발견되고 그것을 생성하는 타자는 동일성으로서 자기를 경험하는 주체에게는 낯설고 이질적인 것으로 드러난다.

그러나 주체의 형성이 타자의 부정이나 타자와의 관계 속에서 이루어진다는 점에서 타자는 주체 형성의 조건이기도 하다. '나'는 '남'이 아닌 점에서 '나'이지만, 동시에 바로 그러한 점에서 '나'는 '남'과 '이미' 연루되어 있기 때문이다. 또한 '나'는 '남'과의 이러한 관계 속에서 '나'에 대한 '남'의 반응과 태도를 통해 '나'의 정체성을 형성하는 까닭에, '나'의 정체성은 '남'에 의해서 부여되거나 규정된다고 말할

---

[23] 사르트르는 "타자는 사실 <타인>이다라는, 다시 말하면 나로 아니 있는 나이다라는 전제가 있다."고 말하고, "타자는 내가 아닌 자이며, 내가 그것으로 아니 있는 자이다. 이 <아니>는 타자와 나 자신 사이에 <주어진> 분리(分離)의 한 요소로서의 한 무(無)를 가리킨다. 타자와 나 자신 사이에는 하나의 분리의 무가 <있다>."고 했다. Jean Paul Sartre, *L'être et le néant*, 1943. 손우성 옮김, 『존재와 무』(10판), 삼성출판사. 1978. 406쪽.

수 있다.24) 곧 "내가 나를 바로 의식하는 것이 아니라 나에 대한 다른 사람들의 반응을 통하여 비로소 나 자신을 의식하게 된다"는 점에서 '나'의 정체성과 자의식은 궁극적으로 사회적 산물이다.25)

이 점은 하나의 기호가 다른 기호와의 관계에 의해서 자신의 가치(의미)를 획득하는 것과 마찬가지이다. 소쉬르의 언어학이 밝힌 바와 같이, 하나의 기호는 다른 기호가 아니라는 점에서, 곧 다른 기호의 부정을 통해서, 그리고 다른 기호와 맺고 있는 대립적 상호관계에 의해서 자신의 가치를 유지할 수 있다. 따라서 하나의 기호는 그 자체만으로는 어떤 의미를 독자적으로 보유할 수 없으며, 기호의 가치, 곧 기호의 의미는 '차이'와 '대립'에 기반한 기호체계의 산물이며 어느 정도, 혹은 근본적으로 유동적일 수밖에 없다.26)

한편 타자는 주체 바깥에서뿐만 아니라 주체 내부에서도 경험될 수 있다. 주체 내부에서 타자가 경험되는 것은 주체의 분열에서 비롯한다. 프로이트S. Freud에게 주체는 의식과 무의식적 동기로 분열되어 있

---

24) 이런 점에서 미드G. H. Mead는 "다른 사람들의 태도가 조직화되어 '나'(me)를 구성하고, 그것에 대해서 주격으로서의 내가 반응한다."고 주장한다. 손봉호, 앞의 책, 68쪽에서 재인용. 한편 사르트르는 "나의 의식의 존재는—타인에게 의존하는 것이 된다. 내가 타인에게 나타나는 대로, 그러한 것으로 나는 존재한다. 그 밖에도 타인은 그가 나에게 나타나는 대로 있는 것인 만큼, 그리고 나의 존재는 타인에게 달려 있는 것인 만큼 내가 나에게 나타나는 방식—다시 말하면 나의 자기의식의 발전의 계기—은 타인의 나에게 나타나는 방식에 의존한다."고 했다. Jean Paul Sartre 위의 책, 414쪽.
25) 손봉호, 앞의 책, 67쪽.
26) 소쉬르의 언어학은 기호가 기표와 기의의 자의적인 결합이지만 이 결합이 어느 정도의 안정성을 갖는다고 보는 반면에 라캉이나 데리다는 그 관계가 매우 유동적이거나 근본적으로 불안정하다고 본다. 따라서 라캉은 "의미란 결코 시니피앙과 시니피에의 안정된 결합관계를 통해서 드러나는 것이 아니라 오직 하나의 시니피앙이 다른 시니피앙으로 대치되는 은유적 과정을 통해서만 어렴풋하게 그 모습을 드러낸다"고 말한다. 박찬부, 『현대정신분석비평』, 민음사, 1996. 69쪽.
거기에서 한 걸음 더 나아가 데리다는 "기호들과 표시들은 언제나 미끄러지고 이탈한다. 그래서 그것들의 국경선을 설립할 수 없고, 그것들의 여백을 고정시킬 수가 없다. 기호화의 무한한 놀이 속에서 能記들은 영원히 애매모호하며 따라서 떠돌아 다닌다."고 말한다. 김형효, 『데리다의 해체철학』, 민음사, 1993. 389쪽.

는 주체이다. 주체의 분열은 유년기의 정신적 외상과 관련되는데, 무엇보다 외디프스 콤플렉스Oedipus complex를 거치면서 주체는 의식과 무의식 사이에서 불안정하게 찢어진 주체가 된다.[27] 더구나 시 텍스트에서 주체는 언어 기호에 의해 표상되는 까닭에 필연적으로 자신의 일부나 일시적인 현실만을 재현하게 된다. 결국 주체가 언어 체계 속으로 들어가는 순간 주체의 분열은 피할 수 없는 것이 된다. 이렇게 본다면, 정신적 외상에 의한 것이든 언어에 의한 것이든 주체의 분열은 필연적인 것이 되고, 주체의 자기동일성이나 통일성은 하나의 환상이 될 뿐이다. 따라서 분열된 주체는 자기 내부에서 스스로를 타자로서 경험하게 될 것이다. 이러한 경험은 주체의 자기소외, 즉 주체의 타자화를 초래할 수 있다.

모든 주체 또한 타자인데,[28] 이는 주체가 "타자의 타자"[29]인 점에서 그러하다. 한 주체는 다른 주체의 타자이며, 다른 주체의 타자라는 점에서 모든 주체 역시 "타자의 타자"일 수밖에 없다. 따라서 모든 주체는 분열된 주체라는 점에서 자신을 자신의 타자로서 경험할 수 있으며, 모든 주체가 타자와 대립해 있다는 점에서 모든 주체는 주체이면서 타자이다. 이와 같이 타자는 주체의 안팎에 다양한 양상으로 존재할 수 있고, 주체가 이를 경험하는 방식이나 주체가 타자와 맺는 관계의 양상 역시 매우 복잡하고도 다채로울 수 있다.

---

[27] Terry Eagleton, *Literary Theory:An Introduction*, Oxford:Basil Blackwell, 1983. 김명환(외) 옮김, 『문학이론입문』, 창작사, 1986. 193쪽. 한편 무의식의 타자성을 강조한 프로이트를 다시 주목한 라캉에게는 무의식의 생성과 주체의 형성은 언어와 깊이 관련된다. 특히 라캉은 "무의식은 언어처럼 구조화되어 있다."라는 말로써 언어와 무의식의 구조적 일치를 간명하게 밝힌 바 있다.
[28] 사르트르에 따르면, 나의 의식의 존재가 타인에게 의존하고 있는 까닭에 "나는 나 자신이 <하나의 타인>일 뿐이다."라고 했다. Jean Paul Sartre, 앞의 책, 414쪽. 한편 주체는 타자의 흔적인 까닭에 데리다는 "우리 안에는 다른 것들, 타자들이 있다."고 말한다. 김형효, 앞의 책, 370쪽.
[29] '같음'은 '다름의 다름', 곧 '타자의 타자'라는 데리다의 논리를 따랐다. 김형효, 앞의 책, 209쪽 참조.

여기서는 타자의 양상과 성격을 주체의 연장으로서의 타자와 주체와 대립하는 타자, 그리고 주체의 절대적 외면성으로서의 타자로 나누어 살피고, 각각의 서술 내용에서 타자의 구체적인 모습인 타인, 사물(자연), 신, 한계 상황(죽음) 등에 대한 시적 주체의 타자 의식을 밝힐 것이다. 따라서 아래의 서술 내용의 중심은 다양한 타자에 관한 시적 주체의 의식 내용과 성격이 될 것이다.

1) 주체의 연장으로서의 타자

> 당신은 내맘에 꼭 맞는 이.
> 잘난 남보다 조그만치만
> 어리둥절 어리석은척
> 옛사람 처럼 사람좋게 웃어좀 보시요
> 이리좀 돌고 저리좀 돌아 보시요.
> 코 쥐고 뺑뺑이 치다 절한번만 합쇼.
>
> 호. 호. 호. 호. 내맘에 꼭 맞는 이.
>
> <내 맘에 맞는 이> 일부

타자가 '차이'와 '다름'에 기반하고 그것을 생성한다면, <내 맘에 맞는 이>는 '나'와 '남' 사이에서 발견될 수 있는 그러한 '차이'를 무화시킨다. "당신"으로 지칭된 타인은 시적 주체 속에 완전히 흡수되면서, 타인은 시적 주체의 요구에 저항하지 않고 그것을 전폭적으로 수용한다. 시적 주체는 타인에게 지시하고 타인은 그에 복종한다. "호. 호. 호. 호. 내맘에 꼭 맞는 이."는 시적 주체의 요구를 수용한 타인에 대한 만족감의 서술이다. 이 때 타인은 자신의 타자성을 상실한 채 자신의 타자인 시적 주체의 욕망을 욕망하며, 시적 주체는 타자를 자신의 연장이나 확장으로 간주한다.

시적 주체에게 타인은 더 이상 낯설거나 신비로운 존재가 아니라,

자신의 욕망을 욕망하는 존재일 뿐이다. 타인은 자신의 욕망에 부응하는 것이 아니라, 자신의 타자인 시적 주체의 욕망을 욕망하고 거기에 따름으로써 자신으로부터 소외된다. 이것은 주체(타자 역시 하나의 주체이다.)의 타자화로서 타자("당신")의 자기소외이다. 이 때 시적 주체의 자유는 확보되지만 타인은 시적 주체의 자유에 예속되며,[30] 이렇게 시적 주체에 의해 장악되고 소유되는 타인은 마침내 자신을 상실하고 더 이상 타자로 남아 있지 않게 된다. 따라서 <내 맘에 맞는 이>에서 타인은 시적 주체의 연장이나 분신이 된다. 곧 시적 주체에게 "타자는 공감에 의해, 또 다른 자신으로, 다른 자아(l'alter ego)로서 인식"된다.[31] 시적 주체와 타인과의 이러한 관계는 일시적이고 상상적인 동일화에 따른 것[32]이지만, 그것은 동시에 타인을 주체의 동일

---

[30] 레비나스는 타자(타인)를 "자유로서, 즉 의사 소통의 실패를 안고 있는 특성인 자유로서 타인을 애시당초 자리매김하지 않는다는 사실을 주목해야"한다고 말하는데, 그 까닭은 "자유에는 복종과 예속의 관계 외에 또 다른 관계가 있을 수 없기 때문"이며, "이 경우에는 어느 한 쪽의 자유는 반드시 없어"지기 때문이다. Emmanuel Levinas, 앞의 책, 106쪽. 그런데 <내 맘에 맞는 이>의 경우, 이러한 예속이 사랑을 획득하기 위한, 다시 말해 타자("당신")가 시적 주체의 욕망의 '대상'이 되기 위한 타자의 선택이라면, 그것은 예속이 아닌 타자의 자유의 행사라고 할 수도 있다. 그러나 타자의 이러한 자발적인 예속에 의한 사랑이 성취될 때 '일종의 희극'이 일어나는 게 "사르트르식의 사랑"이다. 즉 내가 한 여자의 전세계가 되는 것, 즉 그녀의 의식의 유일한 대상이 되고자 그녀에게 자신을 예속시킴으로써 사랑을 성취하면, 이제는 상황이 반전되어 그녀가 자유를 상실하게 되기 때문이다. 그녀는 내가 자신에게 그랬듯이, 그녀는 나를 자신에게 예속시키기 위하여 그녀 자신을 나에게 예속시키며 나의 전세계가 되려고 하기 때문이다.
또한 내가 자신을 그녀에게 예속시키는 것은 그녀를 노예로 만들지 않고 그녀의 자유를 소유하고자 하는 것이었지만, 그녀가 나에게 예속됨으로써 나는 그녀의 자유를 소유할 수 없게 될 뿐만 아니라 이제는 그녀가 나의 자유를 소유하려고 한다. 따라서 "타인의 자유를 포획할 목적으로 나 자신을 하나의 대상으로 격하시킴으로써 나의 자유를 내팽개치려고 함에 있어서 이 목적이 성취될 때 나의 자유는 나에게로 반환되지만 그 때 나는 딱하게도 타인의 자유를 잃어버리게 된다." 그런 점에서 사랑하는 사람은 "끊임없는 불만"에 빠지게 된다. 위의 내용은 Arthur C. Danto, *Jean-Paul Sartre*, N.Y.; the Viking press, 1975. 신오현 옮김, 『사르트르의 철학』, 민음사, 1985. 166–167쪽을 정리한 것임.
[31] Emmanuel Levinas, 앞의 책, 100쪽. 레비나스에게 타인의 타자성은 "오직 그의 다름(타자성) 때문"이며, "상호적réciprocité"이거나 대칭적인 것이 아니다.
[32] "타자를 주체의 변형으로 보려는"(Elizabeth Wright, *Psychoanalytic Criticism: Theory in Practice*, N.Y.: Methuen, 1984, 권택영 옮김, 『정신분석비평』 문예출판사, 1989. 188쪽에서 재인용.)

제3장 의식의 내용과 성격 199

성으로 환원하는 일종의 폭력의 세계이기도 하다. 그러나 <내 맘에 맞는 이>에서는 시적 주체와 타인의 분열 가능성이 전혀 제시되지 않음으로써 주체에게 타인의 타자성은 전혀 인식되지 않는다. 이것은 타인의 타자성에 맹목인 시적 주체가 지닌 낭만적 동일화의 성향 탓이다.

시적 주체와 타인의 공감과 일치에 따른 이러한 동일화는 <바다 1>이나 <넷니약이 구절>에도 잘 드러나 있음을 이미 살핀 바 있다. 그러나 <바다 1>과 <넷니약이 구절>의 동일화는 <내 맘에 맞는 이>와는 그 양상과 성격이 다르다. <내 맘에 맞는 이>에서 타인은 자신의 주체성을 상실한 채 시적 주체에게 예속되지만, <바다 1>과 <넷니약이 구절>에서는 타자가 타자성을 완전히 상실하지 않으면서 시적 주체에게 반응한다. 이러한 상호관계가 형성될 수 있는 까닭은 주체가 일방적으로 자신의 요구를 타자에게 부과하거나 그를 통해 타자의 자유를 구속하려는 의지를 갖지 않기 때문이다. 따라서 <바다 1>과 <넷니약이 구절>에서 이루어지는 주체에 대한 타자의 공감은 자발적인 것이고, 타자의 행위는 자신의 자유를 근거로 한다.

   오· 오· 오· 오· 오·소리치며 달려 가니
   오· 오· 오· 오· 오·연달어서 몰아 온다.(가운데 줄임)

   철석, 처얼석, 철석, 처얼석, 철석,
   제비 날어 들듯 물결 새이새이로 춤을추어.
            <바다 1> 일부

   나가서 어더온 이야기를

나르시스적 욕망은 늘 좌절의 가능성에 직면해 있다. 타자는 주체에 대립하는 또 하나의 의식-주체이기 때문이다. 이 좌절감은 정지용의 <람프>에서 읽을 수 있다. 손병희, 앞의 글, 332쪽 참조.

닭이 울도락,
아버지께 닐으노니—

기름ㅅ불은 깜박이며 듯고,
어머니는 눈에 눈물을 고이신대로 듯고
니치대든 어린 누이 안긴데로 잠들며 듯고,
우ㅅ방 문설쭈에는 그사람이 서서 듯고,

큰 독 안에 실닌 슬픈 물 가치
속살대는 이 시고을 밤은
차저 온 동네ㅅ사람들 처럼 도라서서 듯고,
<넷니약이 구절> 일부

따라서 <바다 1>에서 시적 주체와 바다는 서로 호응하지만, 바다는 시적 주체와 분리되어 "철석, 처얼석, 철석, 처얼석, 철석,/ 제비 날어 들듯 물결 새이새이로 춤을추어."와 같이 자신의 존재를 자신의 방식으로 실현한다. 따라서 자연 사물로서의 바다는 시적 주체의 행위에 공감하고 반응하지만 타자로서 자신의 타자성을 상실하지는 않는다. 또한 <넷니약이 구절>에서 타자들(주체의 이야기를 듣는 사물이나 타인들)은 자신의 타자인 시적 주체의 호소(이야기)에 자발적으로 귀를 기울인다. 시적 주체를 둘러싸고 있는 타자들이 시적 주체의 호소에 귀를 기울이는 것은 시적 주체의 이야기가 텍스트에서 명시되어 있듯이 삶의 '고달픔'을 내용으로 하기 때문이다. 시적 주체의 타자들은 자신들의 타자인 시적 주체의 이야기에서 호소하는 타자의 "얼굴"[33]을 보면서 거기에 반응하는 것이다. 이러한 호소와 반응에서 타자가 주체로 환원되는 것은 아니다.[34] 그것은 타자를 주체의 동일성

---

[33] 레비나스에게 타인은 "얼굴"로 나타나는데, "얼굴은 바라보고 호소하며 스스로 표현한다." 강영안, 「레비나스의 철학」, Emmanuel Levinas, 앞의 책, 134쪽.
[34] 레비나스는 "진정한 윤리적 평등과 형제애는 인간 사이의 대칭적 관계를 통해 구축되지

으로 환원하는 폭력의 세계가 아니라 주체와 타자가 서로를 서로의 타자로서 이해하고 공감하는 현상이며 친밀함의 세계이다.[35]

앞에서 살핀 바와 같이, <甲板 우>, <꽃과 벗>, <뻣나무 열매>, <엽서에 쓴글> 등에서도 시적 주체와 타인 사이에는 공감과 친밀함이 지배적인 정서로 자리잡고 있다. 그러나 이 텍스트들에서 주체와 타인 사이에는 공감과 친밀함이 지배적인 정서로 제시되지만, 타인이 주체로 환원되거나 타인의 자유가 주체에 예속되지 않는다는 점에서 <내 맘에 맞는 이>와는 다르다. 따라서 "두리 함께 굽어보며 가비얍게 웃노니"(<甲板 우>)와 같이 시적 주체와 타인은 공감하지만, 하나가 아닌 "두리"(둘)로서 각자의 주체성을 잃지 않은 상태로서 나란히 존재한다.

<내 맘에 맞는 이>에서와는 달리, <삽사리>에서는 시적 주체와 타인의 관계가 역전되어 있으며, 그 정서도 일방적인 예속에 따른 것이 아니라 좀더 승화되고 순화된 상태로 제시된다. <삽사리>에서는 타인에 대한 주체의 사랑이 뼈대를 이루고 있지만, 여기에서 타인은 주체와 동일화된 존재도 아니며 주체의 자유를 탈취하는 위협적인 존재도 아니다. 오히려 타인은 이상화됨으로써 자신의 타자성을 유지하고, 주체는 타인의 타자성을 현실로서 수락함으로써 지금까지와는 다

않는다"고 생각한다. 또한 타자는 그가 당하는 가난과 고통 속에서 "나의 주인"이며, "타인을 영접하고 환대하는 윤리적 주체로서 내 자신을 세우도록 요구"한다고 했다. 따라서 레비나스는 "타자와의 비대칭성, 불균등성이 인간들 사이의 진정한 평등을 이룰 수 있는 기초이고, 이런 의미의 평등만이 약자를 착취하는 강자의 법을 폐기할 수 있다고 생각한다." 강영안, 위의 글, Emmanuel Levinas, 위의 책, 140-141쪽 참조, 정리.

35) 레비나스에게 타자는 "나와 더불어 공동의 존재에 참여하고 있는 다른 자아 자체가 결코 아니"며, 타자와의 관계는 "공동체와의 전원적이고 조화로운 관계도 아니며 우리가 타자의 입장에서 봄으로써 우리 자신이 그와 유사하다고 인식하도록 하는 공감(sympathie)도 아니다." 오히려 타자와의 관계는 "외재적"이며 "하나의 신비(Mystère)"와의 관계이다. 따라서 타자의 타자성은 교감이나 친밀함을 초월하는 절대적인 외재성이며, "향유를 통해 자신의 것으로 동화시킬 수 있는 잠정적 규정으로서의 타자성이 아니라 그것의 존재 자체가 곧 타자성인 그런 의미의 타자성"이다. Emmanuel Levinas, 위의 책, 84-85쪽. 따라서 이 글에서 서술된 타자와 타자성, 그리고 그에 따른 주체성의 이해는 레비나스의 그것과는 문맥에 따라 일정한 차이와 거리가 있다.

른 형태의 대타 관계對他關係를 형성한다. 이러한 대타 관계는 타인의 낭만적 이상화와 주체의 수동성을 전제한 것이다. 그것은 <내 맘에 맞는 이>와 같은 대타 관계에서 보이는, 타자를 주체로 환원하는 폭력성을 순화하고 자신의 맹목적인 열정을 주체가 무용한 것으로 만듦으로써 획득되는 관계이다. 자신의 열정을 순화한다는 것은 자신에 대한 일종의 억압이지만, 그것은 타인의 자유를 구속하지 않으려는 태도의 소산이기도 할 것이다. <삽사리>에 이르러 타자에 대한 시적 주체의 의식은 타인에 대한 동일화의 열망을 유지하면서도 그것을 순화함으로써 타인을 주체의 외재성과 초월성으로 수락하게 된다.

> 그날밤 그대의 밤을 지키든 삽사리 괴임즉도 하이 짙은 울 가시사립 굳이 닫이었거니 덧문이오 미닫이오 안의 또 촛불 고요히 돌아 환히 새우었거니 눈이 치로 싸힌 고삿길 인기척도 아니하였거니 무엇에 후젓허든 맘 못뇌히길래 그리 짖었드라니 어름알로 잔돌사이 뚫로라 죄죄대든 개을 물소리 긔여 들세라 큰봉을 돌아 둥그레 둥긋이 넘쳐오든 이윽달도 선뜻 나려 설세라 이저리 서대든것이러나 삽사리 그리 굴음즉도 하이 내사 그대르 새레 그대것엔들 다흘법도 하리 삽사리 짖다 이내 허울한 나룻 도사리고 그대 벗으신 곻은 신이마 위하며 자드니라.
> <삽사리> 전문

<삽사리>에서 시적 주체가 "삽사리"에게 보내는 눈길은 따뜻하다. "굳게 닫"힌 "짙은 울 가시사립"이며 "덧문", "미닫이", "촛불" 등이 "그대"를 보호하고 "그대"의 공간을 밝히고 있음에도, "삽사리"는 홀로 "그대의 밤"을 지킨다. 그런 "삽사리"를 시적 주체는 "괴임직도 하"다고 말한다. "삽사리"가 대견하고 기특한 것은 "그대"를 지극한 마음으로 염려하고 보호하기 때문이고, 그것은 "그대"에 대한 시적 주체의 염려와 사랑이 또한 그러하기 때문일 것이다. "삽사리"야말로 일방적으로 사랑하며 홀로 타인의 밤을 지키는 시적 주체의 열망과 고

독, 헌신과 염려, 도취와 피로, 황홀과 불안의 표상이다. 도달할 수 없는 대상에 대한 일방적인 동경과 열망은 자칫 자신을 파괴하는 격정과 자기 연민의 나락 속으로 스스로를 떨어뜨리기 십상이지만, "삽사리"는 충직하게 "그대의 밤"을 수직守直하고 "그대 벗으신 곻은 신"에 도취한 채로 안식에 든다. 이와 같이 타인에 대한 일방적인 열정에 수반할 수 있는 자기 공격적인 힘이 스스로 순화되어 안정을 얻고 있음을 <삽사리>는 보여준다.

<삽사리>에서 시적 주체는 "그대의 밤을 지키"는 "삽사리"에 비유되지만, "그대 벗으신 곻은 신이마 위하여 자"는 "삽사리"에 비하여 "그대"는 시적 주체로부터 더욱 먼 거리에 있다. 그래서 "그대ㄹ 새레 그대것엔들 다흘법도 하리"는 좌절감이 섞인 비탄의 어조로 읽을 수도 있다.36) "그대"는 커녕 "그대것"에조차도 접근의 희망을 가질 수 없는 시적 주체는 "그대 벗으신 곻은 신"을 접촉하는 "삽사리"에도 미치지 못하여 자신의 위치를 "그대" 앞에서 최대한 낮추는 반면 "그대"의 위치는 절대적인 것으로 만든다. 타인에 대한 열망과 그 실현 불가능성, 상대의 이상화와 자신의 비하는 낭만적 사랑의 기초 장치의 하나이지만, <삽사리>에서 시적 주체는 낭만적 사랑이 드러내기 쉬운 감당할 수 없는 격정에 몰입하거나 이루질 수 없는 사랑에 대한 무모한 열망에 압도당하지 않는다.

오히려 시적 주체는 "삽사리"의 "후젓허든 맘"과 "서대든 것"이 "그

---

36) 이 부분은 사실 미묘한 음영을 지니고 있어 좀더 섬세한 분석과 해석이 요구된다. 시적 문맥 상 "삽사리"는 시적 주체에 대한 "그대"의 방어적인 태도를 암시하는 무의식의 표상으로 읽힐 수도 있기 때문이다. "내사 그대ㄹ 새레 그대것엔들 다흘법도 하리"의 앞부분이 타인의 침범에 염려하고 불안해 하는 "삽사리"의 행태를 서술하고 있기 때문이다. 이런 점에 주의하면, "내사 그대ㄹ 새레 그대것엔들 다흘법도 하리"는 방어적인 염려로 "삽사리"가 "서대든것"이 근거없음을 자탄조로 토로하는 시적 주체의 자기 변호적 의미로 새겨 읽을 수 있을 것이다. 이렇게 해석한다면, "삽사리"는 시적 주체가 아니라 자신을 욕망의 대상으로 삼고 있는 타인(시적 주체)을 경계하는 "그대"의 무의식과 동일시될 것이다.

리 굼음직" 하다고 이해와 공감을 나타내는 것으로 자신의 정황과 감정을 효과적으로 암시한다. 예스러운 문체의 품격과 과거 시제가 환기하는 회고조의 어조는, "삽사리"에 대한 시적 주체의 이해와 공감의 표시와 더불어 타인에 대한 시적 주체의 순화된 열정과 안정된 심리를 환기하는 데 이바지한다. 그러나 한편 시적 주체의 이 순화된 열정과 안정된 심리는 "그대"를 이상화하여 자신과의 거리를 스스로 해소 불가능한 것으로 수락한 시적 주체의 태도와 "그대"에 대한 자신의 열정이 무용한 것임을 자인하는 데서 기인하기도 할 것이다. 거기에는 맹목적인 열정의 광기는 억압되고 예상되는 좌절을 방어하고 심리적 안정을 얻으려는 시적 주체의 수동적인 자세가 숨어 있다고 볼 수도 있다.

이러한 수동성은 "그대"와의 뛰어넘을 수 없는 거리를 해소하려는 일방적이고 무용한 열정을 생산하지 않으며, 자신의 열망을 대상화하거나 관조함으로써 시적 주체의 심리적 평형을 유지하게 만들 것이다. "삽사리"와 "삽사리"의 행태는 이처럼 자신의 열망을 시적 주체가 대상화하고 관조적으로 표현하는 데 적절한 의장이 된다. "후젓하든 맘 못뇌히"고 "서대든" "삽사리"가 "그대 벗으신 곻은 신이마 위하며" "이내" 잠드는 것도 열망의 순화, 혹은 그 보상적 충족이라는 의미를 지니기도 하지만, 동시에 맹목적 열정에 몰입하는 것을 억압하는 시적 주체의 태도와 무관치 않을 것이다.

<삽사리>처럼 이상화된 타인의 주변을 지키며 배회하는 시적 주체의 이미지는 <슬픈 偶像>에서도 일부 반복된다. 전체적으로 수사가 장식적이고 과장된 데다 요설적인 이 시의 전반부에서 "그대"는 "配置와 均衡이 完全하신 한 덩이", "智慧와 祈禱와 呼吸으로 純粹하게 統一"된 "完美"의 존재로서 이상화의 경지를 넘어 신성화되며, 시적 주체는 그를 향해 경건하게 경배하며 그를 "암표범처럼 두리고 嚴威롭게 우러"른다. 극존칭의 말씨와 화려한 수사는 "그대"에 대한 시

적 주체의 찬미와 외경의 태도를 전경화하고 있다

　신성화된 "그대"에 비하여 시적 주체는 자신을 "아조 외로운 나그내", "그저 외로히 사라질 나그내", "迷宮에 든 낯선 나그내", "暗澹한 삽살개", "守直하고 嘆息"하는 "삽살개"로 표현된다. 특히 "외로운 나그내"와 같이 고독함과 정처 없음이 거듭 언급됨으로써 시적 주체의 결핍과 불안정, 유동성과 불완전성을 환기한다는 점에서 <슬픈 우상>이 정지용의 초기 시와 맺는 일정한 관계와 연속적인 질서를 확인할 수 있다. 존재의 부동성, 안정성, 완전성의 표상인 "그대"와 시적 주체와의 거리는 "完美·完全"한 존재와 그 주위에서 "守直하고 嘆息"하는 "삽살개"의 극단적인 존재론적 지위로 표상된다. 이러한 과장법은 시적 주체와 "그대"의 거리를 신과 인간의 그것만큼이나 해소 불가능한 것으로 만든다. 시적 주체와 "그대" 사이에 존재하는 이 뛰어넘을 수 없는 거리는 절대, 무한, 완전, 완미에 대한 시적 주체의 동경과 열망을 환기하고 한편으로 거기에 도달할 수 없는 시적 주체의 비탄과 존재 결핍을 동시에 암시한다.

　"그대"와 같이 "完全", "完美"한 존재는 결핍을 모르는 존재이며, 따라서 외부를 욕망하지 않는 자족적인 존재일 것이다. "그대"에 대한 시적 주체의 열망은 시적 주체가 결핍된 존재이기 때문에 비롯하는 것이지만, 그 열망은 영원히 충족될 수 없는 무용한 열정이기 때문에 비극적인 것이기도 하다. "그대"는 완전한 존재로서 시적 주체가 욕망하는 대상이며 시적 주체의 세계인 "소란한 세상"에서도 "주검"같은 "고요"에 침잠하고 있는 존재이다. 이 주검과 같은 절대 안정의 존재는 『白鹿潭』에서 "물"의 이미지로, 그리고 부동성의 표상인 "산"의 이미지로 변주된다. "그대"의 귀는 "소란한 세상"의 소음에 익숙한 시적 주체의 귀가 들을 수 없는 "다른 세계" 쪽으로만 열려 있다. 아름다운 육체적 존재이지만 "高貴"한 영혼의 표상인 "그대"를 통하여 시적 주체는 자신이 그 주위를 서성이는 "나그내"에 지나지 않으며 고결한 영혼의 세계에 대한 귀머거리임을 깨닫는다. 그래서 시적 주체는 다음과 같이 말한다.

> 마침내 이 세계는 비인 껍질에 지나지 아니한것이, 하늘이 쓰이우고 바다가 돌고 하기로소니 그것은 결국 딴 세계의 껍질에 지나지 아니하였읍니다.

"이 세계"가 결국 "딴 세계의 껍질"에 지나지 않는다는 시적 주체의 세계 인식은 자기 세계를 폄하, 부정하고 "그대"가 지향하는 세계를 절대화한다. 이 절대화된 세계는 "그대"가 환기하는 완전하고 완미한 존재의 세계, 죽음과 같은 "고요"를 유지하고 있는 안정과 부동성의 세계(이것은 <長壽山 1>에 나타난 "산"의 심상이기도 하다.), "이 소란한 세상"의 소음이 완전히 제거된 절대 정적의 청정한 세계일 것이며 세속성에 얼룩지지 않은 순결한 영혼의 세계일 터이다. "그대"가 귀 기울이는 세계에 견주어 본다면, 시적 주체의 세계는 "바람소리도 아모 뜻을 이루지 못하고 그저 겨우 어룰한 소리로 떠돌아" 다니는 "소란한 세상"이며 무의미한 소음으로 가득 찬 세계로서 "딴 세계의 껍질"에 지나지 않는다. 그래서 "그대"와 시적 주체, "그대"의 세계와 시적 주체의 세계는 본질과 현상, 완전과 불완전, 영원과 순간, 무한과 유한, 부동성과 유동성, 안정성과 불안정성, 의미와 무의미, 신성과 인간성, 성과 속, 영혼과 육체의 대립적 관계를 형성하고, 전자는 후자를 압도한다.

"그대"에 대한 시적 주체의 찬미와 외경은 무엇보다 "그대"가 정신과 육체의 통일된 존재이며 이 세상을 초월하여 절대적인 세계를 지향하는 존재이기 때문이다. "그대"가 "智慧와 祈禱와 呼吸으로 純粹하게 統一하셨나이다"라고 말함으로써, 시적 주체는 "그대"의 "完全", "完美"가 정신적인 것과 육체적인 것의 순수한 통일임을 간명하게 이르고, "마침내 이 세계는 비인 껍질에 지나지 아니한것"이라고 함으로써 자기 세계를 부정하는 것도 그러한 까닭이다. 그러나 "그대"와 "그대"의 세계를 일방적으로 찬미하는 시적 주체의 태도는 후반부에서 하나의 전환의 계기를 마련한다. 그것은 시적 주체가 "그대의 位置와 周圍를 또한 反省치 아니할수 없"기 때문이다.

거듭 말슴이 번거러우나 월래 이세상은 비인 껍질 같이 허탄하온대
그중에도 어찌하사 孤獨의 城舍를 差定하여 계신것이옵니까.
그리고도 다시 明澈한 悲哀로 방석을 삼어 누어 계신것이옵니까.

"그대의 位置와 周圍"가 "孤獨의 城舍"이며 "明澈한 悲哀"임을 반성하는 시적 주체는 그것을 "매우 슬픈 일"로 탄식한다. "完全", "完美"의 존재로서 시적 주체의 "偶像"인 "그대"가 "孤獨"과 "悲哀"를 거느리고 있다는 사실이 시적 주체에게 슬픔과 "暗澹"함을 불러일으키기 때문이다. 그래서 "偶像"은 시적 주체의 슬픔이 착색되어 "슬픈 偶像"이 되는 것이다. 완전한 존재로서 시적 주체의 외경의 대상인 "그대"가 "비인 껍질에 지나지 아니한" "이 세계"에 대한 무관심과 초월의 모습을 하고 있음에도 불구하고 "孤獨"과 "悲哀"를 떨치지 못하고 있는 것은, "딴 세계"—그것은 절대, 무한, 혹은 영혼의 세계일 것이다.—에 대한 "그대"의 관심과 사랑 때문일 것이다. "그대"가 육체적 아름다움의 세계를 "脫却"함으로써 거기에 도달하려는 갈망을 가지고 있다는 예감 때문에 시적 주체는 "그대"에게 "흰 나리꽃으로 마지막 裝飾을 하여드리고" 떠나고자 한다. 그것은 시적 주체가 "그대"의 완전성—정신과 육체의 순수한 통일에 의한 "完美", "完全"—이 육체성의 상실로 인해 훼손될 것을 "豫感"하기 때문이다.

不吉한 豫感에 떨고 있노니 그대의 사랑과 孤獨과 精進으로 因하야

그대는 그대의 온갓 美와 德과 華麗한 四肢에서, 오오,
　그대의 典雅 燦爛한 塊體에서 脫却하시여 따로 따기실 아츰이 머지않
어 올가 하옵니다.

"그대"는 자신의 내부에 신성과 인간성이 공존한다는 점에서 신과 인간의 내적 복합이다. "이미 모히시고 옴치시고 마련되시고 配置와 均衡이 완전하신 한 덩이", "完美"의 구체적인 여체로 서술되는 "그대"는 육체적 존재의 아름다운 여성이며, 동시에 "그대"는 "비인 껍질"에 불과한 이 세상을 초월하는 "딴 세계"에 대한 사랑과 정진으로 고독하고 비애에 잠겨 있는 성스러운 영혼이다. "그대"는 영혼과 육체의 대립과 긴장이 해소되어 "智慧와 祈禱와 呼吸으로 純粹하게 統一"된 존재로서 시적 주체의 외경과 찬미의 대상이지만, 마침내 아름다운 육체의 "脫却"이 "豫感"됨으로써 시적 주체의 우상 숭배는 막을 내린다. 그것은 시적 주체의 열망이 아름다운 육체와 절대를 추구하는 영혼의 통일적 존재를 지향하고 있음을 짐작케 한다.

위의 <삽사리>와 <슬픈 우상>을 통해서 확인되듯이, 이 두 텍스트에서 타인은 시적 주체가 도달하려는 대상이라는 점에서 타인과의 동일화에 대한 지속되는 주체의 욕망을 읽을 수 있지만, 타인과 주체 사이에 개재된 도달 불가능한 거리는 주체의 욕망을 약화시키거나 순화시킨다. 여기에서 타인은 자신의 타자성을 보존하며, 주체는 자신의 외재성으로서 타인의 타자성을 수락한다. <삽사리>에서는 이러한 과정에 따르는 열정의 억압을 보여 주고 <슬픈 우상>에서는 대상에 투사된 주체의 비애를 드러내지만, 이 억압과 비애가 감상화하지 않고 오히려 순화되며 과장된 자기연민이 배제되어 있다는 점에서 초기시와는 달리 의식의 심화를 보여 준다고 할 수 있다.

2) 주체와 대립한 타자

　타인과의 관계가 언제나 동일화나 공감, 친밀함과 애정의 세계에만 머물지는 않는다. 그것은 타인이 시적 주체의 의지와 욕망을 초월해 있는 본질적인 외재성으로 존재하기 때문이다. 근본적으로 자유를 본질로 하는 인간 존재로서의 타인이 자신의 타자인 시적 주체의 욕망에 늘 부응할 수는 없다. 타인의 떠남이나 부재가 시적 주체에게 불안과 슬픔을 야기하는 것은 이와 같이 타인의 욕망이 시적 주체의 욕망과 어긋나기 때문이다. 그것은 친밀한 타인의 영상 속에 가려진 타인의 타자성의 출현에 따른 상처 입은 주체의 현실이다. 이를 통해 시적 주체는 타인의 타자성에 비로소 좀더 눈뜨게 된다.

　타인의 떠남이나 그로 인한 타인의 부재와 상실이 야기하는 시적 주체의 부정적 정서들은 <슬픈 인상화>, <柘榴>, <五月消息>, <산소>, <산에서 온 새>, <병>, <지는 해>, <무서운 시계>, <풍랑몽 2>, <압천>, <황마차>, <종달새>, <바다 4>, <유리창> 등에서 비애, 고독, 공포 등으로 다양하게 나타난다. 친밀한 타인의 떠남이나 그로 인한 부재와 상실은 시적 주체에게 세계의 소모를 뜻하는 것으로, 시적 주체는 세계를 향유하는 주체가 아니라 향유의 대상을 상실함으로써 결핍된 주체로서 자신을 체험하게 된다. 이 때 타인은 주체의 욕망에 대립하는, 주체와 구별되는 또 하나의 주체로서, 남겨진 주체에게 세계의 결핍과 상실을 경험하게 하는 존재이다.

　　　한길로만 오시다
　　　한고개 넘어 우리집.
　　　앞문으로 오시지는 말고
　　　뒤ㅅ동산 새이ㅅ길로 오십쇼
　　　늦인 봄날

복사꽃 연분홍 이슬비가 나리시거든
뒷ㅅ동산 새이ㅅ길로 오십쇼.
바람 피해 오시는이 처럼 들레시면
누가 무어래요?

                          <무어래요> 전문

<무어래요>는 시적 주체의 욕망에 부응하지 않는 타인에 대한 가벼운 원망이 토라진 어조를 통해서 구체화한다. 타인이 주체의 욕망을 욕망할 때, 그리고 그것이 주체의 욕망과 일치할 때, 주체는 타인을 자신의 일부로 느낄 수 있다. 이러한 공감과 동일화의 정서는 타인의 타자성을 일시적으로 빼앗는다. 그러나 타인은 주체와 대립되는 또 하나의 주체로서 본질적으로 자유롭다. 이 자유로서의 타인은 역시 자유로서의 주체와 그 욕망과 행위에서 언젠가 필연적으로 대립할 수밖에 없다. 이러한 대립은 주체와 타인의 공감과 동일화의 정서를 순식간에 하나의 환상으로 만들 수 있다.

또한 의지와 욕망의 주체로서 주체의 바깥에 대립해 있는 타인은 주체를 대상화함으로써 주체의 주체성을 앗아가고 주체가 소유한 세계를 탈취한다. "타인의 눈길 *le regard d'adutrui*"은 주체에게 자신의 존재를 뚜렷이 의식하게 하지만,[37] 동시에 주체가 타인의 시선 속에서 그 대상이 됨으로써 주체의 지위는 객체로 전락한다. 곧 타인은 자신이 구성하는 세계의 일부로 주체를 대상화함으로써, 주체를 중심으로 구성된 세계를 주체로부터 빼앗는 것이다. 이러한 관계는 주체 역시 '타인의 타인'인 까닭에 타인을 대상화하고 그의 세계를 탈취하는 존

---

[37] 그래서 "내가 나로 되기 위해서는 다른 사람이 나를 바라보는 것으로 충분하다."고 사르트르는 말한다. 손봉호, 앞의 책, 69쪽에서 재인용. 또한 이와 관련하여 열쇠 구멍을 통해 안을 들여다보는 행위와 타인의 출현을 예고하는 발자국 소리가 불러일으키는 주체의 수치감에 대한 사르트르의 유명한 예화를 상기할 수 있다. 수치심은 주체가 타자에 의해 대상으로 구성되는 데서 발생한다. 이에 대해서는 Jean Paul Sartre, 앞의 책, 443쪽 이하, 그리고 Arthur C. Danto, 앞의 책, 159쪽 이하를 참조할 수 있다.

재가 될 수 있다. 따라서 사르트르에게 주체와 타자는 자신의 눈길과 응시를 통해 자신의 타자로부터 세계를 앗아가고 그의 주체성을 위협하는 타자이다.[38]

      나ㄹ 눈 감기고 숨으십쇼
      잣나무 알암나무 안고 돌으시면
      나는 샅샅이 찾어 보지요.

      숨ㅅ기 내기 해종일 하며는
      나는 슬어워 진답니다.

      슬어워 지기 전에
      파랑새 산양을 가지요.

      떠나온지 오랜 시골 다시 찾어
      파랑새 산양을 가지요.

                                <숨ㅅ기내기> 전문

    <내 맘에 맞는 이>가 타인이 시적 주체 속에 완전히 흡수되어버린 동일화의 대타 관계를 보여 준다면, <숨ㅅ기내기>에서는 그 관계가 그렇게 단순하지 않다. 여기에서 타인은 숨고 시적 주체는 찾는다. 그것이 내기, 곧 승부의 형태로 제시된다는 점에서 두 의식 주체의 긴장을 암시한다. 시적 주체가 술래를 자원하고 자신을 숨긴 타인을 찾는다는 발상이나, 이 내기가 "해종일" 이루어지고 그 결과 "슬어워

---

[38] "<타자의 시선>은 나를 위한 모든 객관성의 파괴이다. 타자의 시선은 세계를 통해서, 나를 엄습한다. 타자의 시선은 다만 나 자신에 변형을 가져올 뿐만 아니라, <세계에> 전체적 변모를 가져온다. 나는 하나의 응시당한 세계 속에서 응시당하여 있다." Jean Paul Sartre, 위의 책, 458쪽. 한편으로 "각자는 타자에게서 <일차적 필요의 물질적 대상을 소모시킴으로써 자기 자신을 소멸케 할 물질적 가능성>을 발견"한다는 점에서 타자는 위협적인 존재가 된다. Arthur C. Danto, 위의 책, 173쪽.

진"다고 말하는 것이 예사스럽지 않다. 그것은 타자의 출현과 그에 따르는 주체의 통증을 예고한다. 곧 타인의 시선 앞에서 자신과 자신의 세계가 타인의 대상으로 응고되는 것을 피하려는 지속적인 움직임과 그 좌절의 예감을 동시에 환기한다. 따라서 이 <숨기내기>의 세계는 이미 '놀이'가 아니라 시적 주체와 타자 관계에서 벌어지는 두 의식 주체의 긴장된 겨룸의 세계이며, 시적 주체의 시선 앞에서 끝없이 자신을 은폐하는 타자와 그러한 타자에 대한 집요한 탐색을 시도하는 시적 주체 사이의 숨바꼭질의 세계이다. "슬어워"지는 것은 끝내 그 긴장되고 집요한 '숨고 찾는 내기'가 근본적으로 실패할 운명에 처해 있기 때문이다.[39]

이러한 주체와 타인의 숨바꼭질에서 드러나듯이, 주체에게 타인은 자신을 은폐하는 존재로서 주체의 타자로서 나타난다. 한편 타인의 처지에서 보면 타자로서의 주체 역시 자신을 주체의 시선으로 포획하려는 위협적인 타자이다. 이러한 숨바꼭질에서 숨는 자 역시 찾는 자를 자신의 시선 아래 두고자 하며, 찾는 자 또한 그러하기 때문이다. 찾는 자의 시선을 의식하지 않고 숨을 수 없으며, 숨는 자의 눈길을 의식하지 않고서는 찾을 수 없다. 따라서 숨는 자나 찾는 자 모두 시선의 주체인 까닭에 자신의 시선을 통해 타자와 타자의 세계를 응고

---

[39] 모든 주체는 타자의 시선 아래서 자신이 객체로 응고되는 것을 피하려고 하며, 모든 주체 역시 이러한 시선으로서의 타자에 저항하여 하나의 시선으로서 타자를 응시하거나 타자의 시선으로부터 자신을 은폐하려고 할 것이기 때문이다. 이 의식 주체들 사이의 이러한 겨룸은 타자를 대상으로 만듦으로써만 자신의 자유를 확보할 수 있는 의식 주체의 운명일 것이다.
서로가 타자에게 대상화되지 않으려는 이러한 겨룸을 아더 단토는 "그의 의식이 나의 의식을 무장해제하는 것과 상호교환적으로 내가 그의 의식을 무장해제한다"고 말한다. 또한 홉스Hobbes의 표현을 빌려 "오직 죽음에서만 종식되는 힘에 대한 쉬임없는 추구"라고도 했다. Arthur C. Danto, 위의 책, 165쪽. 따라서 사르트르의 희곡 <닫힌 문>의 주인공 가르셍Garcin의 "지옥, 그것은 바로 타자들이다."라는 외침처럼, 타인(의 시선)은 "지옥"이다. 이와 함께 사르트르는 헤겔Hegel의 경우 "의식들 상호간의 투쟁의 원동력은 각개의 의식이 각기 자기의 확신을 <진리>로 변형시키려고 하는 노력에 있다."고 말한다. Jean Paul Sartre, 위의 책, 416쪽.

시키게 될 것이다.

　그러나 타자의 타자성에 근거한 이 대타 관계의 비극성에 시적 주체는 정면으로 맞서지 않는다. "슬어워 지기 전에"처럼 시적 주체는 방어적인 자세로 문제를 회피한다. 두 의식 주체가 서로를 서로의 타인에게 정위시키려는 의식의 운동이 좀더 치열하게 전개되지 않는 것은 시적 주체의 이러한 도피의 결과이다. 그것은 시적 주체가 예상되는 심리적 불안정을 감당할 수 없다는 것을 뜻한다. 그럴 때, 시적 주체는 "떠나온지 오랜 시골 다시 찾어/ 파랑새 산양을 가지요."와 같이 현실적 대타 관계에서 발생하는 비극적 주제를 치유하기 위한 방법으로 '귀향'과 "파랑새 산양"을 제시한다. '파랑새'는 우리 문화에서 신령스럽고 상서로움을 표상하는 길조이고, 벨기에의 극작가 메테를링크Maurice Maeterlick의 동화극 <파랑새>에서는 행복을 상징한다. 따라서 여기서 파랑새 사냥은 대타 관계에서 예상되는 서러움을 해소하거나 벗어나는 한 계기라고 볼 수 있다. 그와 함께 주목할 것은 시적 주체의 예상되는 대타 관계에서의 상처가 "오랜 시골"을 "다시 찾"는 행위, 곧 귀향을 통해서 그 치유의 가능성이 제시된다는 점이다. 이것은 정지용의 시편들에서 '고향'과 '과거'가 특별한 의미를 갖는다는 것을 암시한다.[40]

　　　바독 돌 은
　　　내 손아귀에 만져지는것이
　　　퍽은 좋은가 보아.

　　　그러나 나는
　　　푸른바다 한복판에 던졌지.

---

[40] 이 점에 대해서는 <고향에서의 분리와 정체의 혼란>에서 미리 살폈다.

바독돌은
바다로 각구로 떠러지는것이
퍽은 신기 한가 보아.

당신 도 인제는
나를 그만만 만지시고,
귀를 들어 팽개를 치십시요.

나 라는 나도
바다로 각구로 떠러지는 것이,
퍽은 시원 해요.

바독 돌의 마음과
이 내 심사는
아아무도 모르지라요.

<바다 5>[41] 전문

   <바다 5>에서 시적 주체와 타인의 관계는 그와 동질적인 시적 주체와 "바독 돌"과의 관계가 전도되면서 대비되어 있다. 즉 시적 주체와 "바독 돌"의 관계에서 주체는 타자인 "바독 돌"을 만지고 던지는 행위의 주체이다. 그러나 시적 주체와 "당신"으로 지시된 타인과의 관계에서 시적 주체는 행위의 주체가 아니라 대상이 된다. 이렇게 대비된 대타 관계에서 암시되는 것은 사랑과 자유의 문제라고 부를 수 있는데, 곧 그것은 사랑의 구속성과 그로부터의 해방의 욕망이라고 부를 만하다.
   1연에서 제시된 "나"와 "바독 돌"의 관계는 시적 주체인 "나"의 사랑과 그 사랑이 함축하고 있는 타자의 구속이다. "바독 돌 은/ 내 손아귀에 만져지는 것이/ 퍽은 좋은가 보아."가 환기하는 것은 사랑의

---
41) 『정지용시집』, 88-89쪽.

애무와 그것이 생성하는 촉각적 쾌락이다. "바둑 돌"은 시적 주체의 애무에 자신을 맡김으로써 시적 주체의 손아귀로 상징되는 세계를 자신의 전세계 혹은 유일한 세계로 한정하고 거기에 예속된다. "바둑 돌"에 대한 시적 주체의 사랑은 결국 "바둑 돌"이 자신에게 예속됨으로써 그의 자유를 탈취하게 되는 셈이다.

2연은 이러한 현실에 대한 시적 주체의 반성, 혹은 가학적 욕망이 구체적인 행위로 나타난 것이라고 할 수 있다. 2연의 "그러나"가 암시하듯이, 시적 주체가 "바둑 돌"을 던지는 행위는 "바둑 돌"의 욕망을 배반한 것이거나 그것을 부정하는 행위라고 볼 수 있기 때문에, 그것은 "바둑 돌"의 처지에서는 주체의 가학적인 행위일 수 있다. 그럴 경우 "바둑 돌"의 던져짐은 사랑하는 타인으로부터의 버려짐이 된다. 그러나 한편으로 3연에서 "바둑돌은/ 바다로 각구로 떠러지는 것이/ 퍽은 신기 한가 보아."와 같이 서술되듯이, "바둑 돌"의 던져지고 거꾸로 떨어짐이 좌절이나 고통의 체험이 아니라 새로운 세계의 경험으로 제시된다는 점을 주목한다면, 이는 시적 주체의 손아귀에 자신의 세계를 한정함으로써 자신의 자유를 구속한 "바둑 돌"이 자신의 자유를 돌려 받는 것으로 이해할 수 있다. 이 때 "바둑 돌"을 던지는 주체의 이 행위는 타자의 자유를 반송하는 것일 수 있다.

4, 5연의 상황과 정서, 그리고 시적 논리는 1, 2, 3연의 반복이라고 할 수 있다. "당신도"에서 "도"는 시적 주체와 "바둑 돌"의 관계가 시적 주체와 타인의 관계에 그대로 전이되어 있음을 명시한다. 특히 4연의 "인제는"이나 "그만만 만지시고"에서는 타인에 대한 시적 주체의 불만과 권태가 암시되어 있다. 그것은 "귀를 들어 팽개를 치십시요."와 같이 타인의 가학성을 자극하는 서술 속에서 좀더 격렬한 양상으로 드러난다. 그것은 시적 주체가 자신의 피학적 욕망을 드러내는 방식이기도 하다. 그 점은 "바둑 돌"을 던지는 시적 주체의 행위가 "푸른바다 한복판에 던졌지."로 서술되는 것과 비교될 때 좀더 분명해

진다. "나 라는 나도/ 바다로 각구로 떠러지는 것이,/ 퍽은 시원 해요."
는 타인의 애무, 그리고 그것이 상징하는 사랑으로부터 벗어나는 것
에 대한 시적 주체의 해방감을 직접적으로 표현한다.

그런데 이러한 해방감은 자신의 자유가 반환되는 데서 오는 것일
수도 있지만, 타인의 사랑이 시적 주체에게 사랑으로 체험되지 않는
사랑, 혹은 시적 주체에게는 사랑의 결여태일 뿐인 타인의 사랑에서
비롯할 수도 있다. 특히 4연의 "인제는"이나 "그만만 만지시고"에서
타인의 사랑이 사랑의 결여태일 수 있는 가능성이 암시되어 있다. 그
럴 경우, "당신 도 인제는/ 나를 그만만 만지시고,/ 귀를 들어 팽개를
치십시요."와 같이 시적 주체의 피학적인 음영을 지니는 요구는 자신
의 욕망과는 무관하게 행사되는 타인의 자유에 대한 저항과 겨룸이
될 수가 있다. 이 때 시적 주체와 타인은 겨룸과 싸움의 주인공들이
되고, 서로에게 자신의 방식을 요구하고 행사하는, 따라서 서로의 자
유를 위협하는 존재들이 된다.

정지용 시가 보여주는 사물에 대한 즉물적 감각의 재현 역시 시적
주체와 타자의 문제와 관련된다.[42]

> 바다는 뿔뿔이
> 달어 날라고 했다.
>
> 푸른 도마뱀떼 같이
> 재재발렀다.
>
> 꼬리가 이루
> 잡히지 않았다.

---

[42] 정지용 시의 이런 측면을 사물시의 관점에서 이해하는 것이 일반적이다. 김준오의 「사물
시의 화자와 신앙적 자아」(『가면의 해석학』, 이우출판사, 1985.) 등을 그 대표적인 예로
들 수 있다.

힌 발톱에 찢긴
珊瑚보다 붉고 슬픈 생채기!

가까스루 몰아다 부치고
변죽을 둘러 손질하여 물기를 시쳤다.

이 앨쓴 海圖에
손을 싯고 떼었다.

찰찰 넘치도록
돌돌 굴르도록

회동그란히 바쳐 들었다!
地球는 蓮닢인양 옴으라들고·····펴고·····

<바다 2> 전문

정지용 시가 보여준 대상에 대한 탁월한 감각적 번역은 그의 시를 당대의 감상적 낭만주의 시들과 구별시키며 그의 시적 재능을 남다르게 부각시킨 측면이다. <바다 2>[43]는 그 점을 아주 뚜렷하게 보여주는데, 여기에서는 자연 사물인 "바다"의 감각적 인상이 선명하게 제시되어 있을 뿐 시적 주체의 인간적 감정은 깨끗하게 배제되어 있다. 시적 주체의 내면을 투사하고 있는 것을 굳이 찾자면 "珊瑚보다 붉고 슬픈 상채기!"의 "슬픈"이라는 단어 정도일 것이다. 이 부분에서 시적 주체의 내적 정서가 타자인 사물에게 옮겨지지만, 그 외에는 시적 주체와 타자 사이에는 일정한 거리가 유지되고 있다. 주체와 타자 사이에 개재된 이 거리는 주체의 주체성과 타자의 타자성이 확보되는 거리이다. 이 거리가 단축되어 주체와 타자가 겹치게 될 때 동일화가

---

[43] 바다를 제목으로 삼고 있는 시편들 중에서 발표 시기가 가장 늦은 작품이다. 따라서 김학동 엮음, 『정지용전집1시』((수정증보5판), 민음사, 1991.)에서는 <바다 9>로 나와 있다.

발생하고, 그 결과가 "슬픈"과 같은 주체의 정서가 타자에게 침투되는 현상으로 나타난다.

<바다 2>에서 타자로 제시된 자연 사물인 "바다"는 주체를 대상화함으로써 주체를 객체의 지위로 전락시키지 않는다. 그것은 사물로서의 타자인 "바다"는 의식의 주체가 아니기 때문이다. 따라서 의식 주체들 사이에서 벌어지는, 타자의 시선에 의한 주체의 주체성과 세계의 탈취는 의식 주체와 자연 사이에서는 일어나지 않는다. 주체는 다른 의식 주체인 타인들과의 관계에서 발생할 수 있는 대상화의 위험에서 벗어나 있고, 타자로부터 자신의 자유를 앗길 염려에서 해방되어 있다. 자연은 거기 그렇게 있는 존재로서 의식 주체를 억압하거나 의식 주체에게 어떤 것을 요구하지 않는다. 그런 까닭에 자연 앞에서 의식 존재는 다른 의식 주체의 시선으로부터 벗어나는 해방감을 느끼며, 자신이 대상으로 얼어붙는 위험으로부터 벗어나는 데서 오는 기쁨을 누릴 수 있다.

때로 자연의 예측 불가능한 힘과 비인격성 자체가 인간에게 위협이 될 수도 있지만, 본질적으로 자연은 타자를 포획하는 시선을 가지지 않은 존재이므로 의식 주체들 사이에서 벌어지는 그러한 위협은 행사하지 않는다. 타자로서의 자연은 주체와 대립하고 있지만 주체를 위협하지 않는 타자이다. 이러한 주체와 타자와의 관계는 주체가 타자를 동일화의 대상으로 삼지 않는 데서 가능해진다. <바다 2>에서 주체는 자신의 주체성과 함께 타자의 타자성을 온전히 보호한다. 그것은 사물로서의 타자를 사물 그 자체로 보존하고, 타자를 주체의 정서를 투사하는 대상이나 주체의 연장으로 간주하지 않는 태도이다.

주체와 타자의 이러한 관계 속에서 주체 역시 자신의 정서를 자연에 투여하거나 자연을 주체의 의지에 따라 변형하고 동일화하려는 자신의 자유를 스스로 제한한다. 그것이 시적 방법으로 나타난 것이 감정의 절제이며, 이러한 절제가 이루어지면서 말하는 주체는 텍스트의 문면에서 후퇴한다. 정지용의 후기 시에 속하는 <九城洞>, <玉流洞> 등의 텍스트는 그러한 미적 논리와 방법이 구축한 타자의 세계이다. 따라서 시적 주체의 내면은 이제 비어 있는 거울이 되어 타자를 감각적으로 재현하는 매체가 된다. 시적 주체는 자신의 내면을 비움으로써 사물에 대한 '현상학적 경험'을 하고 그 신선한 감각적 인상을 그 자체로 제시하게 되는 것이다. "바다"는 시적 주체의 경험과 사적 감정에서 해방되어 새롭게 자신의 존재를 이미지로 드러낸다. 그것은 시적 주체가 발견한 새로운 "바다"이며, 정지용의 예술적 주체가 창조해 낸 "바다"이다.

따라서 "바다"에 대한 새로운 이미지들은 어떤 관념을 암시하기 위한 수단이 아니다. 그것은 감각적 주체의 순수 지각과 사물 체험이 이루어 낸 구체의 세계이자 자족적인 감각의 세계라고 할 수 있다. 관념을 암시하는 수단이 된 이미지들은 기능을 수행한 후 마침내 소멸되지만, <바다 2>에서 제시된 이미지들은 그 자체로서 자족적이며 자신을 소멸시키지 않고 자신의 존재를 주장하고 환기한다. 그것들은 하나의 사물로서 거기에 있는 것이다. 곧 그것은 의미하는 것이 아니라 존재한다. 그리고 그것에 의해 환기되는 사물인 타자는, 주체와 대립한 타자로서 자신의 타자성을 온전히 유지하지만 결코 주체를 위협하지 않는다.

<濫川>은 이와는 달리, 타인에 대한 동일화의 정서와 함께 타인의 타자성을 시적 주체가 함께 확인하면서 자신의 내부에서 자신의 타자를 발견하는 예를 보여 준다. 또한 모순된 '물'의 심상을 통해 타인과의 일체감과 동일화를 경험하면서도 그 균열을 체험해야 하는 시적 주체가 지닌 타자 의식의 착잡함을 효과적으로 암시한다.

   (1)그대 함께 한나잘 벗어나온 그머흔 골작이 이제 바람이 차지하
  는다 앞낡의 곱은 가지에 걸리어 파람 부는가 하니 창을 바로치

놋다 (2)밤 이윽자 화로ㅅ불 아쉽어 지고 촉불도 치위타는양 눈섭 아사리느니 나의 눈동자 한밤에 푸르러 누은 나를 지키는다 푼푼한 그대 말씨 나를 이내 잠들이고 옮기셨다 조찰한 벼개로 그대 예시니 내사 나의 슬기와 외롬을 새로 고를 밖에! (3)땅을 쪼기고 솟고 고히는 태고로 한양 더운물 어둠속에 홀로 지적거리고 성긴 눈이 별도 없는 거리에 날리어라.
<溫井> 전문(번호는 필자가 붙인 것임.)

<溫井>은 위에 번호를 붙여 표시한 대로 크게 세 부분으로 나누어진다. 공간적으로 밖(1)에서 안(2)으로, 그리고 다시 바깥(3)에 대한 서술로 나아가는 짜임새를 하고 있다. 시간적으로는 낮에서 밤으로 시간이 옮겨가며 그와 동시에 의식의 교류와 단절의 흐름을 그 구조 속에 구축하고 있다. 이러한 구조는 시적 주체와 타인의 일체감과 그 균열의 과정을 효과적으로 축조한다.

<溫井>이 첫머리부터 시적 주체와 타인 "그대" 사이의 어떤 일체감을 환기시키는 것은 "함끠", "한나잘", "그머흔 골작이" 등이 암시하는 동반 여행의 체험이다. "푼푼한 그대 말씨" 또한 타인의 따뜻함과 아울러 "그대"에 대한 시적 주체의 애정과 친밀감을 암시한다. "그대"는 여행의 동반자이고 예민한 자의식의 시적 주체를 "이내 잠들"일 정도로 시적 주체에게 친밀한 존재이다. "그대"라는 호칭 자체가 이미 그렇게 호칭되는 타인에 대한 시적 주체의 애정과 태도를 일러주는 것이기도 하다. 따라서 두 의식 주체 사이에는 어떤 대립이나 긴장의 징후는 없다.

그러나 시적 주체의 내부, 그리고 시적 주체와 타인 사이에는 메울 수 없는 틈이 있음을 지나칠 수 없다. "누은 나"와 그를 "지키는" "나의 눈동자"에서 시적 주체의 내적 분열을 볼 수 있기 때문이다. 그러나 이 두 개의 시적 주체 사이의 틈은 불화와 긴장을 야기하기보다 오히려 보호와 친화의 느낌을 환기한다. "나의 눈동자"는 "한밤에 푸르러 누은 나를 지키"기 때문이다. 추위와 어둠으로부터 시적 주체를 보호하는 것은 시적 주체가 누어 있는 방이기보다 "촉불"과 "푼푼한 그대 말씨"이다. "촉불"이 추위와 어둠으로부터 시적 주체를 지키고 "푼푼한" 타인의 온기가 외부의 황량함으로부터 벗어나 시적 주체를 휴식에 들도록 한다.

"나의 눈동자"는 "촉불"의 은유일 수 있다. 촛불의 흔들림이 "치위 타는양 눈섭 아사리"는 인체의 현상으로 전이되고 나아가 유추의 힘을 빌어 촛불이 "나의 눈동자"로 옮겨가는 것이라면 그 유추와 이미지는 내성의 눈을 뜨고 있는 시적 주체의 표상으로서 자연스럽고도 참신하다. 추위를 타는 이 촛불의 이미지는 한기를 녹이고 어둠을 밝히는 따뜻한 열과 빛을 방출하지만, 그것은 연약하다. "촉불"과 "푼푼한 그대 말씨"는 추위와 어둠으로 가득 찬 외부와 대립하여 내부의 온기와 시적 주체의 안식을 마련하지만, 그것이 시적 주체의 지속적인 휴식과 안정을 보장하지는 못한다. 촛불은 한기에 떨며 흔들리고 "그대"는 "조찰한 벼개로" "예시"기 때문이다. 그래서 시적 주체는 "나의 슬기와 외롬을 새로 고를 밖에!" 없는 상황에 있게 되는 것이다.

시적 주체가 자신의 "슬기와 외롬을 새로 고를 밖에!" 없게 된 직접적인 계기는 "그대"가 "조찰한 벼개로 예시"기 때문이다. "나"와 "그대" 사이에 녹아 있는 친밀함과 일체감은 이 홀로 깨어 있음에 대한 시적 주체의 자각으로 균열을 일으킨다. 그것은 "그대"에게서 낯선 타인을 보는 것이며, 이 깨우침이야말로 실존의 고독이 근원적인 것임을 스스로 되새기게 할 것이다. (2)는 방 안의 풍경을 그리면서 시적 주체의 이러한 내밀한 의식의 흐름을 보여주고 있다. (1), (3)은 다 같이 외부에 대한 서술이지만, (1)이 외부 상황 자체에 서술의 초점을 두고 있다면 (3)은 시적 주체의 내면풍경과 좀더 밀접히 연관된다. (2)를 구성하는 세 문장은 처음 두 개가 "—는다"라는 의문형으로, 나머지 하나는 영탄형 어미로 이루어져 있는데, 앞의 두 문장이 시적 주체의 반성적인 태도를 보여 준다면, 그 다음 문장에서 그를 바탕으로 시적 주체의 제약적 선택이 이루어지는 의식의 추이를 확인할 수 있다.

따라서 "고를 밖에!"는 시적 주체의 선택과 결단이 매우 제약된 상황에서 이루어진 것임을 일러준다. 그것은 선택이라기보다 주어진 것이라고 해야 할 것이다. 그렇다면 "고를 밖에!"를, 무엇을 가지런히 하거나 정상적이고 순조롭게 한다는 뜻으로 해석할 수 있도록 문맥이 허용한다고 할 것이다. 그럴 때 시적 주체는 홀로 깨어 있음으로써 대면하는 실존에 내재하는 고독을 근원적인 것으로 수락하는 길밖에 없음을 "새로" 확인하게 되는 것이라고 할 것이다. "내사 나의 슬기와 외롬을 새로 고를 밖에!"라고 말하는 시적 주체는 이미 실존의 고독을 운명으로 재확인하고 그것을 받아들이는 자세를 취한다. 따라서 고독에 대한 감상화된 비애나 과장된 자기연민이 아니라 오히려 그런 조건과 상황에서 올 수 있는 심리적인 동요를 가라앉히려는 노력을 보여 준다고 할 것이다.

그것은 또한 의식 존재로서의 자기 인식을 심화하는 것이기도 하다. 잠에 빠져 든 "그대" 곁에서 시적 주체는 그와 대립되는 또렷한 의식의 주체로서 자기를 재확인하기 때문이다. 홀로 깨어 있는 의식은 시적 주체가 고독한 존재임을 확인하지만, 동시에 그것을 실존의 근원적인 현실로 파악함으로써 존재의 고독을 수락한다. 시적 주체가 말하는 "나의 슬기와 외롬"이야말로 의식의 그러한 자기 인식을 그 움직임 속에서 표현하는 것이라고 할 수 있다.

"촛불", "푼푼한 그대 말씨", "잠"/ "바람", "치위", "한밤"이 공간적으로 안/밖의 대립을 조성하는 것과 함께 이를 강화하는 것은 "땅을 쪼기고 솟아 고히는 태고로 한양 더운물"/ "별도 없는 거리"와 같은 지하/지상의 수직적 공간의 대립이다. 그 모두가 전체적으로 따뜻함/차가움, 밝음/어둠, 안정/불안정의 대립을 축조하는 데 이바지하고 있지만, 바깥의 상황에 대한 서술로 다시 옮겨 간 (3)의 "한양 더운물"은 그 강력하고도 폭발적인 운동 에너지와 함께 그 힘이 억압되어 있는 모순된 "물"의 이미지를 보여준다는 점은 주목할 가치가 있다.

이 "물"은 "태고"의 물이라는 점에서 그 원초성과 함께 시간적 지속성을 함의한다. 그 폭발적인 에너지는 "땅을 쪼기고 솟아"나는 것으로 드러나지만, 그것은 흐르지 못하고 "고히"며 "홀로 지적거"린다는 점에서 분출과 운동의 힘, 그리고 억압된 욕망임을 암시한다. 분출의 역동력이 제거된 안정과 청정의 심상으로 드러나는 <白鹿潭>의 "물"과 대비되는 <溫井>에 나타난 이 "물"의 심상은, 의식의 자기 초월, 자기 부정의 힘과 동시에 의식의 정체성停滯性의 동시적 공존을 환기한다. 물론 이 "물"의 이미지는 근본적으로 운동하려는 의지와 욕망을 가지고 있으므로 "어둠 속에 홀로 지적거리"지만, 그리고 그 "지적거"림이야말로 비록 약화된 채 운동의 욕망이 유지되긴 하지만, "땅을 쪼기고 솟아" 오르는 힘이 억압되어 정체와 자기 동요 상태 한가운데 있음을 암시한다.

분출과 고임, 수직적 상승과 수평적 정체의 이중성을 가진 이 모순된 "물"은 그러나 뜨거운 물이며 그 뜨거움은 지상의 어둡고 차가운 날씨와 대립한다. "더운물"과 어둡고 추운 외부와의 대립은 "그대"와의 일체감과 동일화를 경험하면서도 그 균열을 체험해야 하는 시적 주체의 타인 의식의 착잡함을 효과적으로 암시한다. 그것은, 타인의 잠 곁에서 홀로 깨어 있는 시적 주체와, "성긴 눈이 별도 없는 거리에 날리"는 상황에서 "홀로 지적거리"는 "한양 더운물"이 그 혼자 자신의 숨결을 고르고 있는 동질적인 존재 양태에 의해 은유 관계를 형성하기 때문이다. 그것은 시적 주체−타인의 관계에 수반하는 두 주체 사이에 존재하는 의식의 교류와 단절을 환기한다. 수직적 상승의 욕망이 억압된 채 어둠 속에서 "홀로 지적거리"는 "태고로 한양 더운물"처럼, 잠 속으로 길을 떠난 "그대" 곁에서 홀로 눈 떠 "슬기와 외롬'을 고르는 시적 주체와 그 상황, 그 조건은 실존의 근원적인 문제 상황이라고 할 것이다.

3) 절대적 외재성으로서의 타자

죽음은 살아 있는 생명을 소멸시켜 무로 만든다. 죽음은 주체의 자유를 원천적으로 제거하고 주체로부터 모든 것을 앗아가는 근본적인 폭력이다. 이러한 폭력으로서의 죽음이야말로 주체의 경험을 초월하는 절대적인 외재성이며, 그런 의미에서 가장 극단적인 타자이다. 따라서 의식 주체인 인간은 누구도 죽음을 자신의 사실로서 경험할 수 없다. 죽은 자는 이미 경험할 수 없으며, 죽어 가는 과정에서 자신의 죽음을 의식하는 자에게 죽음은 여전히 도래하지 않은 미래의 사실이기 때문이다.

> 고흔 肺血管이 찢어진 채로
> 아아, 늬는 山ㅅ새처럼 날러 갔구나!
> <琉璃窓 1> 일부

> 아아, 이 애 몸이 또 달어 오르노나.
> 가쁜 숨결을 드내 쉬노니, 박나비 처럼,
> 가녀린 머리, 주사 찍은 자리에, 입술을 붙이고
> <發熱> 일부

죽음이 주체의 경험을 초월하는 절대적인 외재성이며 극단적인 타자인 까닭에, 주체는 위의 <琉璃窓>이나 <發熱>에서 보듯이 오로지 타인이나 자신이 아닌 생명 있는 존재의 죽음이나 질병을 통해서만 죽음에 관한 자신의 의식을 구성할 수 있을 뿐이다. 따라서 죽음에 관한 주체의 의식은 직접적인 경험에 의해 주어진 것이 아니라 타자의 죽음에 의해서 주체의 가능성으로 예고된 것이다. 죽음은 주체를 완전히 소멸시키는 폭력인 까닭에 주체에게 예고된 주체의 부정적인 미래이자 가능성이다. 부정적 미래이자 가능성으로서의 죽음은 주체를 억압하고 불안에 빠뜨릴 수 있다.

정지용의 경우, 자신의 산문 <람프>44)에서 죽음에 대한 불안의식을 좀더 직접적으로 드러낸다. 죽음에 대한 불안은 자신의 존재가 무화되는 데서 오는 불안이다. 인간은 죽음에 이르는 존재이며, 타인의 죽음을 통해서 자신의 미래인 죽음을 상상하는 존재이다. 그러나 죽음은 애초부터 인간에게 부착되어 있는, 삶의 자매이다. 정지용의 경우, 죽음은 문득 들려 오는, 그러나 "귀를 간조롱이하야" 들을 수 있는 하나의 소리로서 나타난다. 그는 "람프 그늘"에서 이 소리를 듣는다.

> 窓을 사납게 치는가하면 저윽이 부르는 소리가 있읍니다. 귀를 간조롱이하야 이 괴한 소리를 가리여 들으랍니다.
> 역시 부르는 소리외다. 람프불은 줄어지고 壁時計는 금시에 황당하게 중얼거립니다. 이상하게도 나의 몸은 마른 잎새 같이 가벼워집니다.
> 窓을 넘어다 보나 燈불에 익은 눈은 어둠속을 분별키 어렵습니다.
> 그러나 역시 부르는 소리외다.
> 람프를 주리고 내여다 보면 눈자위도 분별키 어려운 검은 손님이 서있습니다.
> 「누구를 찾으십니까?」

---

44) 『정지용시집』, 154-155쪽. <람프>는 원래 『가톨닉 靑年』지 4호(1933. 9)에 <素描·5>란 제목으로 발표되었던 것이다. 『정지용시집』에 실릴 때 맞춤법을 고치고 어휘를 몇 개 교체하는 정도의 손질을 했지만, 근본적으로 달라지지는 않았다. <람프>와 <素描·5>를 구체적으로 비교하면, '호야'가 '등피'로, '수고롭지안은'이 '수고롭지아니한'으로, '손님이외다'가 '손님이서있습니다'로 교체되었다. 그 밖에 두 줄이 삭제되고 한 줄의 위치가 옮겨진 것 등을 볼 수 있으나, 이것이 특별히 비평적 의의를 갖는다고 할 수 없다. 따라서 여기서는 『정지용시집』에 실려 있는 <람프>를 인용한다.
<람프>는 일종의 시적 산문, 좀더 구체적으로 말하면, 장르적 성격이 비교적 모호하다고 할 수 있는 수필의 한 형태이다. 그러나 이 글이 내장하고 있는 풍부한 암시성의 공간은 <람프>를 시에 한층 근접시키고 있는 듯하다. <람프>에 대한 좀더 자세한 분석은 손병희, 앞의 글을 참조할 수 있다.

> 만일 검은 망토를 두른 髑髏가 서서 부르더라고 하면 그대는 이러한 悚懔한 이야기는 忌避하시리라.
> 덧문을 구지 닫으면서 나의 良識은 이렇게 解說하였읍니다.
> ─죽음을 보았다는 것은 한 錯覺이다─
> 그러나 「죽음」이란 벌서 나의 聽覺안에서 자라는 한 恒久한 黑點이외다.

죽음을 정지용은 "聽覺안에서 자라는 한 恒久한 黑點"이라고 말한다. 청각이 감지하는, 죽음이 "부르는 소리"는 "먼 우뢰와 같이 부서지는 바다며 별같이 소란한 귀또리 울음이며 나무와 잎새가 떠는 季節의 戰車가 달려"오는 소리와 "窓을 사납게 치는" 소리에 뒤섞여 있다. 그것은 자연의 소리 속에 자신을 감추고 있다. 아니 그것은 자연의 소리이다. 따라서 죽음은 덧문을 "구지" 닫는 의도적인 외면이나, 죽음이 "錯覺"이라는 "良識"의 자기 위안적인 "解說"로서는 치유되지 않는다. "나"는 도피에의 유혹과 거짓된 위안을 제공하는 "良識"의 기만성을 반성한다. 거짓된 위안에 빠지지 않고, "나"는 무화에 대면한 자신의 불안을 응시하고 있다. 그것을 다음과 같이 말한다.

> 나의 反省의 正確한 位置에서 나려다 보면 람프 그늘에 채곡 접혀 있는 나의 肉體가 목이 심히 말러하며 祈禱라는 것이 반듯이 精神的인것보다 어떤때는 純粹히 味覺의 인수도 있어서 쓰데 쓰고도 달디 단 이상한 입맛을 다십니다.

"肉體"의 갈증은 죽음─그 극단적인 타자─에 직면한 존재자의 불안이며, 동시에 그 초극에의 갈구이다. 이 때 정지용이 선택하는 것은 신에게 의지하는 길이다. 그것은 "祈禱"이며, 그 절실함과 절박함이 구체적 감각으로 표현된다. 그것은 "쓰데 쓰고도 달디 단 이상한 입맛"이다. 그는 기도로서 <람프>를 마감한다.

「天主의 聖母마리아는 이제와 우리 죽을때에 우리 죄인을 위하야 비르소서 아멘」

죽음은 인간을 무력화시키는 절대적인 폭력이지만, 살아 있는 인간에게 그것은 연기되어 있는 미래이기도 하다. 죽음은 미래의 사실로서 잠재적인, 그러나 필연적인 위협이므로 살아 있는 자는 누구나 미래의 죽은 자이다. 그러나 죽음은 인간이 살아 있는 현재 자신의 것으로 경험할 수 있는 것이 아닌 까닭에, 죽음의 위협은 연기되거나 미래의 사실로 상상될 뿐이다. 그러나 정지용에게 죽음이라는 이 극단적이고 절대적인 타자는 "소리"로서 자신의 존재를 드러내고, <람프>에서 보듯이 정지용은 그것을 '듣고' 있다. 죽음에 대한 이러한 청각적 '예민성'은 죽음에 대한 정지용의 강박적 사고 obsession를 시사하는 것으로 볼 수 있다. 강박적 사고는 "스스로 통제할 수 없이 지속적으로 일어나는 불안을 유발시키는 생각"[45]이다. 이러한 강박적 사고와 청각적 예민성은 죽음의 "발옴김이 또한 표범의 뒤를 따르듯 조심스럽기에" (자신의, 혹은 자신과 같은 예민성으로) "가리어 듣는 귀가 오직 그의 노크를 안다."(<悲劇>)고 말하는 데서도 확인될 수 있다.

이러한 죽음에 대한 강박적 사고가 어디로부터 오는지는 뚜렷이 알 수는 없다. 다만 그것이 실존의 한계 상황인 죽음에 대한 정지용의 구체적인 체험과 연관될 수 있다는 점은 분명하다. 죽음에 대한 경험을 직접적으로 말하고 있는 시 텍스트는 <悲劇>이다. 여기에서 시적 주체는 "일즉이 나의 딸하나와 아들하나를 드린 일이 있"다고 직설적으로 말함으로써 "비극"이 죽음의 다른 이름이거나 그 결과임을 뚜렷이 밝힌다. 레비나스에 따르면, 자식은 "타자가 된 나(moi étranger à soi)"[46]이다. 따라서 자식은 부모[47]에게 자신의 육체적 연장이며 계기

---

45) David A. Statt, *The Concise Dictionary of psychology*, 정태연 옮김, 『심리학 용어 사전』, 끌리오, 1999. 11쪽.

적 연속체일 수 있기 때문에 자식의 죽음을 통해서 시적 주체는 자신의 죽음과 인간의 보편적 한계 상황을 경험할 수 있을지 모른다. 존재의 무화는 시적 주체에게 회복할 수 없는 상실감과 실존의 불안정성에 대한 비극적 인식을 가져오고, 죽음의 보편성은 시적 주체에게 깊은 고통과 함께 그것을 실존의 조건으로 감수하게 할 것이다.

실존의 근원적 내재성으로서의 죽음과 그 비극성에 대한 정지용의 인식은 죽음이 "나의 거름을 따르는 그림자"(산문 <밤>)라고 말하거나, <람프>에서 보듯이 "죽음 이란 벌서 부터 나의 聽覺안에서 자라는 한 恒久한 한 黑點"이라고 말하는 데서도 확인된다. 존재의 무화, 죽음에 민감한 의식은 그것을 자신에게 부착된 것으로 받아들이고, "귀를 간조롱이하야" 그 소리를 듣고 있다. 죽음과 비극에 대한 그의 청각적 예민성은 "가리어 듣는 귀가 오직 그의 노크를 안다."라고 자

---

46) 강영안, 앞의 글, Emmanuel Levinas, 앞의 책, 147쪽에서 재인용. 따라서 자식을 통해 "나는 아버지가 됨으로써 나의 이기주의, 나에게로의 영원한 회귀로부터 해방된다. 자아는 이제 타자와 타자의 미래 속에서 자신의 한계를 초월한다. 레비나스는 이러한 미래와의 관계를 '생산성(비옥성)'이라고 부른다." 이러한 "생산성을 통해 인간은 자기 자신의 유한성으로부터 구원받는다. (가운데 줄임) 아이를 통해서 과거는 절대성을 잃게 되고 절대적 미래의 차원이 열린다. 그러므로 레비나스는 진정한 시간이야말로 과거를 새롭게 할 수 있는 가능성이요, 과거에 대한 용서라고 말한다. 용서란 과거를 망각하는 것이 아니라 아이의 출산으로 과거는 또 현재와 미래로 새롭게 시작할 수 있다는 것이다. 시간은 아이를 통해 다시 젊어지고 푸르름을 띠게 된다." 같은 책, 147-148쪽.
47) 레비나스는, 주체가 "아버지가 되는 길"을 통해서 자기 중심적인 주체에서 벗어날 수 있음을 다음과 같이 말한다. "어떻게 나는 너 안에 흡수되지 않고 나를 잃지 않으면서 너의 타자성 안에서 나로 남아 있을 수 있는가? 어떻게 자아는, 나의 현재 속에 있는 자아가 아니면서, 너 안에 나로 남아 있을 수 있는가? 어떻게 자아는 자신에게 타자가 될 수 있는가? 아버지가 되는 길 외에는 길이 없다." 위의 책, 112쪽.
또한 강영안은 이렇게 주체가 자기 중심적인 주체에서 벗어나 "타자를 영접하고 대접할 때 진정한 의미의 주체성, 곧 "환대(歡待)로서의 주체성"이 성립된다고 했다. 그와 아울러 그는 "타자를 선대(善待)할 때 나의 존재는 나에게서 타인의 미래로 무게 중심을 옮겨 놓게 된다. 죽음으로 향한 나의 존재는 '타자를 위한 존재'로 바뀌고 이것을 통해 죽음의 무의미성과 비극성은 상실된다. 죽음은 삶의 마지막 지평이 아니다. 왜냐하면 나의 존재 의미는 내 자신 속에 있는 것이 아니라 타자와 그의 미래에 있기 때문이다. 자기 중심적인 의미부여에서 필연적으로 야기되는 죽음에 대한 불안은 타자를 위한 선행을 통하여 사라지고 만다는 것"이라고 해설한다. 같은 책, 145쪽.

신 있게 말하는 데서 잘 드러난다.

「悲劇」의 힌얼골을 뵈인적이 있느냐?
그 손님의 얼골은 실로 美하니라.
검은 옷에 가리워 오는 이 高貴한 尋訪에 사람들은 부질없이 唐慌한다.
실상 그가 남기고 간 자최가 얼마나 좁그럽기에
오랜 後日에야 平和와 슬픔과 사랑의 선물을 두고 간줄을 알었다.
<悲劇> 일부

그러나 시적 주체는 죽음이나 실존의 비극성을 오히려 '高貴한 尋訪'으로 받아들인다. 존재의 무화를 실존의 비극적 내재성으로 기꺼이 수락함으로써 죽음에 대한 역설적 인식이 가능하고, 나아가 그것을 "맞이할 예비가 있다"고 의연하게 말할 수 있을 것이다.[48] 그러나 죽음에 대한 이러한 여유와, "禮儀를 가추지 않고 오량이면/ 문밖에서 가벼히 사양하겠다!"는 오연한 자세는 오히려 죽음에 대한 공포를 은폐하기 위한 무의식적인 반동 형성[49]일 수 있다. 죽음에 대한 초연함

---

[48] 하이데거적인 의미에서, 이러한 태도는 무의 가능성에 대항하는 실존의 자유로 이해할 수도 있다. 이 점에 대해서는 다음 인용을 참고할 수 있다. "하이데거는, 죽음은 결코 사실로서 경험하지 못하고 다만 가능성으로서만 경험할 수 있다는 사실을 강조하였다. 이것은 불가능의 가능성이요, 무의 가능성이다. 불가능의 가능성을 경험하는 데 바로 자유의 핵심이 있다. 왜냐하면 죽음이라는 극단적인 가능성에 직면할 때 나는 죽음에 대항하여 나의 존재를 기획하고, 스스로 나의 존재에 대해서 책임져야 한다는 강요를 받는다. 이런 의미에서 인간은 불가능의 가능성, 즉 무의 가능성에 직면해서 스스로 자신의 자유를 주장할 수 있다."
그러나 레비나스에 따르면, "죽음에 접근할 수 있는 길은 고통의 경험이다. 고통 속에서 우리는 우리와 다른 것, 우리 밖에서 침입하여 우리를 무력하게 하는 힘을 경험한다. 고통 속에서 직면하는 죽음은 불가능의 가능성이 아니라 모든 가능성의 불가능성이다." 따라서 레비나스는 <죽음은 하이데거에게 자유의 사건이지만, 우리에게는 고통 속의 주체가 가능한 것의 한계에 도달하는 사건이다>라고 말한다. 죽음은 자유의 기초가 아니라 인간의 무력과 부자유에 대한 경험이다. 죽음 앞에서 인간은 주도권을 완전히 상실한다. 죽음은 본질적으로 알 수 없는 신비요, 절대적 타자성으로부터 나를 지배하는 미래이다." 강영안, 앞의 글, Emmanuel Levinas, 위의 책, 143쪽.
[49] 막스 밀레르Max Milner는 반동형성이 "욕망이 낳는 반대의 것에 의한 어떤 것의 대체에

이나 죽음을 "고귀한 심방"으로 간주하는 것이 오히려 죽음에 대한 공포를 위장한 것일 수 있다는 것은 다음의 시편들이 보여 주는 시간 의식에서 드러나는 죽음에 대한 불안 의식과도 무관하지 않다.

> 어린아이야, 달려가자.
> 두빰에 피여오른 어여쁜 불이
> 일즉 꺼저버리면 어찌 하쟈니?
> 줄 다름질 처 가쟈.
>
> <새빩안 機關車>50) 일부

> 한밤에 壁時計는 不吉한 啄木鳥!
> 나의 腦髓를 미신바늘처럼 쫏다.
>
> 일어나 쫑알거리는 「時間」을 비틀어 죽이다.
> 殘忍한 손아귀에 감기는 간열핀 목아지여!
>
> <時計를 죽임> 일부

<새빩안 機關車>에서 시간은 존재를 갉아먹는 존재로 나타난다. "두빰에 피여오른 어여쁜 불이/ 일즉 꺼저버리면 어찌 하쟈니?"는 시간에 의한 존재의 침식에 대한 불안 의식을 암시한다. 현실적으로 불가능한 일이기는 하지만, 이러한 시간의 존재 침식에서 벗어날 수 있는 방법의 하나는 시간보다 더 빨리 움직이는 것이다. 따라서 "줄 다름질 처 가"는 행위는 존재의 질주에 따른 시간의 지체와 연장을 통

서 생겨나는 효과"라고 규정했다. Max Milner, *Freud et l'interprétation de la littérature*, Paris: SEDES et CDU, 이규현 옮김, 『프로이트와 문학의 이해』, 문학과지성사, 1997. 210쪽. 인간에게 가장 적대적인 현실인 죽음도 이러한 반동형성을 통해 오히려 가장 아름답고 숭고한 것으로 대체될 수 있게 된다. 정지용의 시 <비극>에서, 비극의 얼굴이 아름다우며 ("美") 그의 자취가 "좔그럽"고, 그가 "平和와 슬픔과 사랑의 선물을 두고 간"다는 것도 이러한 반동형성의 예로 볼 수 있다.

50) 『정지용시집』, 66쪽.

해 시간의 풍화작용으로부터 존재를 보호하기 위한 달리기라고 할 수 있다. 그런 점에서 질주는 시간으로부터의 탈출이라고 말할 수 있다.

<時計를 죽임>에서 시간은 노동에 의해 영위되는 일상적 삶의 피로와 일차적으로 관계된다. 그러나 그 시간 역시 주체의 소모와 소진에 이르는 하는 까닭에 결국 시간은 주체를 죽음으로 이끈다. 따라서 "쫑알거리는 「時計」"이야말로 주체에게 끊임없이 노동을 촉구하고 요구함으로써 주체를 소진하게 하는 위협이라고 할 수 있고, 그것을 "비틀어 죽이"는 것은 시간에 대한, 그리고 시간에 의해 암시되는 죽음에 대한 주체의 불안이 공격적인 양상으로 드러난 것이라고 할 수 있다.

골작에는 흔히
流星이 묻힌다.

黃昏에
누뤼가 소란히 싸히기도 하고,

꽃도
귀향 사는곳,

　　　　　　　<九城洞> 일부

또한 <구성동>에서는 그 공간이 절대적인 정적의 세계로 묘사되고 시간의 흐름은 "사슴"의 움직임을 통해 간접화됨으로써 지각의 이차적인 대상이 된다. 따라서 여기에서는 마치 시간이 정지된 것처럼 느껴지고, 시간에 근거한 모든 생성과 운동도 함께 정지되는 것처럼 보인다. 이러한 시간의 정체停滯 현상은 마침내 <忍冬茶>에서 시간을 초월하는 상태에 이른다. "山中에 冊曆도 없이/ 三冬이 하이얗다."에서 "책력"이 없음은 그 불필요성을 함의하면서 동시에 시간의 구속에서 초월한 존재, 곧 무시간적인 존재와 그 상황을 환기한다. 그것은

시간의 구속과 위협에서 해방된 존재의 상황을 표상하며, 이러한 무시간적 상태는 시간이 가져 올 주체의 죽음에 대한 불안을 해소할 것이다.

이와 같이 정지용의 시 텍스트는 시간에 대한 불안에서 그 초월과 해방에 이르는, 시간과 죽음에 대한 의식의 다채로운 전개를 보여 준다. 그러나 이와 같은 시간·공간 의식과 죽음에 관한 의식은 한편으로 죽음의 본능 Thanatos[51]을 암시하는 것일 수도 있다. 시간으로부터의 탈출과 시간의 정체 현상, 그리고 "時計를 죽임"이나 무시간적인 상황을 통한 시간의 초월, 그리고 시간에 의해 소진되는 삶에 대한 비관적 인식과 예민한 감각은 현재적 삶을 끝없이 무화하려는 무의식적 욕망을 그 밑바닥에 거느리고 있는 것으로 볼 수도 있기 때문이다. 정지용에게 그것을 벗어나는 한 길이 카톨리시즘이라고 할 수 있는데, 여기서는 일단 신의 타자성만을 지적하고 신앙시편에 대한 검토는 후술한다.

> 내 무엇이라 이름하리 그를?
> 나의 령혼안의 고흔 불,
> 공손한 이마에 비추는 달,
> 나의 눈보다 갑진이,
> 바다에서 솟아 올라 나래 떠는 金星,
> 쪽빛 하늘에 힌꽃을 달은 高山植物,
> 나의 가지에 머믈지 않고
> 나의 나라에서도 멀다.

---

[51] 프로이트는 "정신 생활에는 재현하고 되풀이하려는 억제할 수 없는 경향, 쾌락 원칙을 고려하지 않고 쾌락 원칙을 넘어서 나타나는 경향이 있"으며 "동일한 것으로 되돌아가려는 그러한 경향"을 '죽음의 본능', 혹은 '타나토스'라고 불렀으며 이를 삶의 본능 또는 '에로스'와 대비시켰다. "에로스는 개인을 더욱더 넓은 전체로 통합하면서 새로운 상황을 빚어내는 데 반하여, 죽음의 본능은 동일한 것의 반복을 통해 개인을 무기물적인 것, 무생물적인 것으로 되돌아가게 하는 경향이 있다." Max Milner, 앞의 책, 254쪽.

<그의 반>52) 일부

그의 모습이 눈에 보이지 않었으나
그의 안에서 나의 呼吸이 절로 달도다.(가운데 줄임)

그의 옷자락이 나의 五官에 사모치지 안었으나
그의 그늘로 나의 다른 한울을 삼으리라.
<다른 한울>53) 일부

누어서 보는 별 하나는
진정 말-고나.(가운데 줄임)

문득, 령혼 안에 외로운 불이
바람 처럼 일는 悔恨에 피여오른다.

힌 자리옷 채로 일어나
가슴 우에 손을 넘이다.
<별>54) 일부

정지용의 시에서 죽음과 함께 절대적인 외재성으로 드러나는 타자의 한 양상은 신이라고 할 수 있다. 실존이 끊임없이 자신을 무로 돌리려는 죽음에 대한 불안에서 벗어날 수 없는 결핍되고 마침내 소멸되는 존재라면, 신은 외부를 욕망하지 않는 자족적인 세계이며 절대적으로 소모되지 않는 충일한 존재이다. 극단적인 타자인 죽음에 대한 불안과 공포에서 벗어날 수 없는 실존에게 신은 실존의 유한성을 뛰어넘는 초극의 가능성이자 불멸하는 궁극적인 실재의 실현이다. 그러나 신은 "내 무엇이라 이름하리 그를?"과 같이 주체의 인식과 지각을 초월해 있는 존재, 곧 타자로서 있다. 따라서 신과 주체와의 거리

---

52) 『정지용시집』, 140쪽.
53) 위의 책, 142-143쪽.
54) 위의 책, 134-135쪽.

는 "나의 가지에 머믈지 않고/ 나의 나라에서도 멀다.", "누어서 보는 별 하나는/ 진정 멀-고나."라고 서술된다.

또한 신의 타자성은 "그의 모습이 눈에 보이지 않었으나", "그의 옷자락이 나의 五官에 사모치지 안었으나"로 변주된다. 그러나 신의 타자성에도 불구하고 주체는 "그의 안에서 나의 呼吸이 절로 닫도다.", "그의 그늘로 나의 다른 한울을 삼으리라.", "힌 자리옷 채로 일어나/ 가슴 우에 손을 넘이다."라고 말함으로써 신앙에 대한 기쁨과 신에 대한 귀의를 표명한다. 죽음이나 주체를 앗아가는 타인이 아니라, 초월적 타자로서의 신은 그 타자성에도 불구하고, 아니 한편으로는 그로 인하여 주체를 구원으로 이끌 수 있는 통로이자 실체가 되기 때문일 것이다. 산문 <람프>의 마지막이 신에 대한 주체의 "기도"로 마감되는 것도 그러한 연유이다.

3. 실존적 자의식과 존재의 역동성

1) 익명의 실존과 실존의 비극성

정지용이 <말>을 시의 대상과 제목으로 삼은 것은 모두 세 편인데, 『鄭芝溶詩集』에는 각각 <말>, <말 1>, <말 2>로 되어 있다. <말 1>은 「말」이 『조선지광』에 실린 지 두달 후에 같은 잡지에 발표되지만, <말 2>는 발표 여부를 알 수 없다. <바다> 연작에 비해서는 양이 적다고 할 수 있겠지만, 이것만으로도 "말"이 정지용에게 흥미로운 시적 대상이었다는 사실을 일러주는 데는 부족함이 없다. <말>에서는 '사람편인 말'로, <말 1>에서는 '내 형제 말님'으로 서술되고, <말 2>에서는 시적 주체의 분신으로 제시된다. 결국 정지용에게 "말"은 시적 주체, 혹은 인간의 대치물인 셈이다. 그래서 시적 주체는 '말'에게서 존재의 동질감과 형제와 같은 연대감을 느끼는 것이다. 거기에서 정처 없이 떠도는 나그네의 떠돌이 의식이 고아 의식으로 변주되고 있음을 발견할 수 있고, 동시에 실존의 근거에 대한 의문과 거기에서 오는 우수를 볼 수 있다.

말아, 다락같은 말아,
너는 즘잔도 하다 마는
너는 웨그리 슬퍼 뵈니?
말아, 사람편인 말아,
검정 콩 푸렁 콩을 주마.
　　　＊
이말은 누가 난줄도 모르고
밤이면 먼데 달을 보며 잔다.
　　　　　　　<말> 전문

말아,
누가 났나? 늬를. 늬는 몰라.
말아,
누가 났나? 나를. 내도 몰라.
늬는 시골 듬에서
사람스런 숨소리를 숨기고 살고
내사 대처 한복판에서
말스런 숨소리를 숨기고 다 잘았다.
시골로나 대처로나 가나 오나
량친 몬보아 스럽더라.
말아,
멩아리 소리 찌르렁! 하게 울어라.
　　　　　　　<말 2> 일부

위의 두 편에서 공통적으로 제기되는 문제는 자신의 근원에 대한 존재의 무지이다. 이 두 편의 텍스트에는 "말"이나 "나"는 다같이 누가 자신을 낳았는지 모르는 존재로 제시되어, 그들이 부모를 알 수 없는 상태로 이 세계에 던져진 존재라는 점이 부각되고 있다. 같은 문제를 드러내 놓고 있지만, <말>과 <말 2>의 감정구조는 서로 다르다. <말>이 비애와 우수를 밑바닥에 거느리고 있다면, <말 2>는

위축되고 피해의식에 사로잡힌 태도를 극복하려는 의지를 가지고 있다. 그러나 두 편 모두가 앞에 내세우고 있는 자신의 기원에 대한 관심55)과 무지는 떠돌이 의식의 변형으로 볼 수 있는 고아 의식을 함의하고 있다. 고아 의식이 아주 뚜렷한 형태로 드러나는 것이 <말 2>의 "량친 몬보아 스럽더라"라는 구절이다. <말>에서는 거기다 실존적인 음영이 더해져 그 함축적 의미의 공간이 좀더 확장된다. 다음의 분석은 <말>을 대상으로 한다.

<말>에서 볼 수 있는 비애와 우수는 자신의 존재의 근원을 알 수 없다는 사실에 근본적으로 뿌리를 두고 있다. 비애의 감정은 시적 주체에게 "말"이 "슬퍼 뵈"는 것으로 투사되어 제시된다. 그 슬픔은 "웨 그리"에서 보듯이 아주 강렬한 것이다. 이 슬픔은 아마 끝 두 행에서 그 실마리를 찾아야 할 것이다. 이 두 행은 "말"의 존재 양태를 간결하게 제시하고 있는데 그 의미를 요약한다면, (1) 자신의 존재의 근원에 대한 무지, (2) 도달할 수 없는 것에 이끌림과 의식의 휴식("잠")이라고 할 수 있다. "말"이 "슬퍼 뵈"는 것이 이 두 행에 근거를 두고 있다면, 그것은 (1)과 (2)가 의식 존재인 시적 주체에게 인간적인 의미로 번역되기 때문일 것이다. 곧 "말"의 존재 양태가 의식 존재인 시적 주체에게 자신의 그것으로 인식되고 거기에서 연유하는 우수가 "말"에게 투사된다는 뜻이다.

"누가 난줄도 모르고"가 단순히 출생의 생물학적·사회학적 기원에 대한 무지를 말하고 있는 것에 그치는 것이라 하더라도 그것은 시적 주체에게 중요한 문제가 될 수 있다. 출생의 기원은 개인의 자기 정체성identity 형성에 큰 몫을 할 수 있고, 자기 정체성의 혼란이 자기 소외를 초래할 수 있기 때문이다. 고아 의식은 육친으로부터의 관련

---

55) <갈메기>에서도 시적 주체는 '늬는 어데서 났니?'라고 갈메기에게 묻고 있다. 다만 다른 점이 있다면, <말> 연작과는 다르게 <갈메기>에서는 시적 주체가 부모와 고향에 대한 선명한 기억을 가지고 있다는 사실일 것이다. 따라서 <갈메기>의 시적 주체가 드러내는 것은 고아 의식이 아니라 떠돌이 의식이다.

을 상실한 주체의 자기 소외의 한 양태일 것이다.

그러나 <말>에서는 이것이 한층 존재론적 의미를 환기하는 것으로 해석될 수 있다. 자신의 근원에 대한 무지, 곧 자신의 익명성이 실존의 근심과 불안을 야기할 수 있기 때문이다. 자신의 근원을 알 수 없는 실존은 그 자체가 하나의 부조리한 존재이며, 그에게 자신의 존재는 하나의 신비이다. 자신의 근원적인 익명성과 부조리 앞에서 실존은 전율하고, 그 신비 앞에서 감당할 수 없는 의문에 휩싸인다. 사르트르의 말처럼 "실존은 짐승처럼 덮치기" 때문이다. 이러한 익명성에서 벗어나기 위해 실존은 이제 스스로 자신의 본질을 만들어 가야 한다.

"누가 난줄도 모르"는 "말"이 "밤이면 먼데 달을 보"는 것은 신비에 싸여 있는 자신의 근원에 대한 막연한 향수('달'은 곧잘 사색, 회상, 추억의 계기가 된다.)[56]인 동시에 그 신비에 도달할 수 없는 자의 근심과 불안의 표현이다. 향수에도 불구하고 실존의 근원('달')은 실존의 인식을 초월한 거리('먼데')에 있다는 사실이야말로 실존의 비애를 촉발하는 요인이 될 것이다. 또한 "말"이 "보며 잔다"는 것은 자신의 근원에 대한 관심과 불안이 "잠", 곧 의식의 휴식, 존재에 대한 무관심, 존재 망각으로도 끝내 스러지지 않는다는 것을 의미한다. 그런 뜻에서 존재에 대한 관심과 불안은 의식 존재의 불행이기도 하다. "말"의 서서 잠자는 행태에서도 유추될 수 있는 존재의 불안정과 의식의 피로를 환기한다는 점에서, "보며 잔다"는 역설은 진지하고 또한 진실하다.[57]

---

56) 이어령은 "「먼 달을 본다」는 것은 객지에서 고향을 생각하는 망향을 나타내는 정형구"라고 하면서, "고향 상실자의 절대고독의 내면세계를 생생하게 드러"내는 것으로 파악했다. 이어령, 「정지용의 <말>의 기호학적 분석」, 『현대시사상』 여름호, 고려원, 1991. 130쪽.
57) 그러나 "보며 잔다"는 것은 의식의 노예가 된 존재를 암시하는 것일 수도 있다. "보며 자"는 잠은 진정한 잠이 될 수 없고, 잠을 잘 수 없는 존재는 자신의 의식의 주인이 될 수 없다. 의식이 늘 깨어 있어 활동하는 상태에 있다면, 존재는 의식에 대하여 어떤 주

<말> 연작이 실존의 익명성과 그에 따른 근원적인 우수를 보여준다면, <琉璃窓 2>는 실존의 내면에 깃든 어둠과 그 통증을 보여준다. <말> 연작이 실존의 근원적인 문제를 외적 대상에 투사하여 제시함으로써 우수어린 비애를 드러낸다면, <琉璃窓 2>는 충만한 어둠과 출구없는 실존의 질식상태를 강렬하게 호소한다. 그러나 시적 주체는 자신의 실존적 상황을 껴안음으로써 내적 안정을 이룩하려는 수동성을 보여준다.

> 내어다 보니
> 아조 캄캄한 밤,
> 어험스런 뜰앞 잣나무가 자꼬 커올라간다.
> 돌아서서 자리로 갔다.
> 나는 목이 마르다.
> 또, 가까히 가
> 유리를 쫓다.
> 아아, 항안에 든 金붕어처럼 갑갑하다.
> 별도 없다, 물도 없다, 쉬파람 부는 밤.
> 小蒸氣船처럼 흔들리는 窓.
> 透明한 보라스빛 누리알 아,
> 이 알몸을 끄집어내라, 때려라, 부릇내라.
> 나는 熱이 오른다.
> 뺌은 차라리 戀情스레히
> 유리에 부빈다, 차디찬 입마춤을 마신다.
> 쓰라리, 알연히, 그싯는 音響——
> 머언 꽃

도권도 행사할 수 없기 때문이다. 따라서 레비나스에게는 "역설적이게도 의식은 무의식을 통해 규정된다." 강영안, 앞의 글, Emmanuel Levinas, 앞의 책, 126쪽 이하 참조.
한편 이어령은 이에 대해 "어떤 시인도 흉내낼 수 없는 고독의 절정"을 그려 냈다고 하면서, 슈트라우스의 말을 인용해 눕지 않고 서 있다는 것의 의미를 "세계와 자기 자신을 형성하는 가능성을 획득"하는 것이라고 했다. 이어령, 위의 글, 131쪽.

都會에는 고흔 火災가 오른다.
<琉璃窓 2>

　<琉璃窓 2>에서 보이는 것은 시적 주체의 질식 상태이다.[58] 충만한 어둠은 외부 정경으로 제시되어 있지만, 그것은 동시에 질식 상태에 빠진 시적 주체의 내면 풍경을 환기한다. 어둠은 시적 주체의 내면 풍경을 외부 정경으로 대치한 것이라고 볼 수 있기 때문이다. 시적 주체의 질식 상태는 목마름과 갇혀 있음을 호소하는 데서 잘 드러난다. 그러나 시적 주체의 이러한 질식 상태는 해소될 가능성이 없다는 점에서 비극적이다. 그것은 "별도 없다, 물도 없다, 쉬파람 부는 밤."에서 잘 나타난다. 그것은 출구없는 고통의 감옥이다. "이 알몸을 끄집어내라, 때려라, 부릇내라"는 거기에 갇힌 자의 비명이며, 거기에는 자학적 충동의 냄새마저 섞여 있다. 실존의 "알몸"은 이제 그 자체가 시적 주체의 짐이고 고통이며, 시적 주체의 질식 상태는 마침내 내연하는 "熱"이 된다. 그것은 질병의 상태에 이른 실존의 위기이다.

　그러나 "이 알몸"이 암시하는 육체적 실존의 이 질병, 내연하는 고통의 '불'("熱")은 시적 주체를 태우지 않는다. 시적 주체는 자신을 가두고 있는 상황에 대결하거나 내연하는 실존의 통증에 끝까지 맞서지 못한다. 위기의 순간에 실존의 고통스러운 열기를 "차라리" "유리"에 냉각시킴으로써 그것을 순화하기 때문이다. 시적 주체는 자학적 광기에 이르는 내적 통증과 갇혀 있는 상황을 뛰어 넘으려 하기보다는 자신의 고통스러운 현실을 "차라리 戀情스레히" 껴안음으로써 내연하는 "熱"을 식히려 하는 것이다. 그것은 출구 없는 고통 속에서 수동적인 시적 주체가 시도하는 자기 구제의 한 방법이다.

　"뺨"을 "유리에 부"비고 "차디찬 입마춤을 마시"는 것은 초월할 수

---

[58] "유리창" 안의 주체에 대한 시적 묘사는 <유리창 1>, <풍랑몽 1>, <시계를 죽임>, <나븨> 등에서 나타나는 데, 이는 따로 검토할 만한 주제가 될 수 있다.

없는 상황과 내연하는 실존의 통증을 "차라리" 껴안음으로써 거기에서 해방되고자 하는 것이다. 상황의 절대성과 실존의 한계를 "차라리" 수락하는 것은 수동적인 것이기는 하지만, 그렇게 함으로써 시적 주체는 자신의 실존을 지탱할 수 있을 것이다. 그것은 수동적인 시적 주체가 상황 속의 고통스러운 실존을 감수한다는 뜻이며, 그것을 통해 상황과 화해하고자 하는 것이다. 그것은 시적 주체가 안팎의 하중을 실존의 조건으로 수락하고 견딘다는 것을 선택했다는 뜻이다. 이 '견딤'은 <장수산 1>에서 직설적으로 토로되는 모티프로서, 수동적인 시적 주체가 발견한 하나의 출구이다.

이 출구는 시적 주체에게 초월을 감행할 수 없는 데서 오는 좌절감과 함께 초월의 욕망이 야기할 불안에서 벗어나는 안도감을 함께 가져다 줄 것이다. 따라서 "熱"이 있는 "뺨"을 "유리"에 부비는 "音響"은 모순적인 감정의 동시적 공존을 내포한다. 그것은 쓰라리지만 밝고 아름답다는 감정이다. 곧 "쓰라리, 알연히,59) 그싯는 音響—"인 것이다. 이 착잡한 "音響"이 청각에서 시각으로 옮겨가는 것을 통해 제시되는 것이 "고흔 火災"이다.

"고흔 火災"의 '불'은 상황과 상황에 구속된 실존의 고통스러운 현실을 "차라리" 감수하고 견디는 수동적인 시적 주체가 발견하는 '불'이다. 이 '불'은, 자신과 외부를 끝없이 파괴하고 소모함으로써만 자신의 존재를 유지하고 확충할 수 있는 불의 존재 방식과 "火災"로서 표상되는 불의 탐욕스러운 욕망이 '거세된' '불'이다. 이 '거세된 불'은 외부에 대한 파괴적인 욕망을 잃어버리고 심미적 대상 "고흔" 불로 존재한다. "고흔" '불'은 상황 속에서 상황과 화해함으로써 내연하는

---

59) 여기서 '쓰라리'를 <쓰라리게>의 준말로 이해하는 것은 시적 문맥에 따른 것이지만, 실상 어휘론적/형태론적으로 '쓰라리'를 그밖의 의미로 추론하기 힘들다는 판단이 그렇게 시적 문맥을 제약하는 것이기도 하다. "알연히"는, 1)쇠붙이가 부딪치는 소리나 학의 울음소리 따위가 아름답다, 2)멀리서 들려오는 노래나 악기 소리가 맑고 은은하다는 뜻의 '알연하다'의 부사형이다. 국립국어연구원, 『표준국어대사전』 CD(V1.0) 참조.

불길을 냉각시키는 수동적인 시적 주체의 불이며, 외부로 확산되지 않고 자신을 태움으로써만 존재하는 불이다. 그것은 오히려 외부를 시적 주체의 의지 너머에 있는 것으로 받아들이면서 피운 체념의 불이다.

내연하는 통증과 "차라리" 화해함으로써 안정을 이룩하는 시적 주체의 수동성은 비애에 대한 예민성과 그것을 초월할 수 없는 실존의 한계를 뼈저리게 실감한 데서 비롯하는 것일 수 있다. 실제로 정지용의 많은 시편들은 "홀로"나 "울음"/"눈물" 등이 환기하는 외로움이나 비애의 감정으로 착색되어 있을 뿐만 아니라, 나아가 비애의 감정을 실존의 내재적 근원성으로 파악하고 있다. 따라서 "悲哀"는 "나의 가장 안에서 살"고 있고 "스사로 불탄 자리 에서 나래를" 펴는 "不死鳥"(<不死鳥>)이기도 하다. 그러나 시적 주체는 이 근원적이고 치유할 수 없는 실존의 병에 친숙하고 오히려 그것에 탐닉한다. "悲哀! 오오 나의 新婦!"라고 말하고 있기 때문이다. 정지용의 시에 따르면 비애와 눈물은 인간의 조건이기도 하다. 따라서 인간의 육체와 삶 또한 그 자체가 고통에 지나지 않는다. 그래서 "육신은 한낮 괴로움"(<다른 한울>)이며, "괴롬"은 "나의 평생이오 나종"(<臨終>)이다.

실존의 이러한 비극적 자기 의식과 수동성은 절대적인 외재성으로 드러나는 죽음에 관한 의식을 비롯한 다양한 타자 의식과 주체의 결핍과 소외를 야기하는 상실 의식에 그 뿌리를 두고 있다고 할 수 있다. 이러한 의식이 전체적으로 환기하는 것은 존재의 유한성이나 주체와 타자 사이에 개재된 뛰어넘을 수 없는 거리 등과 같은 실존의 근본적인 조건들이다. 이러한 실존의 조건 앞에서 정지용의 시적 주체는 고독과 불안, 비애와 통증을 호소하면서 거기에서 벗어나 심리적 안정을 회복하려는 욕망을 드러낸다. 그것은 실존의 조건을 실존의 현실로서 수락함으로써 그것과 화해하는 방법과 종교적 귀의를 통해 육체적 실존의 한계를 초극하는 방법으로 나타난다. 실존의 조건을 수락하고 그것과 화해하는 것은 실존의 조건과 대결함으로써 주체의 자유를 실현하는 방식이 아니라는 점에서 수동적인 것이라고 할 수 있다.

2) 신앙적 주체와 절대적 외부

정지용의 시적 주체는 실존의 불안정성과 한계성으로부터 자신을 구출하는 두 가지 길을 보여준다. 그 하나는 절대자에게 시적 주체를 전적으로 의탁하는 길이며, 또 다른 하나는 끝없이 유동하는 시적 주체를 냉혹하게 통제하는 길이다. 정지용의 시에서 전자는 카톨리시즘으로, 후자는 감정의 절제와 대상에 대한 즉물적 감각으로 나타난다. <다른 한울>과 <바다 2>는 그 점을 선명하게 보여준다. 시적 방법과 표현의 표면적 차이에도 불구하고, 이 두 가지 길이 세속적 세계의 부정과 인간적 감정의 초월을 지향하고 있다는 점에서는 동일한 뿌리를 갖고 있다. 그것은 반인간주의[60]라고 이름할 수 있는 것이며, 고통스러운 육체적 실존을 부정한다. 육체적 실존은 영원한 결핍이기 때문이다.

(앞줄임) 천한 살을 벗어도 산그늘이 아주 검어진뒤에 벗는것이 옳을 게라고 하였다.[61]

(앞줄임) 純粹한 靈魂으로만 存在한 天使로 말하면 헌누덕이 같은 육체를 갖지않고 超自然的 靈覺과 智慧를 가추었기에 사람의 靈魂狀態를 꿰뚫어 간섭하기를 해ㅅ빛이 유리를 지나듯 할 것이다.[62]

---

60) 김준오, 앞의 책, 84쪽. 김종철 역시 정지용의 시적 태도를 "거의 금욕주의적인 엄격함"과 "엄격한 정신적 단련"으로 파악했다. 김종철, 「30년대의 시인들」, 『문학과 지성』 봄, 문학과지성사, 1975. 107쪽.
61) <내금강산소묘 2>, 정지용/1948, 앞의 책, 96쪽.
62) <耳目口鼻>, 『백록담』, 88쪽.

목아지마다 가늘고 기이다랗고 肉體를 그리기위한것이 아니요 肉體안에 담긴 슬프고 어여뿐것을 詩하기 위하야 東洋畵처럼 일부러 얼골도 가슴도 손도 나압작하게 하고도 柔順하게도 西洋的 Pathetics에 精進하다가 未完成으로 마친 모딜리아니 그림에 나는 애연히 서럽다.[63]

세상에 안해와 사랑이란
별에서 치면 지저분한 보금자리.[64]

위의 예에서 보듯이, 인간의 육신이나 그와 관련된 행위에 대한 정지용의 시각은 일종의 혐오에 가깝다고 할 수 있다. 육체로서의 실존에 대한 정지용의 이러한 혐오는 인간의 육체와 육체에서 비롯하는 욕망을 부정하고 초월하려는 것으로 나아간다. 이러한 주체에게 육체는 한갓 괴로움일 뿐이고 육체가 속한 세속적 세계는 자신의 고귀한 영혼을 매장하는 무덤일 뿐이다. 따라서 정지용의 신앙적 주체는 "육신은 한낮 괴로움./ 보이는 한울은 나의 무덤을 덮을 뿐."(<다른 한울>)이라고 하거나 "귀밑에 아른거리는/ 妖艶한 地獄불을 끄"(<恩惠>)고자 한다. "요염한 지옥불"이란 곧 육체에서 비롯하는 욕망을 암시하는 것일 것이다.

불 피여으르듯하는 술
한숨에 키여도 아아 배곺아라.

수저븐 듯 노힌 유리 컾
바쟉 바쟉 씹는대도 배곺으리.

네 눈은 高慢스런 黑단초

---

63) <畵文行脚 7-平壤 1>, 정지용/1948, 앞의 책, 153쪽.
64) <별>의 일부이다. 『백록담』, 71쪽. 『정지용시집』의 <별>과 구별하기 위해 김학동/1991, 앞의 책에서는 <별 2>로 표시하고 있다.

네입술은 서운한 가을철 수박 한점.

빨어도 빨어도 배곺으리.

술집 창문에 붉은 저녁 해ㅅ살
연연하게 탄다, 아아 배곺아라.
<저녁해ㅅ살> 전문

白樺수풀 앙당한 속에
季節이 쪼그리고 있다.

이곳은 肉體없는 寂寞한 饗宴場
이마에 시며드는 香料로운 滋養!

海拔五千呎우에 卷雲層우에
그싯는 성냥불!

東海는 푸른 插畵처럼 움직 않고
누뤼 알이 참벌처럼 옮겨 간다.

戀情은 그림자 마자 벗쟈
산드랗게 얼어라! 귀뜨람이 처럼.
<毘盧峯> 전문

 <저녁해ㅅ살>에서처럼 육체적 실존은 영원한 허기 상태에 있다. 이 허기는 치유될 수 없는 영원한 결핍이라는 점에서 비극적이다. 허기는 시적 주체의 결핍에서 비롯하고, 시적 주체의 결핍은 외부를 욕망한다. 그러나 고향에서의 분리, 그리고 사랑하는 타자의 떠남이나 죽음과 같은 것을 통해 시적 주체는 외부의 상실을 끝없이 경험해야 하기 때문에 시적 주체의 욕망은 충족될 수 없다. 또한 "네 눈은 高慢

스런 黑단초./ 네입술은 서운한 가을철 수박 한점.// 빨어도 빨어도 배 곺으리."(<저녁해ㅅ살>)와 같이 육체를 가진 존재로서 주체의 욕망은 본질적으로 채워질 수 없는 것이다. 결국 무한한 욕망은 유한한 존재를 압도하고, 시적 주체에게 허락된 것은 오로지 훼손되는 외부에서 충족될 수 없는 결핍이 야기하는 감정의 질곡, 그 쓰디쓴 고통뿐이다.

이 마음의 지옥에서 벗어나는 길은 <毘盧峯>에서와 같이 "戀慕情은 그림자 마저 볏"고 시적 주체를 "산드랗게 알"림으로써 마침내 외부를 욕망하지 않는 일이며[65], 또한 육체적 실존을 넘어서 소모되지 않는 절대적 외부, 곧 신에게 다가가는 일이 될 것이다. 신은 그 자신이 완전한 존재이므로 소모되지 않을 뿐더러 외부를 욕망하지도 않는다. 따라서 신에게 다가감은 한편으로는 외부를 필요로 하지 않고 따라서 욕망하지 않는 존재가 되고 싶은 것이기도 하다.

그의 모습이 눈에 보이지 않았으나
그의 안에서 나의 呼吸이 절로 달도다.

물과 聖神으로 다시 낳은 이후
나의 날은 날로 새로운 太陽이로세.

뭇사람과 소란한 세대에서
그가 다맛 내게 하신 일을 진히리라.

미리 가지지 않었던 세상이어니
이제 새삼 기다리지 않으련다.

靈魂은 불과 사랑으로! 육신은 한낱 괴로움.
보이는 한울은 나의 무덤을 덮을뿐.

---

[65] 그런 점에서 『정지용시집』에 실린 이 <毘盧峯>은 정지용의 다음 시집 『백록담』의 세계를 예고하고 그와 연속적인 질서를 이루는 하나의 연결점이 될 수 있다.

그의 옷자락이 나의 五官에 사모치지 안었으나
그의 그늘로 나의 다른 한울을 삼으리라.
<다른 한울> 전문

　　<다른 한울>은 시적 주체가 카톨릭을 통해 실존의 고통에서 벗어나 존재의 기쁨을 얻고 있음을 노래하고 있다. 이 존재의 기쁨은 세속적 세계와 육체적 실존에 대한 근본적인 부정에 근거하고 있다. 동시에 그것은 자신의 존재와 삶에 대한 회한과 참회를 수반하고 있다.

悔恨도 또한
거룩한 恩惠.

깁실인듯 가느른 봄볕이
골에 굳은 얼음을 쪼기고,

바늘 같이 쓰라림에
솟아 동그는 눈물!

귀밑에 아른거리는
妖艶한 地獄불을 끄다.

懇曲한 한숨이 뉘게로 사모치느뇨?
窒息한 靈魂에 다시 사랑이 이실나리도다.

悔恨에 나의 骸骨을 잠그고져.
아아 아프고져!
<恩惠>66) 전문

---

66) 『정지용시집』, 132-133쪽.

세속적 세계와 육체적 실존의 부정은 "육신은 한낮 괴로움./ 보이는 한울은 나의 무덤을 덮을 뿐"(<다른 한울>)이나 "귀밑에 아른거리는/ 妖艶한 地獄불을 끄"(<恩惠>)는 것으로, 회한과 종교적 참회는 "나의 存在는 宇宙의 한낱 焦燥한 汚點!"(<나무>), "悔恨에 나의 骸骨을 잠그고져/ 아아 아프고져!"(<恩惠>)와 같은 직접적인 토로로 제시된다. 참회는 시적 주체의 "愁悶한 영혼에 다시 사랑이 이실나라"는 신의 세계로 주체를 인도하는 길이다. 그것은 시적 주체에게 베풀어진 신의 은혜이다. 따라서 시적 주체는 땅에 대한 욕망과 하늘에 대한 욕망으로 분열된 자신의 존재론적 지위를 "오오 알맞은 位置! 좋은 우아래!"(<나무>)라는 영탄 속에 비로소 용해시킨다. 그것은 신의 세계를 향해 자신을 초월해 감으로써 "발이 검은 흙을 향"한 자신의 분열된 실존을 긍정하려는 자의 목소리이다.

> 얼골이 바로 푸른 한울을 울어렀기에
> 발이 항시 검은 흙을 향하기 욕되지 않도다.
>
> 곡식알이 거꾸로 떨어저도 싹은 반듯이 우로!
> 어느 모양으로 심기여젔더뇨? 이상스런 나무 나의 몸이여!
>
> 오오 알맞는 位置! 좋은 우아래!
> 아담의 슬픈 遺産도 그대로 받었노라.
>
> 나의 적은 年輪으로 이스라엘의 二千年을 헤였노라.
> 나의 存在는 宇宙의 한낱초조한 汚點이었도다.
>
> 목마른 사슴이 샘을 찾어 입을 잠그듯이
> 이제 그리스도의 못박히신 발의 聖血에 이마를 적시며―
>
> 오오! 新約의태양을 한아름 안다.
> <나무>[67] 전문

나의 평생이오 나종인 괴롬!
사랑의 било도가니에 불이 되라.

달고 달으신 聖母의 일홈 불으기에
나의 입술을 타게하라.
<臨終>68) 일부

<나무>에서는 분열된 실존을 긍정하는 목소리가, 그리고 <臨終>에서는 "달고 달으신 聖母의 일홈 불으기에/ 나의 입술을 타게하라."와 같이 신앙적 주체의 종교적 열망이 직접적으로 드러난다. 그러나 여기에는 신에 대한 자신의 전적인 의탁, 곧 자신의 실존을 감당할 수 없는 시적 주체의 수동성이 일종의 종교적 열광으로 변형될 징후를 보이고 있다. 그것은 실존의 하중에 짓눌린 시적 주체가 드러내는 성급한 안정에의 욕구일지도 모른다. 정지용은 시의 종교적 "파아나티슴"fanaticism(광신, 열광)에 대해서 다음과 같은 비판적인 견해를 피력한 적이 있다.

> 經濟思想이나 政治熱에 馳驅하는 英雄的 詩人을 賞嘆한다. 그러나 그들의 詩가 音樂과 繪畵의 狀態 혹은 韻律의 波動, 美의 源泉에서 誕生한 奇蹟의 兒가 아니고 보면 그들은 社會의 名目으로 詩의 壓制者에 가담하고 만다. 所謂 宗敎家도 無謀히 詩에 着手할것이 아니니, 그들의 粗雜한 파아나티슴이 詩에서 卽時 들어나는 까닭이다. 宗敎人에게도 詩는 選拔된 恩惠에 屬하는 까닭이다.69)

정지용의 종교시가 그의 표현과 같은 "조잡한 파아나티슴"을 드러낸다고 할 수는 없지만, 과연 그의 종교시가 자신의 비판에서 얼마나

---

67) 위의 책, 130–131쪽.
68) 위의 책, 137쪽.
69) 정지용/1948, 앞의 책, 211쪽.

자유로울 수 있는지는 의문이다. "나의 存在는 宇宙의 한낱 焦燥한 汚點"(<나무>), "悔恨에 나의 骸骨을 잠그고져./ 아아 아프고져!"(<恩惠>)와 같이 직접적으로 토로된 회한과 종교적 참회는 그것이 신앙적 주체를 신의 세계로 인도하는 계기로서는 가치가 있다. 그런 점에서 참회는 신이 주체에게 베푼 은혜임에 틀림이 없을 것이다.

그러나 "아아 아프고져!"와 같이 주체의 의지에 바탕을 둔 참회와 "달고 달으신 聖母의 일홈 불으기에/ 나의 입술을 타게하라."(<臨終>)는 신에 대한 열망만이 전경화됨으로써, 종교시가 보여 줄 수 있는, 신에게 나아가는 실존적 경험의 시적 형상화 가능성을 약화시킨다는 비판을 감당하기는 힘들다.[70] 이러한 참회나 열망으로 통일된 텍스트는 실존의 내면적 복합성이나 삶의 충돌하고 모순적인 경험들을 배제하는 까닭에, 삶의 구체적인 경험의 충실성을 통해 생의 진실을 포착하려는 시의 세계와는 일정한 거리를 지닐 수밖에 없을 것이다.

따라서 <그의 반>에서 신은 시적 주체에게 내면화되기보다 "홀로 어여뻬 스사로 한가러워——항상 머언 이"로 나타나고, 신에 대한 시적 주체의 태도는 "나는 사랑을 모르노라 오로지 수그릴뿐"으로 표현된다. "나는 사랑을 모르노라 오로지 수그릴뿐"이라는 발언은 신에 대한 일방적인 경배와 그에 따른 주체의 소멸에 시적 주체가 이끌리고 있다는 점을 지나칠 수 없다. 신 앞의 단독자로서의 실존은 주체가 소

---

[70] 정지용의 종교시에 대한 비판은 다양하게 이루어졌다. 송욱은, 정지용이 "새로운 주제"를 자신의 "낡은 형식에 맞추려고" 한 탓에 "그의 종교시는 우리의 지성과 감각과 정서를 모두 휩쓸 수 있는 위대한 작품이 되지 못한다."고 했다. 송욱, 「한국모다니즘비판」, 『사상계』, 1962.10. 272쪽. 김우창은 정지용의 종교시가 "기독교적 수난과 초월의 형식이 너무 두드러지게 시의 표면에 나타나 있어 진정한 설득력을 갖고 있지 않다."고 했다. 김우창, 「한국시와 형이상」, 『세대』 7월호, 1968. 53쪽.
한편 김윤식은 정지용이 "카톨릭을 자기 고뇌의 근본 문제로 파악한 것이 아니라 한갓 시적인 멋"으로, 곧 "카톨릭을 하나의 스타일로 받아들였다고 비판했고, 김종철은 정지용의 종교시를 "삶의 경험에 대한 새로운 이해 방식"에서 나온 것이 아니며, "그의 신앙고백을 통하여 마음의 평화를 찾는 세계"로 규정했다. 김윤식, 「모더니즘의 한계」, 『한국근대작가론고』, 일지사, 1974. 117–119쪽, 김종철, 앞의 글, 111쪽.

멸되고 난 뒤에는 의미가 없을 수도 있기 때문이다.

3) 욕망의 결빙과 자연과의 거리

욕망의 주체로서의 실존은 자신의 불안정성에서 결코 벗어날 수 없다. 유한한 존재의 무한한 욕망은 결코 충족될 수 없기 때문이다. 오로지 "만족이 지속적으로 방해받음으로써 유지"되는 욕망은 "만족되지 못한 욕망을 소유하려는 것"[71])이다. 그러나 그 소유 불가능성은 욕망의 주체를 '영원한 불만'과 끝없는 불안정 속으로 이끌 뿐이다. 이러한 불안정에서 벗어나는 길은 욕망의 주체로서 실존이 자신의 충족되지 않는 욕망을 충족 가능한 다른 것으로 대치하거나 스스로 욕망하지 않는 존재가 되는 것이다.

정지용 시의 전개 과정에서 중, 후기 작품에 속하는, 신앙(신)과 자연을 제재로 한 시 텍스트들은 주체의 이러한 내적 움직임과 관련된다. 신과 자연은 그 자체로 완전하고 자족적인 존재인 까닭에 자신의 외부를 욕망하지 않는다. 또한 자연은 의식 주체가 아닌 까닭에 자신의 욕망을 소유하지도 않고 욕망의 좌절에 따른 결핍에 시달리지도 않는다. 자연은 그 자체로 완결된 사물 존재이기 때문이다. 따라서 신과 자연을 제재로 하는 정지용의 시 텍스트들은 욕망의 주체로서의 실존이 자신의 욕망을 부정하고 억압하면서 마침내 결빙하고자 하거나 욕망 없는 존재가 되고자 하는 '욕망'을 드러내는 모순적이고 반어적 텍스트이다. 그런 점에서 이 역시 의식의 분열된 양상을 보여 주는 것이라고 할 수 있다.

그것은 결국 욕망하는 주체의 소멸을 기도하는 일로서, <九城洞>과 같은 텍스트에서는 욕망하는 주체의 배제로 나타나고, <長壽山

---

71) Klaus—Michael Bogdal(Hrsg.), *Neute Literaturtheorien, Eine Einführung*(Opladen: Westdeutsher Verlag, 1990.), 문학이론연구회 옮김, 『새로운 문학이론의 흐름』, 문학과지성사, 1994. 96쪽에서 재인용.

1>, <長壽山 2>, <진달래>, <白鹿潭>에서는 주체의 자연화, 사물화의 가능성과 불가능성의 경험을 형상화하는 것으로 나타난다. 미리 말하면, <장수산 1>에서는 욕망 없는 자연과 대립되어 실존의 욕망이 부각됨으로써 주체 소멸(주체의 자연화)의 불가능성이, <장수산 2>와 <진달래>에서는 그 가능성이, 그리고 <백록담>에서는 그 가능성과 불가능성을 왕래하는 양상이 제시된다. <禮葬>과 <호랑나븨>에서 주체의 소멸, 곧 죽음을 자연 현상으로 대치하거나 그 일부로서 서술하고 있는 것은, 이러한 주체의 의식이 운동하는 과정과 관련하여 이해할 필요가 있다.

이 문제와 관련하여 정지용의 산행 체험, 특히 금강산 기행은 주체의 소멸, 즉 죽음과 같은 문제에 관한 그의 의식 변화와 좀더 직접적으로 관련될 가능성이 있다. 정지용은 금강산을 두 번 다녀왔는데, <구성동>, <옥류동>, <비로봉>은 그 시적 산물이다. 다음은 금강산 체험을 통한 그의 의식 변화를 직접적으로 말하고 있는 글이다.

> 순일을 두고 산으로 골로 돌아다닐제 어든 것이 심히 만헛스니 나는 나의 해골을 조찰히 골라 다시 진히게 되엇던 것이다. 서령 흰 돌우 흐르는 물기슭에서 꼿가티 스러진다 하기로소니 슬프기는 새레 자칫 아프지도 안흘만하게 나는 산과 화합하엿던 것이매 무슨 괴조조하게 시니 시조니 신음에 가까운 소리를 햇슬리 잇섯스랴.[72]

> 이울어 하롱 하롱 지는 꽃닢,
> 설지 않으랴, 푸른물에 실려가기,
> <小曲> 일부[73]

"해골을 조찰히 골라 다시 진히게 되엇"다는 것은 의식의 근본적인

---
72) <愁誰語 III-2>, 김학동/1988, 앞의 책, 41쪽.
73) 『백록담』, 63쪽.

변화를 암시하는 것이다. 그것은 구체적으로 주체의 소멸, 곧 죽음에 대한 의식의 변화와 관련되는데, 그것을 정지용은 존재의 유한성이 슬프기는커녕 아프지도 않을 만하다는 말로 표현했다. 이러한 의식의 변화는 산, 그리고 산으로 상징되는 자연과의 "화합"의 결과인데, 함께 제시한 <小曲>과 비교하면 유한성에 대한 의식의 차이가 크다고 하지 않을 수 없다. 존재의 유한성에 서러워하고 있는 <소곡>의 시적 주체의 목소리 역시 일종의 "신음에 가까운 소리"일 것이기 때문이다.

그러나 이러한 의식의 차이는 변화라기보다 죽음이나 주체의 소멸에 관한 의식의 분열로 보는 것이 더 적절할 것이다. 그 까닭은 위의 산문은 <愁誰語 ②>란 제목으로 1937년 6월 9일 조선일보에 실린 것[74]이기 때문이다. 곧 <소곡>의 발표 시기(1938)는 위 산문보다 늦지만, 산문에서 보이는 의식과는 달리 존재의 유한성에 대한 비애를 드러내고 있기 때문이다. 창작 시기와 발표 시기가 다를 수 있다는 점을 고려한다고 하더라도, 시와 산문에서 드러나는 이러한 의식 내용의 차이는 존재의 유한성에 대한 서로 다른 의식이 엇갈린 지향을 한 채 공존하고 있었음을 뜻하는 것이다.

  골작에는 흔히
  流星이 묻힌다.

  黃昏에
  누뤼가 소란히 싸히기도 하고,

  꽃도
  귀향 사는곳,

  절터ㅅ드랬는데

---

74) 양왕용, 『정지용시연구』, 삼지원, 1988. 88쪽.

바람도 모히지 않고

　　　山그림자 설핏하면
　　　사슴이 일어나 등을 넘어간다.
　　　　　　　　<九城洞> 전문

　<九城洞>은 황혼 무렵의 골짜기를 몇 개의 선명한 장면 묘사를 통해 그려내고 있다.[75] <구성동>에서는 "流星", "黃昏", "山그림자 설핏하면" 등과 같은 시간 표지의 명사와 형용사에 의해서 시간의 흐름이 간접적으로 감지될 뿐이다. 이 세계는 생명력과 활력이 거세된 정적과 정물화의 세계이다. 그것은 "꽃"의 유배지며 "바람도 모히지 않"는 세계로서 "山그림자 설핏하면/사슴이 일어나 등을 넘어"가는, 삶의 활기가 부재하는 공간이다. 시간이 정지된 듯한 이 세계는 생성을 그친 세계이며 동시에 수동성의 세계이다. 따라서 1, 2, 4 연의 둘째 행을 구성하는 서술어가 피동의 형태로 제시되어 있고, 3연은 의미 상 피동의 형태를 하고 있다. 오직 마지막 연인 5연에서만 능동의 서술어가 나타난다. 곧 <九城洞>을 구성하는 "流星", "누뤼", "꽃", "바람"은 자기 외적 의지에 의해서 지배되는 수동적인 상태에 놓여 있다. 오직 "사슴"만이 능동적인 행위 주체로 나타나지만, "사슴" 또한 마침내 떠남으로써 「九城洞」의 세계는 정적과 수동성의 세계 속에 머물게 될 것이다.

　수동성의 세계는 일종의 죽은 세계이다. 그것은 생성과 변화의 의지를 잃어버린 세계이며 생명의 활력이 마비된 세계이다. 이 시의 시간적 배경이 빛의 죽음의 시간인 황혼녘이라는 것은 우연적인 것이

---

[75] 김태봉은 <구성동>을 인용하면서, "한 대상에 대해 그와 관련된 것들을 나열하는 글쓰기 방식은 중국의 한대에 성행한 賦라는 글에 극명하게 나타날 뿐만 아니라 중국시에 흔히 보이는 대구와도 밀접히 관련되어 있다."했다. 김태봉, 「정지용 시문의 중국고전 수용양상고」, 『호서문화논총』 13, 서원대 호서문화연구소, 1999. 11쪽.

아니다. 또한 생명 현상이 변화와 지속이자 운동의 과정이라면 그 바탕이자 계기인 시간의 흐름이 <九城洞>에서 거의 정지된 것으로 느껴지는 것도 그와 무관하지 않을 것이다. 그러나 이 생성을 그친 세계야말로 역설적으로 영원히 살아 있는 세계이기도 하다. 생성은 시간의 경과에 따라 마침내 소멸의 세계로 자신을 이끌기 때문이다. 그렇다면 생성을 그친 이 비생명적인 정적의 세계는 역설적으로 시간의 풍화작용으로부터 자유로운 세계라고도 할 수 있다.[76]

<九城洞>은 『白鹿潭』 시기의 정지용 시에 두드러진 2행 1연의 형태를 하고 있다. 시적 주체를 문면에서 철저히 배제하고 대상에 대한 객관적 묘사를 하고 있어 대상은 시적 주체와 독립하여 거기 있는 것으로만 제시된다. 따라서 이럴 경우, 시적 주체는 타자와 아무런 관계를 맺지 않고 숨어 있으며, 타자는 다만 하나의 선명한 감각적 인상으로 거기 그렇게 있는 것으로 제시될 뿐이다. 그러나 비록 시적 주체가 숨어 있다고는 하나 그 눈길의 움직임이 전혀 노출되지 않을 수는 없으며, 시적 주체의 주관이 "꽃도/ 귀향사는곳"과 같이 드러나기도 한다. 타자에 대한 묘사가 시적 주체의 내면풍경을 대치한 것이라고도 볼 수 있는 것은 그러한 까닭에서이다. 다만 숨어 있는 시적 주체와, 시적 주체의 정서로부터 감염이 가능한 한 차단된 상태로 일정한 거리를 확보한 채 거기 그렇게 있는 풍경으로서의 타자는, 서로의 존재를 암묵적으로 주장하면서 서로의 타자성을 승인한 채 마주 하고 있다는 것은 지적할 필요가 있다.

(1)伐木丁丁 이랬거니   아람도리 큰솔이 베혀짐즉도 하이   골이

---

[76] 그런 점에서 정지용이 "『정물』이라는 것을 "Still life"『고요한 생명』이라고하는 外語는 얼마나 고운 말인것을 느낀다."고 한 것은 매우 흥미롭고도 의미 심장하다. <畵文行脚 7—平壤 1>, 정지용/1948, 앞의 책, 152-153쪽. 한편 김종철은 <구성동>을 "위협적인 세계의 한복판에서 가열한 자기극기를 통해 그 위협적인 세계를 관조할 수 있는 정신에 의해 빚어진 시적 공간"으로 이해했다. 김종철, 앞의 글, 109쪽.

울어 멩아리 소리　쩌르렁　돌아옴즉도 하이　다람쥐도 좃지 않고 뫼ㅅ새도 울지 않어　깊은산 고요가 차라리 뼈를 저리우는데　눈과 밤이 조히보담 희고녀! (2)달도 보름을 기달려 흰 뜻은 한밤 이골을 걸음이란다?　웃절 중이 여섯판에 여섯번 지고 웃고 올라 간뒤　조찰히 늙은 사나히의 남긴 내음새를 줏는다? (3)시름은 바람도 일지 않는 고요에 심히 흔들리우노니　오오 견듸란다　차고 兀然히 슬픔도 꿈도 없이　長壽山속 겨울 한밤내 —

<長壽山 1> 전문(번호는 필자가 붙임)

"長壽山"은 황해도 재령군에 있는 산인데, 풍경이 아름다워 황해 金剛으로 불린다고 한다. <長壽山 1>은 시적 주체의 내밀한 의식의 움직임에 따라 크게 세 부분으로 나뉠 수 있는데, (1)은 외부 풍경에 대한 시적 주체의 감상과 정조를 드러내며, (2)는 "달" 빛에 촉발된 시적 주체의 반성적인 사유와 자기 음미를 환기하고, (3)은 의식의 자연스러운 진행으로서 (1), (2)의 종합이자 시적 주체의 내적 결의를 표현한다. 이것을 좀더 구체적으로 보면, (1)은 우람한 "長壽山"의 외부 풍경을 묘사하면서 눈 덮인 "깊은산"의 절대 고요를 드러낸다. 반어적 기대감을 통해 오히려 강력히 암시되는 이 절대 정적은 "차라리 뼈를 저리우는" 것으로 표현된다. "—하이"로 끝나는 두 문장은 감탄 부호가 없으나 "깊은산 고요"에 대한 주체의 감상과 정조를 드러내며, 마지막 문장은 감탄 부호와 함께 감탄 종지를 명확히 하고 있다.

"조히보담" 흰 "눈과 밤"의 흰색은 외부적인 "눈"빛과 보름"달"빛의 소산이지만, 이것은 동시에 시적 주체의 내면과도 관계가 있을 것이다. "눈"빛과 "달"빛은 차가운 불빛이며 이것은 겨울 "깊은산"의 비풍요성과 비생명성, 절대 고요와 호응하며 그것을 강화한다. 그러나 동시에 이 때의 흰색은 "밤"의 어둠을 탈색하고 시적 주체의 내면을 밝히는 사유와 반성의 빛이기도 하다. 흰색은 때로 결핍과 피로의 색이자 창백하고 비생명적인 색이지만,[77] "깊은산 고요"와 더불어 "달"과

"눈"이 호응하며 발산하는 이 빛은 자연의 청정하고도 순결한 빛이다. 이 빛은 일상의 소란으로부터 의식의 깊은 곳으로 침잠하는 시적 주체의 명상을 인도하는 탐조등의 구실을 한다.

(2)는 외부 풍경, 정황에 대한 시적 주체의 반성적 사유와 그 음미가 서술의 초점이 되고 있다. 의문 종지형이 시적 주체의 그러한 태도를 반영하며 문장의 의미론적 국면과 형태론적 국면이 거기에 조응한다. (2)를 구성하는 두 문장의 의미 해석이 만만치 않은 것은, "한밤이골을 걸음이랸다?"에서 "걸음"의 주체와 "내음새를 줏는다?"에서 "내음새를 줏"는 주체가 선명치 않기 때문이다. "달"이 주체라는 것이 자연스럽다면, 그것은 "달"이 주어절의 주체라는 사실이 의미를 그렇게 제약하기 때문이다. 행위의 진행 과정상 걷고 줏는 행위가 동일한 주체에 의해서 이루어지는 것이 자연스럽다는 점에서, 뒷문장의 경우에도 "달"이 주체가 될 수 있다.

그러나 이것은 문장의 표면적, 문법적 사실이며, "달"의 걷고 줏는 행위는 이면적으로 시적 주체의 행위를 암시하고 있다. 그것은 명상에 잠겨 산책하고 있는 시적 주체의 모습을 연상시킴으로써 시적 주체의 내면 풍경의 추이를 환기한다. 곧 외부 풍경과 시적 주체의 내면은 서로 스미며 서로를 반향한다고 할 것이다. 풍경과 내면의 이중적 환기와 함께 이 부분은 시적 주체의 의식이 지향하고 추구하는 것이 무엇인지를 일러준다. 그것은 "여섯판에 여섯번 지고 웃고 올라간" "웃절 중"이 보여 준 탈속적인 "조찰"함이다. 그것은 세속성의 초월이며 여유와 달관의 세계이다. 그것은 동시에 무욕[78]의 세계이자

---

77) "外壁을 바르고 돌아가는 미쟁이의 하루는 沙漠과 같이 陰影도 없이 희고 고단하다."(「畵文點綴 2」, 정지용/1948, 67쪽.)에서 그러한 예를 찾아 볼 수 있다. 그러나 그와 동시에 정지용의 텍스트에서 흰색이 순결함, 신선함, 고결함, 혹은 연약함 등의 상징성을 가지는 것도 쉬 찾아 볼 수 있다. "이마가 알빛 같이 희다."(<붉은손>)나 "그는 鳥卵같이 희다.(파라솔>) 따위가 그것이다.
78) 김우창은 "『白鹿潭』에 이르러 그는 감각의 단련을 無欲의 철학으로 발전시킨 것이다."라

"깊은산 고요"함의 세계이며, 인간적 욕망을 차갑게 단련한 비정의 세계이기도 하다. "뼈를 저리우는" "깊은산 고요"함이란 그런 절대적인 안정의 세계이자 부동성의 세계일 것이다.

(3)은 "깊은산"의 "바람도 일지 않는 고요"와 시적 주체의 "시름"이 대립하고 있음을 보여 준다. 그것은 자연의 절대 정적과 시적 주체(인간)의 "시름"의 대립[79]이자 부동성과 유동성의 대립이다. 시적 주체의 "심히 흔들리우"는 "시름"은 "깊은산"의 "바람도 일지 않는 고요"에 대비됨으로써 시적 주체의 유동성은 그 극적 효과를 얻는다. 이 때 시적 주체가 기도하는 것은 견인주의이며, 그것은 결국 인간적 "시름"의 하중을 견딤으로써 그것과 대결하려는 의지이다..

시적 주체가 "견디"려는 것은 문맥상 "시름"인데, 이는 욕망 없는 자연의 정적과 대비되는 인간적 욕망에서 비롯하는 고뇌이다. 그것은 "조찰히 늙은 사나히의 남긴 내음새"로 표상되는 달관과 탈속의 세계에서는 종교적 수행을 통해 초극되거나 해소된 인간적 욕망의 침전물이지만, 시적 주체는 의지를 통해 그것을 억압하려고 한다. 그 억압은 한편 소극적이고 수동적인 것이라고 할 수도 있지만, "시름"에 압도되지 않으려는 시적 주체의 내적 싸움이며 "兀然히"에서 보듯이 내적 긴장을 수반한 시적 주체의 의연한 결의와 무관하지 않다. "오오 견듸랸다"를 꾸미는 부사구 "차고 兀然히 슬픔도 꿈도 없이"와 바로 이어지는 "長壽山속 겨울 한밤내"는 시적 주체의 인간적 욕망의 결빙의 기도와 시적 주체가 처해 있는 시간적, 공간적 상황[80]을 나타낸다. 자

고 말하고 있다. 김우창, 앞의 글, 53쪽.
79) "시름은 바람도 일지 않는 고요에 심히 흔들리우노니"에서 "고요에"의 "-에"는 시적 문맥 상 1)원인, 이유, 2)양보의 양 갈래로 해석 가능하며, 그에 따라 시적 주체/자연의 대립은 모두 강조되지만 그 음영은 미묘한 차이가 있다.
80) 이 시에서 "한밤"이라는 시간표지 부사가 두 번이나 쓰인 것은 시적 주체의 상황 인식과도 관련될 수 있을 것이다. 또한 그것은 시인 자신의 개인적인 정신적 위기와 함께 암울한 역사적인 상황과도 일정한 관계를 맺고 있을 것이다. 정지용은 당시의 정신적 위기를 「朝鮮詩의 反省」에서 다음과 같이 고백한 바 있다. "『白鹿潭』을 내놓은 시절이 내가 가장

신의 응결을 통해 "시름"과 대결하고 그를 초극하려는 시적 주체의 태도는 육체적 존재의 체온을 무화하려는 의지이며 그 극단은 의식의 절멸 상태, 곧 죽음의 상태를 겨냥하는 것인지도 모른다.[81] 그것은 차갑고 비정한 세계이자 흔들림 없는 절대 고요의 세계이며, 비인간적인 광물성의 세계라고 할 수 있다.

<長壽山 1>의 세계는 "깊은산"(자연)/시적 주체(인간), 절대 정적/인간적 "시름", 존재의 부동성(안정성)/존재의 유동성(불안정성)의 대립, "웃절 중"/시적 주체, 무욕의 타인/욕망의 시적 주체, 달관/번뇌의 대립을 통해 양자 사이의 거리가 노출된다. 시적 주체와 타인, 시적 주체와 타자(자연) 사이에 개재하는 이 거리의 축소는 시적 주체의 의지를 통해 하나의 가능성으로 제시되어 있을 뿐이다.

　　　풀도 떨지 않는 돌산이오　돌도 한덩이로　열두골을 고비 고비
　　돌았세라　찬 하눌이 골마다　따로 씨우었고　어름이 굳이 얼어
　　드딤돌이 믿음즉 하이　꿩이 긔고 곰이 밟은 자옥에　나의 발도 노
　　히노니　물소리　귀또리처럼 喞喞하놋다　피락 마락하는 해ㅅ살에
　　눈우에 눈이 가리어 앉다　흰시울 알에 흰시울이　눌리워 숨쉬는다
　　온산중 나려앉는 훡진 시울들이　다치지 안히!　나도 내더져 앉다
　　일즉이 진달레 꽃그림자에 붉었던　絶壁　보이한 자리 우에!
　　　　　　　　　　　　　　　　<長壽山 2>[82] 전문

정신이나 육체로 피폐한 때다. 여러가지로 남이나 내가 내 자신의 피폐한 원인을 지적할 수 있었겠으나 결국은 환경과 생활 때문에 그렇게 된 것이었다." 정지용/1949, 앞의 책, 85쪽.

81) 죽음의 문제를 다루고 있는 <禮裝>, <호랑나븨>의 시간적 배경이 "한겨울", "三冬"으로 제시되어 있는 점은 <長壽山 1>과 유사하다. 그러나 설화적인 서사 공간의 도입과 가볍고 경쾌한 묘사에 의지해 죽음의 인간적 심각성이 스러지고 마치 자연적인 정경처럼 제시된다는 점은 <長壽山 1>과 대조되며, 이는 죽음에 관한 의식의 어떤 변모와 관련될 수도 있을 것이다.

82) 『백록담』, 13쪽.

<長壽山 1>과 마찬가지로 <長壽山 2> 또한 외부 풍경(자연)과 시적 주체(인간)의 내면이 대조를 이루는 구성 원리는 동일하나, <長壽山 1>이 그 양자 사이의 거리와 대립을 주제로 하고 있다면, <長壽山 2>는 그 동화와 일치를 겨냥하고 있다. 특히 "피락 마락하는 해ㅅ살에 눈우에 눈이 가리어 앉다"와 "온산중 나려앉는 휙진 시울들이 다치지 안히! 나도 내더져 앉다"에서 밑줄 부분의 병치를 주목하면 "눈" "시울" "나", 즉 자연과 시적 주체가 "앉다"라는 서술어를 공유함으로써 은유적 병치관계를 형성하여 동질화한다는 사실을 확인할 수 있다. "나도 내더져 앉다"의 "─도"의 쓰임 또한 앞의 사물의 행위와 함께 한다는 의미를 가지며, 그와 함께 "가리어" 앉는 "눈"과 "다치지 안히!" 앉는 "나"의 행위의 일치와 의미의 호응을 눈여겨 볼 수 있다.

　특히 "다치지 안히!"에서 자연에 대한 시적 주체의 경건한 태도를 볼 수 있으며, "나도 내더져 앉다"에서 "내더져"는 시적 주체의 자기 방기 이상의 복잡 미묘한 정서를 전달한다. 그것은 시적 주체의 행위를 서술하는 동사 "앉다"와 그것을 꾸미는 "내더져"의 이중적이고 복합적인 의미 형성 작용에 기인한다. 이 복합적 의미 형성 작용이 주체의 행위에 미묘한 성격을 부여하는데, 그것은 의식 주체인 "나"가 내던져지는 대상이며 그와 함께 이루어지는, 앉는 동작의 주체라는 사실이다. "나"라고 언표된 주체는, 자신의 객체화, 대상화, 사물화, 곧 주체의 타자화를 경험하면서 동시에 행위의 주체로서 존재한다. 곧 행위의 주체이자 그 대상인 까닭에 시적 주체는 주체이자 객체이며, 의식이자 사물이다.

　시적 주체의 이러한 존재 방식은 시적 주체가 자연에 동화, 일치하는 의식 주체의 미묘한 심리적, 의식적 상황과 상태를 탁월하게 보여준다. 그 징후들은 "꿩이 긔고 곰이 밟은 자옥에 나의 발도 노히노니"와 같이 자연과의 동화를 환기하고 있는 데서 이미 드러나기도 하며,

마침내 "絶壁" 위에서 자연의 일부가 됨으로써 자연에 동화된 시적 주체의 도취는 그 극점에 도달한다. 의식 존재와 사물 존재라는 모순적인 것의 공존인 "나"는 시간적으로는 과거와 현재, 그리고 공간적으로는 "진달래 꽃그림자 붉었던" 자리("진달래"의 현존)와 "보이한 자리"("진달래"의 부재)가 상호 침투하는 중첩된 시간과 공간 속에 있음을 그 다음의 서술이 암시한다.

<長壽山 2>에서 산의 세부를 이루는 "돌산, 열두골, 어름, 唧唧, 물소리, 눈, 絶壁" 등은 모두 인간의 접근이 어려우며 때묻지 않은 자연의 순수함과 청결함을 드러내고, "꿩이 긔고 곰이 밟은 자옥"이 선명한 자연은 인간의 손이 닿지 않은 성스럽고 순결한 공간으로서 일종의 신성함을 지니고 있다. 거기에서 세속적 시적 주체는 자신을 "내더져" 자연의 일부로 자신의 존재를 전환한다. 이 시가 감탄사로 마감하는 것은 시적 주체와 자연 사이에 존재하는 거리가 완전히 해소되는 데서 오는 시적 주체의 도취와 환희를 적절히 함축하기 때문이다.[83]

이러한 점을 극명하게 보여 주는 또 다른 예는 <진달래>의 다음과 같은 부분으로서, 시적 주체가 자연과 동일화하는, 아니 자연 자체가 되는 경이로운 체험을 극적으로 표현한다. 여기서 "萬身을 붉히고" 선 주체는 그 자체가 "진달래"이자 자연이 된다. 그 경험은 의식이 사물화되는 것이며 주체가 타자화되는 것이기도 하지만, 그것은 주체의 소외현상이 아니라, 자연과 일체화됨으로써 획득되는 의식 주체의 자기 해방이라고 할 수 있다.

  바로 머리 맡에 물소리 흘리며 어늬 한곬으로 빠져 나가다가

---

[83] <長壽山 1>, <長壽山 2>는 모두 "깊은 산"/"돌산", "골"/"열두골", 냉기 등과 같이 동일한 산과 그 분위기를 배경으로 하고 있으나, 밤/낮, 자연과 인간의 분열/합일, 정적/동적, 관조/등산의 대조를 보여 준다는 점에서 서로 대립된다. 시적 주체와 자연의 동화를 보여 주는 탓인지 <長壽山 2>는 산의 구체적 세부가 풍부히 제시되어 있으며 시적 주체는 활력을 보이고 있다.

　　　　난데없는 철아닌 진달레 꽃사태를 만나　나는 萬身을 붉히고 서다.

　『정지용시집』이 바다를 제재로 많이 다루고 있는 것에 비하여 『백록담』은 산을 주요 제재로 삼고 있다는 사실은 흔히 지적되었다. 특히 한라산의 풍경에 대한 감각적 인상을 단속적으로 누적하고 있는 <白鹿潭>과 함께 <長壽山 1>, <長壽山 2>, <毘盧峯>, <上流洞>, <꽃과 벗>, <溫井>, <진달래> 등에서 산과 산행 체험은 정지용 시의 바탕을 이루며, 그것이 『백록담』을 구성하는 내적 의식의 한 중심임을 실증한다.

　특히 『백록담』에서 다루고 있는 산은 높고 우람하여 흔들리지 않는 존재의 부동성과 안정성, 세속성을 초월한 자연의 순수성과 신성성, 인간적 욕망이 정화된 절대 청정의 세계, 의식 존재와 대립 혹은 친화관계에 있는 자연 등을 표상하지만, 그것이 변주되는 구체적 표정은 작품에 따라 매우 다채롭고 풍부하게 드러난다. 그 점은 무엇보다 <白鹿潭>에서 두드러지는데,

　　白樺 옆에서 白樺가 髑髏가 되기까지 산다. 내가 죽어 白樺처럼 흴것이 숭없지 않다.

　　고비 고사리 더덕순 도라지꽃 취 삭갓나물 대풀 石茸 별과 같은 방울을 달은 高山植物을 색이며 醉하며 자며 한다. 白鹿潭 조찰한 물을 그리여 山脈우에서 짓는 行列이 구름보다 壯嚴하다. 소나기 놋낫 맞으며 무지개에 말리우며 궁둥이에 꽃물 익여 붙인채로 살이 붓는다.

와 같이 자연이 친화와 동화의 대상으로 드러내는가 하면,

　　鬼神도 쓸쓸하여 살지 않는 한모롱이, 도체비꽃이 낮에도 혼자 무서워 파랗게 질린다.

와 같이 자연이 고적의 공간이며 공포의 대상으로 나타나기도 하기 때문이다.

그와 함께 산문시 <白鹿潭>에서 주목해야 할 것 중에 하나가 "물"의 심상이다. <백록담>은 한라산 등정의 과정과 함께 그 풍경의 단속적 누적이 그 세부를 이루고 있으나 등산의 최종 목적지가 정상의 호수, 즉 '백록담'이라는 사실과 함께 그 '물'의 심상이 응축하고 있는 상징성이 시집 『백록담』 곳곳에서 다양하게 변주되어 내적 울림과 자장을 형성하고 있기 때문이다.

'백록담'의 '물'이 지니는 상징성을 해명하기 위해서는 <백록담>에 편재해 있는 자연에 대한 시적 주체의 다채로운 내적 의식을 검토하는 것이 필요하다. <白鹿潭>은 그 표면이 한라산 등정에 따른 경과와 한라산 풍경의 집합이라는 형태를 하고 있지만, 자연에 대한 시적 주체의 감정과 태도는 대립과 친화라는 상반된 의식이 교차하면서 착잡하고 복합적인 의미의 국면을 노정하고 있기 때문이다. 그것은 정신과 육체, 사물과 의식의 대립과 통합의 역동적인 운동을 보여 주는 것이기도 하다. <백록담>의 서두인 다음은 탁월한 수법으로 육체의 탈진과 정신적 고양의 대비를 형상화한다.

> 絶頂에 가까울수록 뻑국채 꽃키가 점점 消耗된다. 한마루 오르면 허리가 슬어지고 다시 한마루 우에서 목아지가 없고 나종에는 얼골만 갸옷 내다본다. 花紋처럼 版박힌다. 바람이 차기가 咸鏡道끝과 맞서는 데서 뻑국채 키는 아조 없어지고도 八月한철엔 흩어진 星辰처럼 爛漫하다. 산그림자 어둑어둑하면 그러지 않아도 뻑국채 꽃밭에서 별들이 켜든다. 제자리에서 별이 옮긴다. 나는 여긔서 기진했다.

"뻑국채 꽃키"의 "消耗"는 한라산 정상을 향한 등정의 진행 과정과 시적 주체의 체력 소모를 동시에 효과적으로 환기한다. 등산이 정신의 고양이라는 상징적 의미를 지닌다면, "뻑국채 꽃키"의 완전한 소모는 주체의 육체적 탈진과 함께 정신적 상승을 암시한다. 그것은 "뻑국채 꽃키"의 완전한 "消耗", 즉 육체의 최소화를 통해 "뻑국채 꽃"이 "별"로 전환되는 아름다운 시적 논리를 통해 간접적으로 환기된다. "별"이야말로 지상으로부터 무한한 거리에 있는 초월적 존재, 성스러운 세계이며 시적 주체의 수직적 상승의 욕망과 밀접히 관련된 표상이다.[84]

> 가재도 긔지 않는 白鹿潭 푸른 물에 하눌이 돈다. 不吉에 가깝도록 고단한 나의 다리를 돌아 소가 갔다. 쫓겨온 실구름 一抹에도 白鹿潭은 흐리운다. 나의 얼골에 한나잘 포긴 白鹿潭은 쓸쓸하다. 나는 깨다 졸다 祈禱조차 잊었더니라.

등정의 목적지인 "백록담"에 대한 서술은 시의 마지막 부분을 이루며, 그 중심 심상은 "백록담", 즉 '물'이다. 수직적으로 상승한 땅의 정상에 있는 이 '물'은 "쫓겨온 실구름 一抹에도" "흐리"우는 절대 청정의 고양된 물이다. 그래서 이 '물'은 이미 앞에서 "白鹿潭 조찰한 물"과 같이 "조찰"하다는 관형어의 수식을 받는다. <장수산 1>에서도 "웃절 중"을 "조찰히 늙은 사나히"로 표현한 바가 있듯이, "조찰"함이란 세속적 욕망을 벗어버린 존재, 고양된 존재의 무욕 청정의 상태를 표상한다. 이 "조찰"함이야말로 정지용의 의식이 지향하는 가장 중요한 정서적 지표가 될 수 있을 것이다.[85] 이와 같이 고양된 존재

---

[84] "별"을 제목으로 하는 시가 『정지용시집』과 『백록담』에 각각 한 편씩 있다는 것은 앞에서 밝혔다. 『정지용시집』의 "별"은 "문득, 령혼 안에 외로운 불이/ 바람 처럼 일는 悔恨에 피여오른다.// 힌 자리옷 채로 일어나/ 가슴 우에 손을 넘이다."처럼 신앙적 주체의 영혼의 불을 촉발하며, 『백록담』의 "별"은 "별을 잔치하는 밤/ 흰옷과 흰자리로 단속하다// 세상에 안해와 사랑이란/ 별에서 치면 지저분한 보금자리"와 같이 인간적, 육체적 욕망의 세계를 초월한 세계이다. 이 두 편의 "별"을 통해 초월적 세계에 대한 지향과 인간적 욕망의 부정을 볼 수 있다.

는 『백록담』에서 "별", "白樺", "高山植物" 등의 심상으로 변주되어 등장한다.

그러나 청정의 표상인 "백록담"의 '물'은 인간적 세사를 초월하면서도 쓸쓸함이라는 시적 주체의 근원적인 비극적 감정에서 자유롭지 못하다. "쓸쓸하다"는 감정은 시적 주체의 내적 의식의 일부이며, "백록담"의 '물'은 그것에 감염되어 의식 주체의 상태와 조응한다. "깨다 졸다"라는 언표에서 보듯이, 시적 주체는 의식과 무의식을 오가는 상태에 있는데, 이 때 시적 주체는 의식 존재("깨다")와 사물 존재("졸다")의 경계[86]에 있으면서 그 양쪽을 오가며 대립된 존재 양태의 겹침을 경험하고 있다. 따라서 "백록담"의 '물'은 절대 청정, 무욕의 자연과 "시름", "쓸쓸"함의 인간의 존재 양태가 공존하는 '물'이다.

따라서 "祈禱조차 잊"는 시적 주체의 세계는 주체와 자연의 거리가 완전히 해소된 세계도 아니고 그 양자가 대립해 있는 세계도 아니다. 그것은 자연과 인간, 사물과 의식의 경계 지점에 있으면서 그 양쪽을 오가는 존재론적 상태에서 경험하는 시적 주체의 일시적인 의식의 자기 망각과 그 회복이다. 그것은 물아일체나 망아지경, 혹은 해탈이라고 부를 수 있는 의식의 자기 해방이나 자기 해체가 아니다. "백록담" 전체를 통해서도 육체의 탈진과 의식의 상승은 대립의 형태를 취하고 있지만, 자연과 인간은 대립과 동화를 빈번히 교체하고 있음도 그와 무관치 않을 것이다. 따라서 그것은 극복된 세계나 포기된 세계 어느 하나로 규정할 수 있는 세계[87]가 아니라, 굳이 말한다면 의식(인간)과

---

85) 그것은 일종의 순결 콤플렉스라고 이를 만하다. 그래서 김현은 "구기어지는 것 젖는 것이/ 아조 싫다."(<파라솔>)에서 정지용의 "순결벽"을 지적한다. 김윤식·김현, 『한국문학사』(중판), 민음사, 1981. 204 쪽.
86) "백록담"의 공간적 위치 역시 수직적으로 하늘과 땅의 가운데, 곧 그 경계점이자 그것이 겹치는 지점이다. 이것의 상징성은 의식과 물질이 겹치는 시적 주체의 상태와 대응한다.
87) 김현은 "<나는 여기서 기진했다>라든가 <나는 깨다 졸다 기도조차 잊었더니라> 따위를 보면 그의 和解의 세계가 일상적 갈등을 포기한 세계라는 생각을 갖게도 하지만 『老人과 꽃』을 보면 그것을 극복한 세계라는 인상을 주기도 한다."고 지적한 바 있다. 김윤

물질(자연)의 경계를 오가는 지점에서 존재의 겹침을 경험하는 의식 주체의 세계라고 할 수 있을 것이다.

식·김현, 앞의 책, 206쪽. 한편 최동호는 이 시의 마지막 행을 "꿈과 현실의 경계가 무너지고 기도까지도 망각되었음을 드러내고 있다."고 하면서 "주체가 존재하기는 하지만 그는 모든 것을 망각한 亡我之境에 이르며, 의식이 모든 사물에 침투함으로써 그 의식의 주체마저 사라져 버린다는 것"으로 해석한다. 또한 "기도는 정신적인 자기 구제의 최선의 방법"이라는 점에서 "그가 이 기도마저 잊어버렸다는 것이 어떤 점에서 神的 境地에 도달해 버린 것이 아닌가 하여 약간 과장된 표현이라 볼 수 있다."고 하면서도 이 시행이 정지용의 "시적 의식의 명징성이 도달한 최상의 지점"이라고 한 바 있다. 최동호, 『현대시의 정신사』, 열음사, 1985. 321쪽.

제4장

의식의 분열과 시적 창조

의식의 분열과 시적 창조

　이 글에서 분석한 것은 정지용 시의 형태와 의식이다. 시 형태가 시에 관한 형태 의식의 산물이라면, 시 형태 역시 형태화한 의식의 한 양상이다. 그런 뜻에서 이 글의 집중적인 관심은 정지용 시에 내재한 의식의 분석에 있다고 할 수 있다. 그러나 정지용 시에 내재한 의식은 '언어화된 의식'이며, 담론과 텍스트의 내적 규칙에 의해 일정하게, 그리고 개별 텍스트에 따라 어느 정도 유동적인 상태에서 구속되고 변형된 것이라는 점에서 순수한 정지용의 의식으로 곧바로 환원되지는 않는다. 따라서 이 글에서는 정지용 시의 내재적인 의식을 '시적 주체-세계 관계'로서의 의식, 곧 시적 주체의 의식으로 이해했다.
　다만 시 형태 의식은 정지용의 시가 공시적, 통시적으로 기존의 시 형태에 대한 답습과 모색, 변형과 해체를 보인다는 점에서 정지용의 의식과 좀더 직접적인 관련을 갖는다고 파악했다. 그렇게 이해하는 까닭은 무엇보다 이러한 형태의 모색과 변형의 주체를 텍스트 내부의 시적 주체로 상정할 수 없기 때문이다. 또한 이러한 형태의 변형과 해체야말로, 제도로서의 시 형태가 가진 자체 구속력이 동요하고 재조정되는 과정에서 작동하는 시인의 미적 의식과 창조적인 의도를 뚜렷이 보여 주는 징표이기 때문이다. 따라서 정지용 시의 전개과정에서 나타나는 시 형태의 변화는 정지용의 미의식이 좀더 직접적인 방식으로 구체화된 것으로 이해할 수 있다.

시 형태에서 드러난 정지용의 형태 의식은 분열되어 있다. 그것은 정형성의 유지와 해체로 구체화되는데, 그것을 안정과 변화의 엇갈린 욕망의 공존이라고 할 수 있다. 정지용의 공식적인 문단 진출의 계기가 된 작품이 시조와 동요, 그리고 자유시(『학조』 창간호 소재)라는 점은 그러한 분열을 뚜렷이 보여준다. 시조가 전통 시가의 답습인 데 비해 자유시는 그 해체이며, 정형시가 보여주는 리듬과 형태의 정형성이 균질화된 시간과 세계 인식의 산물이라면, 자유시는 비균질화된 시간과 세계 인식의 산물이라고 할 수 있다. 따라서 정형시와 자유시의 공존은 그 자체가 정지용의 불안정한 형태 의식과 분열된 욕망을 구체적으로 보여 주는 징후이다.

『학조』에서 보인 정지용의 이러한 형태 의식의 분열은 이후 자유시가 그의 지배적인 시 형태로 정착되면서 표면상 해소된 것처럼 보인다. 그러나 그것은 변형된 형태로 지속되거나 억압되어 귀환을 준비하고 있는 상태로 잠재되어 있을 뿐이지 해소된 것이라고 볼 수 없다. 이러한 사실은 정지용이 이후 자유시에 2행 1연의 개성화된 방식의 연 구성법을 도입함으로써 일정한 정형성整形性을 유지하고자 하는 데서 잘 드러난다. 또한 정형시의 극단적인 해체라고 할 수 있는 산문시에 독특한 리듬의식을 시각화함으로써 산문시가 추구하는 형태와 리듬의 해체를 부분적으로 제약하는 데서 거듭 확인할 수 있다. 광복 후 발표된 <愛國의 노래>와 <四四調五首>는 정형성에 대한 정지용의 집요한 욕망이 억압된 채 잠복하다가 마침내 퇴행의 형태로 귀환하는 것을 똑똑히 보여준다.

정지용의 이러한 분열은 자유시가 서정시의 지배적인 양식으로 확립되는 과정 중에 위치한 그의 문학사적 자리와 거기에서 비롯하는 미학적 창작 방법의 모색 과정과 그 흔적을 확인시키는 것으로 이해할 수 있다. 그와 동시에 역사적 전환기이자 식민지 근대화의 과정에서 경험할 수 있는 개인의 불안 의식과도 관련이 있을 수 있다. 그러나 무엇보다 중요한 것은 정지용의 이러한 분열된 형태 의식과 지향의 뿌리가 미학적인 것이든 역사적인 것이든, 혹은 그 결합에 의한 것이든, 그것이 그의 시적 창조에 일정한 동력을 제공한다는 사실이다.

이러한 형태 의식의 분열은 그의 의식을 부동의 상태로 결빙시키지 않고 불안하고 불안정한 상태에서 다양한 경험의 가능성에 스스로를 개방할 수 있게 한다. 따라서 2행 1연의 특유한 연 구성에 기댄 그의 자유시나, 가능한 한 율문의 리듬을 배제하는 산문시에서 독특한 방식으로 리듬을 구현하고 있는 그의 산문시는 불안정하고 분열된 의식이 나름의 안정성과 심미적 형식을 발견하고 확보하기 위한 모색과 실험의 결과로서 이해할 수 있다. 그의 모색과 실험은 4·4조의 실험과 같이 음수율의 기계적인 반복과 같은 퇴행적인 면을 보이는 경우도 없지 않으나, 그가 자유시와 산문시에서 보인 형태 실험은 대체로 분열된 욕망에 의해서 개성화된 일정한 시적 창조로 평가할 수 있다.

또한 이러한 분열된 의식이 개척한 특유한 자유시와 산문시 형식은 이중 음성적 텍스트의 일종으로 볼 수도 있다. 그것은 정지용의 자유시와 산문시 형식이 이중의 문학적 선조를 갖거나 이중 스타일을 함유하는 것으로 볼 수 있기 때문이다. 정지용의 자유시와 산문시를 시조, 민요와 같은 전통적인 시(가)형식과 근대 서구의 자유시―산문시 형식이 서로 침투하고 교섭하면서 각각의 흔적을 각인한 형식으로 간주할 수 있기 때문이다. 아울러 전통과 관련된 정지용의 형태 실험은 좀더 적극적으로 평가할 수도 있다. 그것은 타율적인 힘에 의해 전통이 파괴되고 식민지의 강압적인 체제와 식민지적 근대화가 진행되는 역사적 과정에서 자신의 정체성을 확보하기 위한 정지용의 미학적 전략으로 파악할 수 있기 때문이다. 정지용이 보여 준 시조에 대한 관심과 방언과 고어를 자신의 시작에서 활성화한 것, 전통적 율격의 변형과 계승, 자유시에서 보인 독특한 연 구성 방법 등을 그런 각도에서 조명할 수 있다.

시를 발화의 관점에서 검토할 때, 정지용 시에서 드러나는 말하기의 방식 역시 서정시 일반에서 전경화된 독백의 형식인데, 이 글에서는 그 유형과 성격을 말하는 주체와 말해진 주체의 관계에서 새롭게 이론화하고 살피고자 했다. 여기에서 말하는 주체로서의 시적 주체는 언어 기호에 의해 자신을 재현해야 하는 까닭에 그 분열이 필연적인 현상임이 전제된다. 주체에게는 자신의 전존재를 집약할 기호가 없으며, 그런 뜻에서 언어 기호에 의한 주체의 자기 표현은 근본적으로 자기 소외와 희생을 전제로 하기 때문이다. 언어 기호에 의해 발생하는 주체의 필연적인 분열을 전제하지만, 이 글에서 주목하고자 한 것은 말하는 주체와 말해진 주체의 관계를 바탕으로 한, 정지용 시의 말하기 방식에 관한 새로운 이해 가능성이었다.

이 글에서는 정지용 시에 나타난 말하기 방식으로서의 독백을 서술의 편의 상 말하는 주체와 말해진 주체의 일치 여부와 청자의 현전과 부재를 기준으로 나누었다. 명시적으로 드러나든 그렇지 않든, 말하는 주체와 말해진 주체가 일치하는 유형에서, 말하는 주체와 말해진 주체는 모두 1인칭으로 제시된다. 그것은 말하는 주체가 자신의 정서와 경험을 자신의 목소리로 표현하는 방식인데, 대상 세계의 재현보다 주체의 내면을 좀더 직접적으로 표현하는 데 적절하다. 이 유형에서 말하는 주체와 말해진 주체의 거리는 극단적인 경우 소멸할 수도 있는데, 그럴 경우 시는 감상화되거나 주관의 직접적인 노출과 토로가 될 가능성이 있다. 그러나 정지용의 시는 이 경우에도 말하는 주체와 말해진 주체가 대체로 일정한 거리를 유지함으로써 당대의 감상적 낭만주의 시들과 차별화된다.

말하는 주체와 말해진 주체가 일치하지 않는 유형에서는, 말하는 주체가 1인칭인데 비해 말해진 주체는 2인칭이나 3인칭이 된다. 그것은 1인칭으로 제시된 말하는 주체가 타자(타인이나 사물)에 대한 경험이나 정서를 자신의 목소리로 제시하는 경우이다. 이 경우 말하는 주체와 말해진 주체의 거리가 소멸될 때 동일화가 이루어지며, 그 거리가 일정하게 확보되어 두 주체가 분리될 때 대상에 대한 객관적인 묘사가 이루어진다. 정지용 시의 경우, 대체로 말하는 주체와 말해진 주체의 거리가 확보됨으로써 대상에 대한 감각적 재현이 탁월하게 이루어지는 것을 확인할 수 있다.

타자의 발화를 내포한 독백은 말하는 주체의 발화 속에 타자의 발화가 내포되어 있는 경우이다. 이 경우에 타자의 목소리는 비록 말하는 주체의 목소리 속에 포함되지만 자신의 존재를 잃지 않는다. 타자의 발화를 내포한 독백은 여러 목소리의 공존을 통한 시의 대화적 국면과 시적 공간의 확장에 적극적으로 기여할 가능성이 있지만, 정지용의 시에서는 활성화되어 있다고 보기 어렵다. 다만 타자의 발화나 음향을 극적으로 제시함으로써 정지용의 시는 말하기의 다양한 양상을 나름대로 보이고 있다는 점은 지적할 수 있다. 한편 내적 청자의 현전과 부재에 대한 서술은, 모든 발화에서 말하고 듣는 이가 전제되어 있지만 그 현전이 서정시의 독백을 좀더 대화체에 근접시킨다는 점을 확인시킨다.

그러나 이러한 말하기의 양상은 정지용의 개별적인 시 텍스트에서 순수한 형태로 제시되지 않고 혼합되어 훨씬 다층적이고 복잡한 양상을 보이기 마련이다. 발화로서의 시 텍스트에는 여러 주체들의 출현이나 겹침이 나타날 뿐만 아니라, 이러한 주체들 사이의 심리적 거리와 일치 여부, 그리고 텍스트 내적 청자의 현전과 부재 등과 같은 상호 관계에 따라 말하기의 기능과 효과가 서로 다르게 작동하고 생성된다. <넷니약이 구절>과 <카떼·쁘란스>의 분석은 그 구체적인 모습을 살피기 위해 시도되는데, <넷니약이 구절>에서는 말하기의 전환이, 그리고 <카떼·쁘란스>에서는 다양한 말하기 방식의 공존과 주체의 분열이 구체적으로 나타난다.

특히 <녯니약이 구절>은 이중의 발화 구조를 지니고 있으며, 이러한 안팎의 발화가 시적 주체와 세계 사이의 동일성과 비동일성, 화해와 불화의 긴장 관계의 구축을 통해 텍스트 내부에서 의미의 분열 가능성을 보여준다. <카페·뜨란스> 역시 그러한 점을 보여 주는데, 전반부와 후반부에서 말하는 주체의 말하기 방식의 다양한 제시와 대립이 지속적인 분열의 양상을 보이기 때문이다. 이러한 점들은 정지용의 시가 분열의 텍스트라는 점을 구체적으로 보여준다.

정지용 시 텍스트의 구성 방식은 크게 세 가지로 나눌 수 있는데, 2행 1연의 연 구성 방식, 반복과 병치 구성 방식이 그것이다. 형태적인 측면에서 드러나는 2행 1연의 구성 방식은 정지용에게서 개성화된 것인데, 미학의 측면에서는 동형의 반복이 주는 질서와 안정감의 제공, 연 자체의 독립성과 완결성을 강화함으로써 산문적 설명이나 서사적 동향의 차단, 연 구성에 필요한 최소한의 행에 요구되는 언어의 절제와 집중 등으로 성격화될 수 있다. 내면의 측면에서는 정형의 리듬과 형태의 해체에 따른 불안의식의 중화가 그 동기라고 할 수 있는데, 이 점은 정지용의 분열된 의식과 욕망의 구조를 암시한다.

그 외에 두드러진 방식은 반복과 병치인데, 정지용의 시 텍스트에서 반복과 병치는 형태소(음운), 낱말, 행, 연, 통사 구조 등과 같이 다양한 층위와 국면에서 다채로운 양태로 나타난다. 또한 그것은 일정한 단위에서 단순한 형태로 나타나기도 하고 다양한 기능 단위에서 혼합되거나 복합되어 나타나기도 한다. 정지용의 시작 과정과 관련해 말한다면, 대체로 『정지용시집』에서는 반복에 기댄 텍스트 구성이 전경화되고, 『백록담』에서는 병치에 의한 텍스트 구성이 좀더 지배적인 현상이 된다고 말할 수 있다.

그런데 반복과 병치 구성이 시 일반의 보편적인 구성 방법이라는 점을 고려하면, 반복과 병치 구성이 정지용의 시를 특성화하고 성격화하는 자질로 규정되기 위해서는 그 빈도와 비중이 다른 시인들의 작품들과 비교를 통해 평가되어야 할 것이다. 이 글에서는 이 문제를 검토의 대상에서 일단 배제하고, 반복과 병치가 정지용의 시 텍스트의 중요한 구성 방법임을 확인하는 것으로 만족했다. 따라서 이러한 반복과 병치 구성이 갖는 내적 의식의 근거를 좀더 심도 있게 분석하는 일은 다음의 과제가 될 것이다.

그러나 확장된 은유의 형식이라고 할 수 있는 은유적 병치 구성이 정지용 시의 개성적인 텍스트 구성 방식임을 <파라솔> 분석을 통해 구체적으로 확인한 것은 나름의 의의를 갖는다고 할 수 있다. 또한 <파라솔> 분석을 통해 말해진 주체의 분열, 그리고 말하는 주체와 말해진 주체의 겹침과 분열을 구체화함으로써 정지용의 시를 분열의 텍스트로서 이해할 수 있는 근거를 좀더 확보했다. 그와 동시에 정지용 시의 병치 구성 방법이 기표의 대체 과정을 통해 이루어지는 의미 생성 과정, 그리고 기표에 의해 재현된 주체의 욕망이 보여 주는 은유적/환유적 운동과 관련될 수 있음을 시사했다.

정지용 시의 내적 의식 분석은 크게 상실 의식과 타자 의식, 실존적 자의식을 중심으로 이루어졌다. 상실 의식은 고향에서의 분리나 친밀한 타인의 상실과 부재로부터 비롯한다. 이러한 상실 의식을 주제로 하는 시편들에서 시적 주체의 감정이 시의 전면에 드러남으로써 시가 대체로 감상화되지만, <琉璃窓>에서는 그러한 점을 깨끗이 청산하고 있다. 정지용의 시에서 이러한 상실감은 시적 주체의 비애와 자기 연민의 직접적인 계기가 되기도 하고 나아가 자신의 정체성에 대한 의문이 발생하는 진원지가 되기도 한다. 그것은 대체로 개인적인 차원으로 제시되지만, <카예·쁘란스>같은 경우에는 집단적인 문맥을 구성하기도 한다.

동시에 고향은 시적 주체의 현실적 고통이나 갈등을 해소하거나 해결할 수 있는 곳으로 제시되어 시적 주체의 상처를 치유하는 힘을 지닌 공간으로 나타난다. 시적 주체의 의식이 지향하고 회귀하는 중심으로서의 고향의 이미지는 <향수>에서 구체적이고도 풍부하게 제시되어 있으며, 그 낭만적 동일화의 성격은 <녯니약이 구절>에서 좀더 구체화되고 있다. 그러나 고향에서의 분리나 고향 상실을 통해 겪게 되는 현실의 갈등과 고통이 이상화한 고향에 대한 회상이나 고향 찾기를 통해 완화되거나 해소될 수 있는 가능성은 다만 가능성으로만 제시되어 있을 뿐이다.

이렇게 현실의 갈등이나 고통을 치유할 수 있는 잠재적인 힘의 근원으로서 표상되는 대부분의 고향 이미지와는 달리, <고향>에서는 오히려 이상화한 고향의 타자성으로서 고향의 현실적인 이미지가 제시되어 있다. 이러한 고향에 대한 대조적인 이미지, 그리고 이를 통해 드러나는 고향에 대한 시적 주체들의 대립적인 의식은 전체적으로 고향에 대한 시적 주체들 사이에 존재하는 틈과 분열을 드러낸다고 할 수 있다.

정지용 시에서 타자는 주체의 연장, 혹은 주체와 대립한 존재, 그리고 주체의 절대적 외재성으로서 나타난다. 주체의 연장으로서의 타자는 친밀하고 사랑하는 타인이나 사물이 되는데, 이러한 타자는 <내 맘에 맞는 이>가 보여 주듯이 타자성을 완전히 상실한 채 주체의 분신이나 연장으로 제시되거나 주체와 동일화된 사물이 된다. 라캉의 용어를 빌린다면, 이러한 주체—타자 관계는 그 사이에 분열과 틈이 존재하지 않는 상상계의 세계라고 할 수 있다. 그러나 <삽사리>나 <슬픈 우상>의 경우, 주체의 동일화의 욕망에도 불구하고 주체와 타자 사이의 틈이 노출되기 시작하며, 여기에서 비롯하는 좌절과 비애를 주체가 순화함으로써 대타 관계에서 좀더 성숙한 의식을 보여 준다.

그에 비해 <숨ㅅ기내기>에서 잘 드러나듯이, 주체와 대립한 존재로서의 타자는 끊임없이 주체를 자신의 시선에 의해 대상화함으로써 객체로 전락시키고 주체의 주체성과 세계를 앗아가는 위협적인 존재로 나타난다. 그러나 이른바 사물시의 경우, 타자는 주체와 대립하지만 위협적인 존재가 아니라 주체와 공존하면서 타자성을 잃지 않은 채 존재한다. 그것은 사물이 의식 주체가 아닌 까닭에, 사물시의 세계에서는 의식 주체 사이에서 벌어질 수 있는 시선에 의한 타자의 포획이 일어나지 않는 탓이다. 주체 역시 자신의 자유를 제한함으로써 자신의 정서를 자신의 의지에 따라 일방적으로 사물에 투여하거나 사물을 변형하고 동일화하려고 하지 않는다. 그것이 시적 방법으로 나타난 것이 감정의 절제이며, 이러한 절제를 통해 말하는 주체는 텍스트의 문면에서 후퇴한다. 이와 함께 <온정>에서는 '물'의 심상을 통해 타인과의 동일화를 경험하면서도 그 균열을 체험하는 주체의 착잡한 타자 의식을 효과적으로 암시한다.

절대적 외재성으로서 타자 의식은 죽음과 신에 대한 시적 주체의 의식에서 구체화되어 있다. 죽음은 살아 있는 주체가 경험할 수 없는 절대적이고 극단적인 타자이다. 정지용의 시에서 죽음은 타인의 죽음을 통해서 드러나지만, 그 경험은 시적 주체에게 죽음에 대한 일종의 강박적 사고와 예민성을 갖게 한다. 정지용의 시에서 보이는 시간에 대한 불안에서 그 초월과 해방에 이르는 시간 의식 역시 죽음의 절대적 타자성에 대한 변주된 의식이라고 할 수 있으며, 한편으로 이것이 죽음의 본능과 관련될 수 있는 가능성도 배제하지 않았다. 시적 주체가 귀의하려는 신은 주체의 종교적 구원의 욕망과 관련되지만, 이 경우에도 신은 초월성으로서 주체의 외재성으로 존재한다.

실존적 자의식은 시적 주체가 자신을 세계에 던져진 익명의 실존으로 인식하거나 자신의 육체적 실존을 부정하고 초월적 대상인 신에 자신을 의탁함으로써 신앙적 주체가 되는 것, 그리고 인간적 욕망의 결빙과 자연 추구에서 뚜렷이 나타난다. 실존의 익명성에 따른 주체의 정서는 비애와 우수로 나타나며, 유리창 안에, 혹은 탈출 불가능한 상황 안에 갇힌 주체는 상황에서 벗어나는 것을 체념하고 그것을 실존의 한계 상황으로 수락함으로써 안정을 회복한다. 이러한 주체의 수동성은 <장수산 1>에서 드러나는 인간적 시름, 즉 자신의 욕망을 견인주의에 의해 결빙시키려는 의지와도 관련되는데, 비록 수동적이긴 하지만 이러한 태도는 시적 주체가 자신의 상황과 조건에 대응하기 위해 선택한 나름의 방법이라고 할 수 있다.

실존의 이러한 불안정성과 한계성으로부터 시적 주체가 자신을 구출하는 길은 절대자에게 시적 주체를 전적으로 의탁하는 길과 끝없이 유동하는 자신을 냉혹하게 통제하는 길이다. 정지용의 시에서 전자는 카톨리시즘으로, 후자는 감정의 절제와 대상에 대한 즉물적 감각으로 나타난다. 시적 방법과 표현의 표면적 차이에도 불구하고, 이 두 가지 길은 세속적 세계의 부정과 인간적 감정의 초월을 지향하고 있다는 점에서 반인간주의에 바탕을 두고 있다. 신에게 다가감은 한편으로는 외부를 필요로 하지 않고 따라서 욕망하지 않는 존재가 되고 싶은 것이기도 하다. <나무>에서 보듯이, 카톨리시즘을 통해 정지용의 시적 주체는 땅과 하늘에 대한 욕망으로 분열된 자신의 존재론적 지위를 비로소 긍정한다. 그러나 정지용 시의 카톨리시즘은 신에 대한 열망만이 전경화됨으로써, 종교시가 보여 줄 수 있는, 신에게 나아가는 실존적 경험의 시적 형상화 가능성을 약화시킨다는 비판을 감당하기는 힘들다.

신과 자연을 제재로 하는 정지용의 시 텍스트들은 욕망의 주체로서의 실존이 자신의 욕망을 부정하고 억압하면서 마침내 결빙하고자 하거나 욕망 없는 존재가 되고자 하는 '욕망'을 드러내는 모순적이고 반어적 텍스트이다. 그런 점에서 이 역시 의식의 분열된 양상을 보여주는 것이며, 그것은 결국 욕망하는 주체의 소멸을 욕망하는 일이기도 하다. 주체-자연과의 관계를 중심으로 말한다면, <구성동>과 같은 텍스트에서는 욕망하는 주체의 배제로 나타나고, <장수산 1>, <장수산 2>, <진달래>, <백록담>에서는 주체의 자연화, 사물화의 가능성과 불가능의 경험을 형상화하는 것으로 나타난다. <장수산 1>에서는 욕망 없는 자연과 대립되어 실존의 욕망이 부각됨으로써 주체 소멸(주체의 자연화)의 불가능성이, <장수산 2>와 <진달래>에서는 그 가능성이, 그리고 <백록담>에서는 그 가능성과 불가능성을 왕래하는 양상이 제시된다. <예장>과 <호랑나븨>에서 주체의 소멸, 곧 죽음을 자연 현상으로 대치하거나 그 일부로서 서술하고 있는 것은, 이러한 주체의 의식이 운동하는 과정과 관련하여 이해할 수 있다.

지금까지의 분석을 통해 정지용의 시 텍스트가 내장하고 있는 의식이 다양한 방식으로 운동하는 매우 역동적인 의식이며, 그 지향과 양상 또한 다채로운 것임을 확인했다. 정지용 시의 내적 의식은 엇갈린 지향의 공존을 통해 분열의 양상을 보이기도 하고 계기적인 변모의 양상을 드러내기도 한다. 그러나 계기적인 변모의 양상으로 드러나는 시 형태에 대한 의식 역시 억압되거나 잠재된 정형 의식의 귀환이라는 점에서 분열의 한 양상이라고 할 수 있다. 또한 이러한 분열은 실존의 자기 의식과 타자 의식, 그리고 상실 의식에서도 엇갈린 지향과 욕망의 공존, 그리고 그 사이를 왕래하는 운동의 형식을 통해서 구체적으로 드러난다.

이러한 의식의 분열이 정지용의 시를 오히려 개방적이고도 역동적으로 만들고 시의 상상과 의미의 공간을 좀더 다층적이고 풍부하게 만든다는 점을 이 글에서는 주목하고 평가했다. 이 글이 수행한 분석과 해석이 나름의 타당성을 가진다면, 정지용의 시를 내면이나 사상성의 결여태로 이해하는 것은 정지용 시에 대한 일면적인 이해에 지나지 않는다. 타자 의식이나 실존적 자기 의식에서 드러나듯이, 정지용의 시에 내재한 주체와 세계 관계로서의 의식은 풍부하고 복합적이며 더욱 심화된 해석의 가능성을 향해 열려 있기 때문이다.

참고문헌

1. 자료

정지용, 『정지용시집』, 시문학사, 1935.
_____, 『백록담』, 문장사, 1941.
_____, 『지용문학독본』, 박문출판사, 1948.
_____, 『산문』, 동지사, 1949.
김학동 엮음, 『정지용전집 1 시』(수정증보5판), 민음사, 1991.
_____, 『정지용전집 2 산문』(증보판), 민음사, 1988.
『학조』 창간호, 경도학우회, 1926. 6.
『개벽』, 개벽사, 1924년 6월호
『조선지광』 69호, 조선지광사. 1927. 8.
『조선지광』 78호, 조선지광사, 1928. 5.
『문장』 22호, 문장사, 1941. 1.
『가톨닉 청년』 1~4호, 가톨닉청년사, 1933.

2. 논문과 비평문

강영안, 「레비나스의 철학」, 강영안 옮김, 『시간과 타자』, 문예출판사, 1996.
김기림, 「1933년 시단의 회고와 전망」, 조선일보, 1933. 12. 9.
_____, 「문단시평」, 『신동아』, 1933. 9.
_____, 「모더니즘의 역사적 위치」, 『인문평론』 1, 1939.
김명인, 「정지용의 <곡마단> 고」, 『경기어문학』 4, 경기대, 1983.
김윤식, 「장서언론(하)―카톨릭 시의 행방」, 『현대시학』, 1970. 3.

_____, 「카톨리시즘과 미의식」, 『한국근대문학사상사』, 한길사, 1984.
김용직, 「정지용론」, 『현대문학』, 현대문학사, 1989. 1, 2.
김우창, 「한국시와 형이상」, 『세대』 7월호, 1968.
김종철, 「30년대의 시인들」, 『문학과 지성』 봄, 문학과지성사, 1975.
김준오, 「사물시의 화자와 신앙적 자아―지용론」, 『가면의 해석학』, 이우출판사, 1985.
김춘수, 「신시 60년의 문제들」, 『신동아』, 1968. 6.
김태봉, 「정지용 시문의 중국고전 수용양상고」, 『호서문화논총』 13, 서원대, 1999.
김 훈, 「정지용 시의 분석적 연구」, 서울대 박사학위 논문, 1990.
민병기, 「정지용론」, 고려대 석사학위 논문, 1981.
三枝壽勝, 「정지용의 시 『향수』에 나타난 낱말에 대한 고찰」, 『시와시학』 여름, 1997.
성민엽, 「두개의 유리창」, 『월간 조선』 7월호, 1986.
손병희, 「정지용의 <밤>과 <람프> 분석」, 『문학과 언어』 12, 문학과언어연구회, 1992.
_____, 「정지용 시의 현상학적 연구」, 『문학과 언어』 14, 문학과 언어연구회, 1993.
_____, 「정지용 시 연구」, 『문학과 언어』 16, 문학과 언어연구회, 1995.
_____, 「정지용의 시 <파라솔> 분석」, 『안동어문학』 1, 안동어문학회, 1996.
_____, 「정지용의 시 <카에·프란스> 분석」, 『인문과학연구』 1, 안동대, 1999.
송 욱, 「한국모다니즘비판」, 『사상계』, 1962. 10.
신석정, 「정지용론」, 『풍림』 5, 1937. 4.
양왕용, 「1930년대 한국시의 연구―정지용의 경우」, 『어문학』 26, 한국어문학회, 1972.
양주동, 「1933년 시단연평」, 『신동아』 1933. 12.
오탁번, 「지용 시 연구―그 환경과 특성을 중심으로」, 고려대 석사학위논문, 1970.
熊木勉, 「정지용과 근대풍경」, 『숭실어문』 9, 1991.
이병각, 「예술과 창조」 1―6, 조선일보, 1936. 6. 1.―7.
이병렬, 「창조적 모방을 위하여―정지용의 「향수」를 중심으로」, 『심상』 11, 1993.

이숭원, 「정지용 시 연구」, 서울대 석사학위 논문, 1980.
이어령, 「정지용의 <말>의 기호학적 분석」, 『현대시사상』 여름, 고려원. 1991.
이양하, 「바라든 <지용시집>」 (서평), 조선일보, 1935. 12. 7.—10.
이진흥, 「정지용의 작품 <유리창>을 통한 시의 존재론적 해명」, 경북대 석사학위 논문, 1979.
이해문, 「중견시인론」, 『시인춘추』 2, 1938. 1.
장도준, 「정지용 시의 연구」, 연세대 박사학위 논문, 1989.
최동호, 「정지용의 <장수산>과 <백록담>」, 『경희어문학』 6, 경희대, 1983.
_____, 「정지용의 산수시와 은일의 정신」, 『민족문화연구』 19, 고려대, 1986.
최두석, 「정지용의 시세계—유리창 이미지를 중심으로」, 『창작과비평』 여름, 1988.
호테이 토시히로, 「정지용과 동인지 『街』에 대하여」, 『관악어문연구』 21, 서울대, 1996.
鴻農映二, 「정지용의 생애와 문학」, 『현대문학』, 1982. 7.
_____, 「정지용과 일본 시단」, 『현대문학』, 현대문학사, 1988. 9.

3. 저서

권기호, 『시론』(재판), 학문사, 1984.
김경용, 『기호학이란 무엇인가』, 민음사, 1994.
김동석, 『예술과 생활』, 박문출판사, 1947.
김용직, 『한국현대시연구』, 일지사, 1974.
김윤식, 『한국근대작가론고』, 일지사, 1974.
_____, 『한국근대문학사상비판』, 일지사, 1978.
_____, 『한국근대문학사상사』, 한길사, 1984.
김윤식·김현, 『한국문학사』(중판), 민음사, 1981.
김준오, 『가면의 해석학』, 이우출판사, 1985.
_____, 『시론』(제4판), 삼지원, 2000.
김춘수, 『한국현대시형태론』, 해동문화사, 1958.
_____, 『시론—시의 이해』, 송원문화사, 1976.
김학동, 『정지용연구』, 민음사, 1987.

김학동 외, 『정지용연구』, 새문사, 1988.
김형효, 『데리다의 해체철학』, 민음사, 1993.
문덕수, 『한국모더니즘 시 연구』, 시문학사, 1981.
박용철, 『박용철전집』, 시문학사, 1940.
박이문 외, 『현상학』, 고려원, 1992.
박찬부, 『현대정신분석비평』, 민음사, 1996.
손봉호, 『고통받는 인간』, 서울대출판부, 1995.
오세영, 『한국낭만주의시연구』(3쇄), 일지사, 1982.
양왕용, 『정지용시연구』, 삼지원, 1988.
이정민 외, 『언어과학이란 무엇인가』, 문학과지성사, 1977.
이종묵, 『한국 한시의 전통과 문예미』, 태학사, 2002.
조연현, 『문학과사상』, 세계문화사, 1949.
최동호, 『현대시의 정신사』, 열음사, 1985.

4. 외서와 번역서

위르겐 링크(고규진 외 옮김), 『기호와 문학』, 민음사, 1994.
Barthes, Roland, *La Plaisir du texte*, 김희영 옮김, 『텍스트의 즐거움』, 동문선, 1997.
Burbank, John & Steiner, Peter(trans., & ed.), *The Word and Verbal Art: Selected Eassays by Jan Mukařovský*, New Haven & London: Yale Univ. Press, 1977.
Childers, Joseph and Hentzi, Gary, *The Columbia Dictionary of Modern Literary and Cultural Criticism*, N.Y.:Columbia Univ. Press, 1995. 황종연 옮김, 『현대 문학·문화 비평 용어사전』, 문학동네, 2000.
Danto, Arthur C., *Jean-Paul Sartre*, N.Y.; the Viking press, 1975. 신오현 옮김, 『사르트르의 철학』, 민음사, 1985.
Eagleton, Terry, *Literary Theory: An introduction*, Oxford:Basil Blackwell, 1983. 김명환 외 옮김, 『문학이론입문』, 창작사, 1986.
Easthope, Antony, *Poetry as Discourse*, London:Methuen, 박인기 옮김, 『시와 담론』, 지식산업사, 1994.

Erlich, Victor, *Russian Formalism: History, Doctrin*, 박거용 옮김, 『러시아 형식주의―역사와 이론』, 문학과지성사, 1983.
Grebstein, S.N., ed., *Perspectives in Contemporary Criticism*, 1968. 탑출판사, 1980(영인본).
Hawkes, Terence, *Structuralism and Semiotics*, London: Methuen & Co. Ltd., 1977.
Kristeva, Julia, *Desire in Language*, Leon S. Roudiez ed., Thomas Gora et al., trans., N.Y.: Columbia Univ. Press, 1980.
_____, *Language: The Unknown*, trans., Anne M. Menke, N.Y.: Columbia Univ. Press, 1989.
Lemaire, Anika, *Jacques Lacan*, 이미선 옮김, 『자크 라캉』, 문예출판사, 1994.
Lemon, Lee T. et al., trans., *Russian Formalist Criticism Four Essays*, Lincolon: Univ. of Nebraska Press, 1965.
Levinas, Emmanuel, *Le Temps et L'Autre*, Fata Morgana, 1979. 강영안 옮김, 『시간과 타자』, 문예출판사, 1996.
Magliola, Robert R., *Phenomenology and Literature: An Introduction*, Indianna: Perdue Univ. Press, 1977. 최상규 옮김, 『현상학과 문학』, 대방출판사, 1986.
Milner, Max, *Freud et l'interprétation de la littérature*, Paris: SEDES et CDU, 이규현 옮김, 『프로이트와 문학의 이해』, 문학과지성사, 1997.
Moor-Gilbert, Bart, *Postcolonial Theory: Contexts, Practices, Politics*, 1997. 이경원 옮김, 『탈식민주의! 저항에서 유희로』, 한길사, 2001.
Preminger, Alex and Brogan, T.V.F., *The New Princeton Encyclopedia of Poetry and Poetics*, Princeton, New Jersey:Princeton Univ. Press, 1993.
Sartre, Jean Paul, *L'Imagination*, 1936. 이문호 옮김, 『상상력』, 대양서적, 1975.
_____, *L'étre et le néant*, 1943. 손우성 옮김, 『존재와 무』(10판), 삼성출판사, 1978.
Saussure, Ferdinand de, *Cours de Linguistique générale*, 오원교 옮김, 『일반언어학 강의』, 형설출판사, 1973.
Statt, David A., *The Concise Dictionary of psychology*, 정태연 옮김, 『심리학 용어사전』, 끌리오, 1999.
Todorov, Tzvetan, *Qu'est-ce que le structuralisme? 2 Poétique*, Paris:Seuil, 1973. 곽광수 옮김, 『구조시학』, 1977.

Wales, Katie, *A Dictionary of Stylistics*, N.Y.:Longman Inc., 1989.
Wright, Elizabeth, *Psychoanalytic Criticism: Theory in Practice*, N.Y.: Methuen, 1984. 권택영 옮김, 「정신분석비평』 문예출판사, 1989.

손병희
안동대학교 인문대학 교수
한국현대시연구 (국학자료원2003)
이육사전집(깊은샘,2004)(공)광야에서부르리라(이육사문학관,2004)

정지용 시의 형태와의식

인쇄일 초판 1쇄 2007년 12월 20일
        2쇄 2010년 04월 21일
발행일 초판 1쇄 2007년 12월 31일
        2쇄 2010년 04월 23일

지은이 손 병 희
발행인 정 구 형
발행처 국 학 자 료 원
등록일 제 324-2006-0041호/

서울시 강동구 성내동 447-11 현영빌딩 2층
Tel : 442-4623~4 Fax : 442-4625
www.kookhak.co.kr
E-mail : kookhak2001@hanmail.net

가 격 20,000원

* **새미**는 **국학자료원**의 자매회사입니다.
*저자와의 협의 하에 인지는 생략합니다.